KB110996

코로나 팬데믹
30개월의
범죄 기록

범죄학자와 현직 경찰의
대담對談한 범죄 이야기

코로나 팬데믹
30개월의
범죄 기록

이윤호 · 박경배

놀

CONTENTS

코로나 팬데믹 30개월의 기록 Ⅱ
2022년 5월 11일~2022년 8월 18일 까지의 대담일지

경찰은 왜 범죄학자를 찾아갔나?

코로나-19가 우리 사회를 무차별적으로 공격하고 괴롭히던 팬데믹 기간에도 범죄는 끊임없이 발생하였다. 하지만 TV와 신문을 비롯한 각종 언론매체들은 2년여 동안 코로나-19 긴급뉴스로만 도배되고 있었다. 나는 신고 현장에서 보고, 듣고, 묻고, 생각한 것을 주관적으로 틈틈이 기록하였다. 또한 언론과 방송에서 다룬 경찰과 범죄에 관한 기사를 모니터링하고 자료를 수집하였다.

코로나-19로 인한 셧다운Shutdown 기간이었던 2020년 한 해에만 시민이 경찰에 112 신고를 한 건수는 1,829만 6,631건이었다. 이는 2019년 112 신고 건수 1,897만 6,334건과 비교하면 조금 감소하긴 했지만, 크게 감소했다고 보긴 어려운 수치였다. 코로나 팬데믹 기간에도 112 신고는 거의 줄어들지 않았다는 사실에 나는 의문을 가졌다. 이는 우리 사회가 코로나-19로 공포에 떨고 있던 그 순간에도 범죄와 범죄 신고는 끊임없이 발생하고 있었다는 방증이었기 때문이다.

중요 범죄라고 할 수 있는 살인과 강도, 절도, 각종 치기 등의 사건은 자주 발생하지 않은 것으로 보였지만 성폭력, 가정 폭력, 아동학대, 노인 학대, 교제 폭력(데이트 폭력) 등 '관계의 범죄 relational crime'는 가파르게 증가하고 있었다.

중요 범죄를 제외한 기타 범죄 중에는 폭력, 스토킹, 사기와 보이스피싱, 마약 등의 범죄가 주를 이루었으며, 교통과 관련해서는 음주운전, 교통사고, 교통 위반과 교통 불편 신고가 주를 이루었다.

질서유지에 해당하는 범죄 중에는 청소년 비행과 행패, 소란, 주취자 보호조치 신고가 주를 이루었으며, 기타 경찰 업무로는 변사자(자살과 고독사, 자연사 등) 신고와 가출, 실종, 층간소음, 분실물 습득이 주를 이루었고, 반려동물이 늘어나면서 위험 동물에 대한 신고도 증가하고 있었다.

내가 자료를 준비하고 분석한 기간은 2020년 2월 1일부터 2022년 1월 31일이었으며, 이 2년간의 112 신고 내용을 토대로 자료를 분석해보았다. 그 결과 우리 사회가 해결하지 못하고, 더 극단으로 치닫고 있는 10개의 범죄 파일을 만들 수 있었다.

범죄에 대해
가장 최선의 대답을 해줄 수 있는 사람과 대화를 나누다

어느 날 뉴스를 모니터링하고 있을 때, 동국대학교 이윤호 교수님이 모교에서 은퇴하였다는 기사를 읽었다. 동국대학교 경찰사법대학원에 다닐 때 몇 번 인사를 한 적은 있지만, 당시에는 교수님이 너무나 바빴기에 마주 앉아 차 한잔 마실 시간이 없었다.

　이윤호 교수님이 모교에서 은퇴한 후 그전보다는 여유가 생겼는지 사회에서 발생하는 범죄 사건에 관한 언론이나 방송 인터뷰에 자주 얼굴을 보였다. 그때 갑자기 이런 생각이 머리를 스쳤다. 언론이나 방송에서는 사회적인 이슈가 되는 사건이나 사고에 대해 범죄학자인 이윤호 교수와 인터뷰하고 그 내용을 기사화했지만 내용이 너무 짧았다. 기사 마지막에 4~5줄 요약해서 범죄학자의 견해를 실었는데 내게는 그것으로는 부족해 보였다. 그래서 나는 그렇게 짧은 기사나 인터뷰가 아니라 그런 범죄 사건에 대한 깊이 있는 의견을 들어보는 것도 나쁘지 않겠다는 생각이 들었던 것이다.

　그래서 나는 이윤호 교수에게 내 의견을 담은 메일을 보냈다. 당연히 바빠서 고사할 줄 알았는데, 그는 내 제안을 흔쾌히 받아들였다. 은퇴한 범죄학 교수는 고려사이버대학교 석좌교수로 인생 2막을 시작하고 있었다.

　2022년 1월 20일 목요일 오후 2시 서대문구 신촌에 있는 이윤호 교수님의 개인 연구실을 방문했을 때, 그는 책의 집필과 강의 준비로 바쁜 모습이었다. 은퇴한 교수로는 보이지 않았다. 그렇게 우리의 첫 만남은 시작되었고, 2022년 1월 28일 금요일에 첫 번째 인터뷰를 시작하였다.

　나는 이윤호 교수님과 인터뷰를 히면서 그를 '범죄학자'로 부르기로 하였다. 우리 사회에는 범죄심리학자나 프로파일러 등 범죄를 분석하고 대책을 이야기하는 사람이 많이 있다. 하지만 학문적으로 범죄학에 접근했을 때, '범죄학자'라는 호칭을 사용할 수 있는 사람은 이윤호 교수밖에 없다고 생각했기 때문이다.

그는 이미 미국에서도 가장 전통 있는 범죄학과가 개설된 미시간주립대학교Michigan State University에서 1987년 한국인 최초로 범죄학 박사학위를 받았으며, 이후 한국에 돌아온 후 35년간 교수 생활을 하면서, 범죄 없는 안전하고 행복한 사회를 위해 자신의 학문 분야에서 최선을 다하는 삶을 살았다. 그런 그의 활동과 업적을 평가한 미시간주립대학교 형사사법학과School of Criminal Justice에서는 2001년 그를 '명예의 벽Wall of Fame'에 헌정했다고도 한다. 이처럼 그는 미국에서 공부한 10년을 포함하면, 거의 45년간 범죄학이라는 한 분야만 공부한 범죄학자였다. 그런 의미로 생각했을 때, 내가 준비한 질문에 가장 최선의 대답을 해줄 수 있는 사람은 범죄학자 이윤호 교수밖에 없다는 생각이 들었다.

경찰인 나는, 현장에서 보고, 듣고, 묻고, 고민한 사건과 코로나-19, 2년간 언론과 방송에서 다룬 범죄와 관련된 언론 모니터링 자료를 가지고 범죄학자를 찾아갔다. 대화의 진행은 경찰인 내가 묻고, 범죄학자가 자신의 의견을 솔직하게 말하는 방식이었다. 범죄학자도 논문이나 전문 서적에서 다룬 딱딱한 설명이 아니라, 일반 대중이 쉽게 이해할 수 있는 방식으로 자유롭고 친절하게 설명해주었다. 내가 준비한 범죄 프로파일은 다음과 같다.

프로파일 1, 2 : 부모실격(父母失格)

모든 시작은 남녀가 만나 결혼해 부부가 되는 순간부터라는 생각
이 들었다. 사랑으로 시작한 부부관계는 작은 갈등으로 시작해 마
지막은 서로에 대한 혐오와 증오만이 남고, 그 끝은 막장이었으며
가장 큰 피해자는 자녀였다. 가정 폭력과 아동학대 사건은 전국에
걸쳐 발생하고 있었다. 부모가 자식을 때리거나 굶겨 죽이고, 어떤
부모는 자신의 인생이 실패했다고 자녀를 죽인 후 극단적 선택으
로 생을 마감했다. 그것조차 실패해서 자신만 살아남은 사람도 있
었다. (코로나-19가 본격적으로 우리 사회를 공격하기 시작했던
2020년 한 해만 아동학대로 43명이 사망하였다. 부모에 의한 학
대는 전체 아동학대 사례 중 83.7%에 해당하였다.) 경험에 비추어,
문제 아동의 뒤에는 언제나 문제 가정이 있었고, 그 문제 가정에는
문제 부모가 자리하고 있었다.

가정 안에서 발생하는 부부 문제가 자녀에게 어떻게 영향을 미
치는지, 왜 가정 폭력이 근절되지 않고 예방하기도 어려운지, 가정
과 학교, 사회 밖에서 방황하는 청소년들의 문제를 현장 사례를 통
해 범죄학자의 의견을 물었다. 그래서 이 장의 제목도 부모의 자격
이 없다는 '부모실격'으로 정하였다.

프로파일 3 : 소년범죄

부모 자격이 없는 부모와 불안전한 가정에서 자란 청소년들이 가
정과 학교 밖에서 때론 범죄의 피해자로, 때론 범죄의 가해자가 될

수밖에 없는 안타까운 현실에서, 과연 잘못은 누구에게 있을까? 부모, 학교, 사회, 청소년 당사자의 문제인 걸까? 우리 사회와 경찰이 해결하지 못하고 있는, 이 불행한 현실을 범죄학자는 어떻게 생각하고 있는지 살펴보았다.

범죄자는 태어나는가? 아니면 만들어지는가? 천사로 태어난 어린아이가 어떻게 그런 끔찍한 범죄를 저지를 수 있을까? 형사 미성년자의 나이를 두 살 낮춘다고 이런 청소년 범죄를 예방하고 근절하는 게 정말 가능한지 깊이 있는 대화를 나누었기에 장의 제목을 '소년범죄'로 정하였다.

프로파일 4 : 주(酒)주전도(主顚倒)

코로나 팬데믹 기간에도 음주운전으로 인한 사건과 사고가 끊이지 않았다. 가족의 생계를 위해 배달을 나갔다가 만취한 운전자의 승용차에 치여 사망한 사람도 있었고, 배달 일을 하다가 음주운전 뺑소니 차량에 치여 다리가 잘리는 피해를 당한 젊은이도 있었다. 음주운전으로 인한 사망사고를 예방하기 위해 새로운 법률을 제정했지만, 그 법률은 시행되자마자 헌법재판소에서 위헌결정을 받았고, 음주운전으로 인한 사망사고는 생각처럼 줄거나 예방되지 않았다.

음주로 만취한 상태에서 자신이 어떤 끔찍한 사망사고를 냈는지 기억도 하지 못하는 운전자를 보면서 주범은 술인지 사람인지 알 수 없다는 생각이 들었고, (당연히 사람이지만) 그래서 장 제목을 주酒주전도主顚倒로 정하였다.

프로파일 5 : 마이너리티 리포트(Minority Report)

보이스피싱 범죄는 강원도에서 제주도까지 24시간 365일 단 하루도 빠짐없이 발생하고 있었고, 보이스피싱 사기를 벌인 전화 속 목소리는 피해자의 절박한 마음을 악용하여, 코로나-19로 매우 어려운 처지에 몰린 서민들을 더욱 궁지로 몰아넣었다. 또한 가해자이면서 피해자인 현금 수거책의 모습과 이성을 잃은 채, 보이스피싱 사기범에게 피해를 보는 피해자의 모습을 있는 그대로 표현하였다. 코로나-19보다 훨씬 오래전, 2006년부터 우리 사회를 괴롭히고 있는 보이스피싱 범죄는 금융당국과 검찰, 경찰이 예방과 단속을 위해 끊임없이 노력하고 있지만, 피해는 오히려 증가만 하는 실정이다. 그래서 나는 이런 보이스피싱 범죄 예방을 위한 경찰과 범죄학자의 소수 의견이라는 의미로, 제목을 '마이너리티 리포트'라고 정하였다.

프로파일 6 : 경찰의 마음건강

코로나-19가 본격적으로 시작된 2020년에만 1만 3,195명이 극단적 선택(자살)으로 생을 마감하였다. 하루에 36.1명이 그렇게 삶을 마감하고 있었다. 또한 경찰은 극단적 선택(자살), 고독사, 자연사, 사고사 등 사람이 사망하는 모든 사고 현장에 가장 먼저 도착해 사건을 처리한다. 물론 다른 범죄 현장도 마찬가지다. 일반 시민의 자살률은 말할 것도 없이, 아이러니하게도 국민의 생명과 재산을 최전선에서 지키는 경찰의 자살률이 코로나 팬데믹 2년간 가장 높았다는 사실은, 우리 사회 범죄로 인한 어둡고 그늘진 모습을 가장 잘 보여주고 있다는 생각이 들었기에 장 제목을 '경찰의 마음건강'으로 정하였다.

프로파일 7 : 로맨스가? SCAM!

스마트폰의 카메라 촬영 기능을 이용한 범죄도 끊임없이 발생하였으며, 이제는 몸캠피싱과 로맨스 스캠까지 기승을 부렸다. 그 피해자는 학생부터 노인들까지 전 연령층이 범죄의 표적이 되었으며, 그 결과는 끔찍하였다. 로맨스 없는 사람이 스마트폰을 이용하여 로맨스를 찾았지만, 그 결과는 로맨스가 아니라 사기였다. 그래서 나는 장 제목을 '로맨스가? SCAM!'이라고 정하였다.

프로파일 8 : 풍토병?

세계는 점점 더 국경을 초월한 세상이 되고 있고, 한국도 예외는 아니다. 이를 반영하듯, 각종 범죄나 교정 통계에서는 외국인 범죄의 증가를 보였다. 한국에 사는 일부 외국인들은 노동이 아니라 범죄행위로 돈을 벌고 있었으며, 마약의 유통 판매를 통해 우리 사회를 병들게 하고 있었다. 성실하게 일하고 살아가는 외국인이 당연히 더 많겠지만, 범죄를 저지르는 외국인들도 증가하였다. 이런 외국인들이 우리 사회에서 저지르는 범죄와 관련한 여러 가지 문제를 나는 '풍토병(기후나 지질로 인해 생기는 그 지역 특유의 병)'이라는 시각으로 바라보았고, 장 제목도 그렇게 정하였다.

프로파일 9 : 잘못된 만남과 헤어짐의 범죄, 스토킹

의도한 것인지는 모르겠지만, 2021년 10월 21일 '경찰의 날'에 '스토킹 처벌에 관한 법률'이 시행되었다. 법이 시행되기를 기다렸다는 듯이 신고는 기하급수적으로 폭주하였고, 관련 사건과 사고도 끊이지 않고 발생하였다. 경찰은 고가의 스마트 워치Smart Watch를 피해자에게 지급하여 미래에 일어날 수 있는 범죄 피해를 예방하기 위해 노력하고 있지만, 효과는 미미할 정도다. 관계의 범죄라고 할 수 있는 교제 폭력(데이트 폭력)과 헤어짐의 범죄인 스토킹 범죄를 다루기 위해, 제목을 '잘못된 만남과 헤어짐의 범죄, 스토킹'으로 정하였다.

프로파일 10 : 이웃이 사(死)촌

예전 미국에서 큰 인기를 끌었던 영화「노인을 위한 나라는 없다」에서 느꼈던 것처럼, 노인 인구가 증가하면서 '노인과 범죄'도 증가하는 모습을 보였다. 학대와 사기의 표적이 되는 피해자로서의 노인도 증가하고 있었고, 범죄를 저지르는 범죄자로서의 노인도 증가하고 있었다. 그리고 층간소음으로 인해 이제 이웃은 더 이상 사촌四寸이 아니라, 죽이고 싶은 사死촌으로 변하고 있었고, 이와 관련해서도 끔찍한 사건과 사고가 끊이지 않았다. 그래서 나는 마지막 장의 제목을 '이웃이 사死촌'이라고 정하였다.

운명이라면 운명처럼
총과 펜이 어우러지다

이렇게 나는 10개의 범죄 파일을 가지고 모교에서 은퇴한 범죄학자를 찾아갔다. 앞에서 언급했지만 범죄학자의 연구실은 신촌 기차역 주변에 있었다. 이곳은 내가 태어나고 자란 곳이다. 결혼하기 전까지 30년 이상을 살았으며, 경찰 생활을 처음 시작한 동네이기도 하다. 범죄학자의 연구실이 이 주변에 있다는 것도 사실 '운명이라면 운명'이라는 생각이 들었다. 이렇게 경찰과 범죄학자의 첫 대화는 시작되었다.

이 책은 총을 소지하고 범죄의 최전선에서 근무하는 경찰이, 펜 Pen 하나로 범죄 없는 세상을 꿈꾸며 평생 범죄학을 연구하고 가르쳐온 은퇴한 범죄학자와 나눈 대화의 기록이다. 어떻게 보면 이 대화는 프리크라임Pre Crime, 범죄 예방에 대한 마이너리티 리포트, 즉 소수 의견이다. 그리고… 여러분을 경찰과 범죄학자의 대화에 패널로 초대하고 싶다. 이야기를 듣다가 불쑥 손을 들어 자신의 의견을 전하고자 하는 사람들 모두 환영한다.

2022년 8월 범죄학자 연구실에서

범죄학자 이윤호
경찰 박경배

코로나 팬데믹
30개월의 기록 Ⅰ

|

2022년 1월 28일 ~
2022년 4월 12일 까지의
대담일지

CHAPTER 1

부모실격(父母失格) I

2022년 1월 28일 금요일 14:00_범죄학 연구실
경찰과 범죄학자의 첫 번째 만남

'관계의 범죄'의 함정
바뀔 수 없는 피해자, 바뀔 수 있는 피해자

모든 행복한 가정은 비슷비슷하지만,
불행한 가정은 제각기 나름대로의
불행한 이유를 안고 있다.

톨스토이, 『안나 카레니나』 중에서

CASE 1

4살 딸 길바닥 버린 뒤, 처음 만난 男과 모텔 간 비정한 엄마

영하의 날씨에 4살 된 친딸을 인적 드문 도로에 유기한 30대 엄마에게 경찰이 구속영장을 신청했다. 인천경찰청 여성청소년수사대는 아동복지법상 유기 혐의로 30대 여성 A 씨와 20대 남성 B 씨에 대해 구속영장을 신청했다고 29일 밝혔다. A 씨와 B 씨는 지난 26일 오후 10시쯤 경기 고양시 한 도로에서 C(4) 양을 차량 밖으로 내리게 한 뒤 유기한 혐의를 받고 있다. A 씨는 B 씨의 승용차를 타고 인천 미추홀구에서 고양시까지 30㎞ 이상 이동해 C 양을 인적이 드문 도로에 버리고 자리를 떴다. C 양이 버려진 지역은 이날 최저 기온이 영하 1도를 기록했다.

경찰은 혼자 울고 있는 C 양을 발견한 행인의 신고를 받고 출동했으며, C 양의 어린이집 가방 등으로 신원을 확인해 친부에게 아이를 인계했다.

경찰은 C 양이 유기되기 전 행적을 조사하는 과정에서 A 씨와 B 씨가 함께 있었던 정황을 확인하고 수사에 나서 이튿날 오후 6시께 이들을 각각 체포했다. 경찰에 따르면 A 씨와 B 씨는 C 양을 유기한 뒤 곧바로 인근 모텔로 이동해 숙박했다. A 씨는 B 씨와 인터넷 게임을 통해 2개월 정도 알고 지냈으며, 범행 당일 처음 만났다. A 씨가 C 양을 추가로 학대한 정황은 아직 확인되지 않았다. A 씨는 C 양의 친부인 남편과 이혼을 하지도 않았고 별거 중인 상태도 아닌 것으로 파악됐다.

경찰 관계자는 "A 씨와 B 씨의 정확한 범행 동기는 아직 확인되지 않았다"며 "이들이 사전에 범행을 공모했는지 등을 추가로 조사할 계획"이라고 말했다.

출처 「중앙일보」 2021년 11월 30일 기사 중에서

박경배 교수님! 2021년 11월 말 뉴스에 나왔던 사건입니다. 영하의 날씨에 자신의 4살 친딸을 길거리에 버리고 20대 남성과 함께 모텔로 간 엄마가, 남성과 함께 구속됐다는 뉴스가 있었습니다. 저는 이런 뉴스를 접하면 관련된 뉴스 전체를 모니터링하는 습관이 있는데요. 딸을 버린 엄마는 이렇게 말했습니다. "남편이 술만 마시면 꼬장을 피웠다", "4살 딸을 혼자 키우는데 너무 힘들었다."

이윤후 정말 안타까운 사건인 것 같습니다. 저도 언론을 통해 이 뉴스를 접하고 많은 생각이 들었습니다. 엄마의 문제는 차치하고 4살 딸이 받았을 충격이 어땠을지 생각하면….

박경배   교수님 의견을 듣고 싶습니다.

이윤호   (그는 잠시 고민하는 모습을 보인 후) 쉽게 판단하고 말하기는 어려운 사건인 것 같습니다. 지금 우리가 언론에 나온 사건의 일면을 보고, 범죄학 측면에서 사례를 판단하는 건 옳지 않다고 생각합니다. 하지만 우리가 고민하려고 하는 첫 번째 문제인 '부모 문제'를 중심으로 생각했을 때, 문제 가정의 원인은 아이들보다는 부모에게 책임이 더 크다고 생각합니다. 사실 케이스 1의 경우 엄마는(아빠도 마찬가지입니다) 부모가 될 준비도, 자격도 없는 사람이라고 생각합니다.

박경배   4살 딸을 길거리에 버리고 처음 보는 남성과 모텔로 가는 엄마의 행동이 상식적으로 이해되지 않는 부분이 있습니다.

이윤호   세상에는 우리의 상식으로 이해되지 않는 일들이 많이 일어나지 않나요? 현직 경찰이니 저보다 더 많이 경험할 것 같은데. 저는 4살 딸을 버린 엄마를 생각하면서 이런 생각이 들었습니다. 준비 안 된 결혼과 임신, 경제적인 어려움과 남편의 폭력, 열악한 환경에서 혼자 딸을 키우면서 받았을 스트레스 등 사건의 이면을 자세히 들여다보면 딸을 버린 엄마에게도 많은 어려움이 있었을 것으로 생각됩니다. 그렇다고 엄마가 한 행동이 정당화되지는 않겠지만, 문제는 지속되기 힘든 결혼 생활을 할 때 갈등의 마지막 피해자는 자녀라는 사실입니다. 이것이 가장 큰 문제입니다.

범죄학자의 말 중에, 자녀가 가장 큰 피해자라는 말과 함께 추운 거리에서 친엄마에게 버려진 4살이 된 딸이, 홀로 외로이 울고 있는 모습을 생각하자 마음이 불편해졌다.

박경배 교수님! 이번엔 다른 사건을 하나 살펴보겠습니다. 이것도 작년 12월 말에 있었던 사건입니다. 이혼한 전처의 집에 찾아갔다가 전처와 함께 있던 남성을 집에 있던 흉기를 사용해 죽였는데요. 근래 이런 사건이 증가하는 모습을 보이는 것 같습니다.

이윤호 치정과 관련된 사건은 항상 끔찍하고 잔인한 모습을 보이는 것 같습니다. 피해자학에서는 '바뀔 수 없는 피해자'가 있고, '바뀔 수 있는 피해자'가 있다고 보고 있습니다.

박경배 구체적으로 설명 부탁드립니다.

이윤호 박 경위도 잘 알고 있겠지만 가정 폭력, 아동학대, 노인학대, 교제 폭력(데이트 폭력), 스토킹 등이 대표적인 '관계의 범죄'라고 할 수 있습니다. 피해자가 바뀔 수 없는 범죄지요. 또한 요즘처럼 코로나-19가 장기화하면서 같은 시간, 장소에 관계로 묶여 있는 사람들 사이에 발생하는 관계의 범죄는 갈수록 증가할 것으로 보입니다. 문제는 관계의 범죄는 신고나 사건화되는 경향이 낮고, 드러난다 해도 극단적인 상황이 발생한 이후에 드러난다는 게 경찰이 대응하기 어려운 문제인 것 같습니다.

박경배 그렇군요. 그렇다면 바뀔 수 있는 피해자는 누구를 말하는 것인가요?

이윤호 바뀔 수 있는 피해자가 바로, 요즘 자주 발생하는 '무동기 범죄', '묻지 마 범죄'의 피해자입니다. 누구나 그 시간, 그 장소, 그 자리에 있으면 피해자가 될 수 있는 피해자를 '바뀔 수 있는 피해자'라고 합니다.

박경배 교수님, 요즘은 '연인 간 데이트 폭력' 범죄도 끔찍한 양상을 보이는 것 같습니다.

이윤호 그렇습니다. 연인 간 교제 폭력(데이트 폭력) 범죄도 관계의 범죄 중 하나라고 할 수 있는데 보통 '잘못된 만남과 헤어짐의 범죄'라고도 합니다.

박경배 처음 들어 보는 말인데요. '헤어짐의 범죄'란 무엇을 말하는 것인가요?

이윤호 (가볍게 웃으며) 너무 깊이 생각할 필요 없습니다. 말 그대로 아름답게 헤어지지 못해서 생기는 범죄를 말합니다. 연인 관계를 예로 든다면 한쪽은 헤어지길 원하고, 한쪽은 계속 관계를 유지하고 싶어합니다. 이때 관계를 계속 유지하고 싶어하는 쪽이 대부분 범죄를 저지릅니다. 헤어지기 싫어서 범죄까지 저지르는 것이지요.

미국 같은 경우도 남녀의 관계가 원만하게 청산되지 못해서 발생하는 '잘못된 만남과 헤어짐의 범죄'가 많이 있습니다. 연인 간 헤어짐의 범죄도 있고, 어른들의 관계가 원만하게 청산되지 못해서 발생하는 헤어짐의 범죄도 있습니다. 예를 들어 자녀의 양육권 문제로 인한 납치, 유괴 등 관계의 청산이 원만하게 이뤄지지 않으면 헤어짐의 범죄는 언제든지 일어날 수 있습니다.

범죄학자의 이야기를 듣다 보니 직접 경험했던 사건이 하나 생각났다. 이 사건도 '헤어짐의 범죄'와 관련된 것이었다. 남성은 헤어지길 원했고, 여성은 계속 관계를 지속하길 바랐다. 여자는 울면서 매달렸지만, 남성은 매정히 뿌리쳤다. 순간 여성이 남성에게 부탁했다.

"그래! 원하는 대로 해줄 테니까, 추억으로 삼을 수 있게 마지막으로 성관계를 갖자!"라고 부탁했다. 남성은 그 정도는 해줄 수 있다고 생각했다. 연인과 마지막으로 성관계를 맺은 여성은 남성의 오피스텔을 나왔다. 그리고 그 지역 지구대를 방문해 남자친구에게 강간을 당했다고 신고했다.

하지만 이런 사건은 대부분 그냥 흐지부지 끝난다. 신고는 했지만 남성에 대한 수사가 시작되려면 여성이 경찰서에 출석해 피해 진술을 해야 하는데 대부분 경찰서에 출석하지 않는다. 거짓말을 하는 것도 쉬운 일은 아니다. 피해자의 피해 진술이 없으면 가해자를 불러서 조사할 수 없고, 사건은 그냥 그렇게 종결된다.

남성이 연인과 원치 않는 이별에 대한 복수의 수단으로 리벤지 포르노revenge porno 영상을 유포하는 때도 있지만, 여성이 남성을 상대로 원치 않는 이별에 대한 복수의 수단으로, 자신의 정조를 이용해 범죄를 저지르는 일도 흔히 일어난다.

나는 이런 범죄를 '연인 간 데이트 복수 범죄'라고 생각했다.

박경배 그렇습니다. 요즘은 법원에서도 관련 판결이 많이 나오는 것 같습니다. 남성을 강간으로 신고했는데 재판 과정에서 강간이 아니라, 화간*으로 밝혀져 남성은 무죄가 되고, 신고했던 여성은 무고죄로 처벌받는 일도 많은 것 같습니다.

이윤호 그렇군요.

■ 부부가 아닌 남녀가 육체적으로 관계를 하는 것으로 정의하나 흔히 서로 합의하고 성관계를 맺는 일을 뜻한다.

이야기가 주제에서 벗어나는 느낌이 들어 본론으로 돌아왔다. 경찰인 나는 개인적으로 우리 사회가 이렇게 삭막하게 변해가는 이유 중의 하나를 가정의 붕괴, 그중에 '부모의 문제'라고 생각했다. 그래서 1장의 제목을 부모실격(부모의 자격이 없다는 의미)으로 정했다.

박경배　교수님! 그럼 오늘의 주제를 가지고 이야기해보도록 하겠습니다. 코로나-19가 한창 우리 사회를 혼란에 빠뜨리고 있을 때, 제가 직접 처리한 사건을 통해 인터뷰를 진행해보겠습니다.

이윤호　그렇게 하시죠!

부모 교육,
자격이 없으면 부모가 되지 말라

거울을 마주하면 당신 자신의 얼굴만 볼 수 있을 뿐이지만
당신의 아이를 마주하면 마침내 다른 모든 이들이
어떻게 당신을 보아왔는지 알 수 있다.
|
다니엘 래번

CASE 2

거리에서 좀비가 비틀거리며 걸어 나와도 이상하지 않을 정도로
을씨년스럽던, 어느 겨울 저녁에 있었던 사건이다. 남편의 외도 문
제로 부부싸움을 하던 중, 남편이 아내가 자신을 칼로 위협한다며
경찰에 신고했다. 이 부부의 싸움은 워낙 거칠어서 경찰이 여러 번
출동한 적이 있었다. 남편이 부부싸움 도중 더 이상 싸우기 싫다며
집을 나가려고 했지만, 아내가 갑자기 과도를 들고 남편을 죽이겠
다고 위협했다. 이 모습을 보고 겁을 먹은 여덟 살 딸이 아빠를 따
라가겠다고 말하자 아내가 광분하여 주방에서 식칼을 가져와 딸
의 머리카락을 잡고, 딸의 목에 식칼을 들이대며 남편을 협박한 것
이다. 남편은 도저히 아내와 함께 있을 수 없으니, 딸과 함께 집에서
나갈 수 있게 도와달라며 신고를 했지만 아내에 대한 법적 처벌은
원하지 않는다고 했다. 남편의 신고 내용을 아내에게 확인했다. 그
의 아내는 긍정도 부정도 하지 않았다. 여덟 살이라는 여자아이는
눈물을 흘리며 아빠 말이 사실이라고 말했다.

박경배　코로나-19가 한창 우리 사회를 혼란에 빠뜨리고 있을 때 제가 직접 처리한 사건입니다. 저는 우리 사회의 가장 큰 문제는 '가정의 붕괴'라고 생각합니다. 그리고 그 시작은 부부간에 신뢰가 붕괴됨으로써 발생하는 가정 내 폭력이라고 생각하는데 케이스 2를 바탕으로 교수님의 의견을 듣고 싶습니다.

이윤호　사례를 듣다 보니 마치 앞에서 다뤘던 두 사건이 합쳐진 것 같다는 생각이 드는군요. 사실 가정 내에서 발생하는 이런 문제는 비단 우리 사회의 병폐만은 아닌 것 같습니다. 세계 어느 나라나 대동소이하고 같은 문제로 해결방안을 찾기 위해 전문가들이 고민도 많이 하는 것으로 알고 있습니다. 미국에 있는 제 친구이자 '신경과학 범죄학Neuro Criminology'이라는 새로운 학문 분야를 개척하고 있는 에이드리언 레인Adrian Raine 교수가 제게 이런 말을 한 적이 있습니다.

"우리 사회도 이제 '부모 면허Parents License' 제도를 도입해야 한다. 부모의 역할, 책임, 권한 등 모든 것에 대한 교육과 훈련을 실시하고 시험에 통과한 사람에게만 부모가 될 수 있는 권한(면허)을 주자"라는 아주 극단적인 제안을 한 적이 있지요. 물론 실현 가능성은 쉽지 않겠지만 말입니다. 그만큼 가정과 부모의 역할이 중요하다는 것을 강조하기 위한 것입니다.

박경배　'부모 면허' 제도요? 마치 미래사회를 그린 사이언스 픽

션Science Fiction 같은 영화에서나 나올 법한 이야기 같기는 하지만 점점 증가하고 있는 부모의 방임이나 학대 같은 범죄를 막기 위해선 필요한 부분도 있지 않을까 합니다.

이윤호 실현 가능성의 문제가 있긴 하지만 픽션은 아니라고 생각합니다. 실제로 미국에서는 관련 논의가 전부터 있었습니다. 예를 하나 들어보겠습니다. 요즘 젊은이들이 많이 사용하는 것 같던데, 개인형 이동장치Personal Mobility, PM를 이용하기 위해서는 면허가 필요한가요? 필요하지 않나요?

박경배 도로교통법이 개정돼서 '제2종 원동기장치자전거 면허(원동기 면허)' 이상의 운전면허 소지자만 PM 운전이 가능합니다.

이윤호 그렇습니다. 제가 보기에 초등학생도 조금만 설명해주면 충분히 사용할 수 있는 개인형 이동장치를 '만 16세 이상'이라는 기준과 '제2종 원동기장치자전거 면허(원동기 면허)' 이상의 운전면허증 보유자만 사용할 수 있게 만든 이유는 무엇이라고 생각합니까?

박경배 최소한의 도로교통법 이론과 실기시험을 통해, 자신과 타인의 안전을 확보해주기 위한 것이겠지요.

이윤호　바로 그것입니다. 간단한 이동 기구 하나 사용하는데도 국가로부터 자격(면허)을 받아야 사용할 수 있는데, 부모가 되는 교육을 하는 곳은 없습니다. 그렇다 보니 우리 사회는 부모의 권한을 놓지 않으면서, 부모의 책임을 회피하려는 경향이 증가하고 있습니다. 한마디로 어정쩡한 부모가 많아지고 있는 것이지요.

박경배　저도 자녀를 키우는 입장에서 공감되는 말인 것 같습니다. 그렇다면 '부모 교육'을 어떻게 시켜야 할까요? 운전면허시험장처럼 부모 면허교육시험장 같은 곳을 만들기는 어려울 것 같은데요.

이윤호　사실 제가 동국대에서 강의할 때도 교육학과 교수들과 이와 관련하여 이야기한 적이 있습니다. 대학에서 부모 교육 교재를 만들자는 이야기였는데요. 저는 대학에서 이런 교육을 한다는 것이 매우 늦었다고 생각합니다.

박경배　고등학교를 졸업하고 성인이 되어 대학에 들어가 '부모 교육'을 받는 것도 나쁘지 않을 것 같은데요.

이윤호　제 생각은 조금 다릅니다. 지금 우리 사회에서 심각한 문제가 되는 가정은 10대 후반이니 20대 초반의 어리거나 젊은 부부입니다. 또한 이들 대부분이 고등학교도 제대로 졸업하지 못한 채 부모가 되고 있습니다. 그런 면에서 부모 교육은 최대한 조기에 시행하는 것이 좋다고 생각합니다.

박경배　조기라면 교수님은 부모 교육을 구체적으로 언제쯤 시작해야 한다는 것인가요?

이윤호　저는 최소한 중학교 때부터는 시작해야 한다고 생각합니다. 우리 사회는 초등학교부터 고등학교까지 성교육, 마약, 약물 교육 등을 시행하지요. 그렇지만 좋은 인격이나 좋은 부모가 되는 교육은 가르치고 있지 않습니다. 대학에 들어가서도 마찬가지예요. 전혀 교육이 안 된 사람들이 한 생명을 낳아 양육한다는 게 쉬운 일일까요? 과거에는 사회가 대가족이었기 때문에 그 울타리 안에서 보고 배울 수 있는 부분이 많이 있었지만, 지금은 한 자녀만 낳아 키우는 핵가족 시대입니다. 교육 외에는 다른 방법이 없는 현실입니다.

　　범죄학자의 이야기를 듣는 동안 머릿속에 한 가지 공상이 떠올랐다. 가까운 미래 정부에서는 늘어나는 가정 폭력을 해결하기 위해 급기야 '부모 면허국'을 신설한다. 부모 면허국에서 시행하는 교육과 시험을 통과하지 못하면 결혼도 하지 못하고, 딩연히 자녀도 가질 수 없다. 이를 위반하면 법적인 처벌을 받는다. 또한 부모 면허를 취득했다고 하더라도 자녀를 양육하는 과정에서 부모 자격에 관한 법률을 위반하면, 즉시 국가가 자녀 양육권을 박탈하고 자녀에 대한 교육과 양육을 책임진다. 양육권을 박탈당한 부모는 죽을 때까지 수입의 50%를 국가에 내야 한다. 마치 운전면허증이 있으면 운전을 할 수 있지만, 음주운전을 하면 면허가 취소되고 벌금을 내는 것처럼…. 그런 시대가 올 수도 있겠다는 생각이 들었다.

박경배　교수님! 케이스 2로 돌아가보죠. 이런 사건이 어떻게 마무리되는지 짚어보고 싶은데요. 부부간에 있었던 폭력은 차치하고, 여덟 살 딸의 목에 식칼을 들이대고 남편 앞에서 인질극을 벌였던 엄마가 사건이 진행되는 과정에서 오히려 남편의 외도로 상처를 입은 피해자로 바뀌는 모순되는 상황이 발생하고 있습니다. 이런 건 어떻게 바라봐야 할까요?

이윤호　우리 사회가 유난히 정도가 심한 편이긴 한데 외국도 크게 다르지는 않습니다. 과연 '여성들은 폭력성이나 범죄성이 남성과 비교해 매우 낮은가?'에 대한 논란은 계속 있어왔습니다. 일부에서는 "당연히 신체적으로 타고날 때부터 남성이 여성보다 더 공격적이고 폭력적이지 않겠는가?"라고 주장하고, 정반대 입장에서는 "아니다, 범죄에 있어서는 여성이나 남성이나 큰 차이가 없다"라는 의견도 있습니다.

단지 우리 사회는 여성의 폭력 범죄에 대해서 굉장히 관대한 편입니다. 그래서 남성이 행한 폭력과 같은 시선으로 보지 않죠. 만약에 남성이 여성한테 폭력을 행사하면 심각한 범죄로 받아들이지만 여성이 남성한테 폭력을 행사하면 그렇게 심각하게 받아들이진 않습니다. 그걸 우리는 "기사도 정신"이라고 부르는데, 우리 사회가 여성 범죄에 관해서도 기사도 정신을 발휘하다 보니 관대해지는 경향이 있는 것 같습니다. 사실 어쩌면 기사도라기보단 남성 차별이라고 할 수 있지요.

　　우리 사회가 '기사도 정신'이 투철하다는 범죄학자의 말을 들으면서 나는 어색한 느낌이 들었지만, 범죄학자는 자연스럽게 이야기를 진행했다.

이윤호　　또한 가정 내에서 여성이 당하거나 저지르는 범죄는 가시성이 없어서 잘 드러나지 않는 경향이 있습니다. 그래서 미국 같은 사회에서도 예전에는 부부간의 폭력 범죄를 남성이 여성에게 주먹을 휘두른다고 해서 '매 맞는 아내 증후군'이라는 용어를 사용한 적이 있습니다. 하지만 현재는 미국에서도 더 이상 이런 용어를 사용하지 않습니다. 요즘 미국에서는 '배우자 학대'라는 표현을 사용합니다. 이때의 배우자는 남편이 아내를, 아내가 남편에게 사용하는 폭력 모두를 포함하는 의미로 바뀌는 추세입니다.

　　우리도 앞으로는 부부간에 발생하는 범죄에 대해 정형화된 시각에서 벗어나 공정하고 동등하게 바라보는 사회로 바뀌지 않을까 생각합니다. 그렇게 바뀔 수밖에 없고요. 한 가지 덧붙이자면 박 경위가 말한 사례처럼 가해자는 아내이고, 피해자는 남편과 자녀인데도 불구하고 오히려 가해자인 여성에 대한 동정, '오죽했으면 여자가 칼까지 들고 나왔겠어! 오죽했으면…'이라는 관념이 아직도 많이 남아 있다 보니 남편은 피해자인데도 가해자 취급을 받게 되는 특이한 사례라고 할 수 있을 것 같습니다. 아마도 이는 남자와 여자의 사회적 성역할에 대한 잘못된 통념 아닐까요?

범죄학자의 말을 들어보니, 아직 우리 사회가 부부간에 발생하는 폭력과 같은 범죄에 대해 동등하게 처리하기는 어려운 점이 있다는 말에 공감이 갔다. 평범한 가정에서는 이해하기 힘들겠지만, 케이스 2의 경우 처리 과정은 생각보다 단순하다. 친엄마가 딸의 목에 식칼을 들이대고 인질극을 벌였다고 해도, 대부분 사건은 가정 보호 사건으로 종결된다. 가정법원 판사는 부부간에 있었던 일로, 법적으로 처벌하진 않겠으니 앞으로 싸우지 말고, 아이에게 상처 주지 말고, 상담을 받으면서 행복한 가정을 꾸리라는 판결을 내리고 종결된다. 하지만 이미 신뢰 관계가 무너진 가정은 같은 싸움이 계속 반복된다.

박경배 저는 성인인 부부의 문제는 개인적으로 크게 관심이 없었습니다. 하지만 여덟 살 여자아이가 받았을 상처를 생각하면 너무 가슴이 아팠습니다.

이윤호 그렇습니다. 앞에서도 말했지만, 그 모든 과정을 반복해서 볼 수밖에 없는 자녀가 가장 큰 피해자입니다. 우리가 모두 알고 있는 연쇄살인범들도 어렸을 때, 불안전한 가정에서 부모의 학대를 받았습니다. 그것이 한 사람을 괴물로 만들었다는 사실을 우리는 너무 잘 알고 있습니다.

박경배 교수님, 사실 이런 신고나 사건은 강원도에서 제주도까지 너무나 일상적으로 발생하고 있습니다. 경찰이나 사법부도 최선을 다하고 있고, 아직 만족할 만한 시스템이나 메커니즘이 작동하고 있진 않지만, 그래도 앞으로 좀더 나아지리라는 희망을 품어보려고 합니다. 다른 시각으로 질문을 하나 드리고 싶습니다. '가정 폭력 사건'이 '가정 보호 사건'으로 끝나고 나면, 경찰로선 사건은 종결됐다고 할 수 있습니다. 하지만 사건이 종결된 이후에 그 가정에서 또다시 극단적인 사건이 발생하면, 우리 사회는 미래에 발생할 수 있는 범죄에 대해 미리 '범죄예측'을 하지 못했다고, 경찰을 비난의 표적으로 삼는 경우가 많은 것 같습니다.

이윤호 '범죄예측'이란 구체적으로 어떤 것을 말하는 건지 궁금하군요!

박경배　예를 들자면 부부싸움 신고가 들어오면 경찰은 현장에 출동합니다. 하지만 그 사이 싸움을 벌였던 부부는 대화로 잘 마무리했기 때문에 경찰의 개입이 필요 없다고 해서 철수했습니다. 하지만 사람 일이란 한 치 앞도 알 수 없는 법이지 않겠습니까? 부부가 화해를 하면서 술을 마시며 대화를 하다가 다시 싸움이 나서 어느 한쪽이 배우자를 식칼이나 과도로 찔러 죽였습니다. 이때 우리 사회의 여론은 처음 신고를 받고 현장에 출동한 경찰을 비난합니다. "경찰 너희들이 잘 처리했으면 그런 일이 발생하지 않았을 수도 있지 않았냐?"라면서요. 부부가 경찰의 개입을 원하지 않아서 철수했는데 그 이후 발생한 살인사건에 대해 왜 경찰이 비난을 받아야 할까요? 경찰이 어떻게 부부간의 사건을 예측하고 예방할 수 있단 말입니까? 대한민국 경찰이 그런 예지력을 가지고 있다면 경찰이라는 직업을 선택할 사람은 없을 것 같은데요.

이윤호　무슨 말인지 알겠습니다. 사실 이런 문제도 한국 경찰만의 문제는 아닙니다. 미국 경찰도 가장 싫어하는 사건이 '가정 폭력 신고 사건'입니다. 이유는 박 경위가 설명했듯이 처리 자체가 매우 어렵고, 어느 한쪽은 만족하지 못하는 문제를 안고 있습니다. 집안일이지만 극단적인 일이 발생할 수도 있고, 경찰관 본인에게도 위험할 수 있습니다. 경찰이 아무리 잘해도 비난을 피하기 어렵습니다. 그렇기 때문에 미국 경찰도 가정 폭력 신고는 개입하기 꺼려하는 경향이 있습니다.

미국 경찰도 한국 경찰과 마찬가지로 가정 폭력 사건 개입을 꺼린다는 말을 듣고, 순간 미국 경찰에 대한 강한 동질감이 느껴졌다.

이윤호 그래서 미국 경찰도 가정 폭력 신고에 있어서는 3가지 출동 원칙이 있습니다. 첫 번째는 '가정 폭력 사건은 강도 사건처럼 강력한 사건이라는 확고한 인식을 가져라!'라는 원칙입니다. 한마디로 가장 높은 우선순위를 두라는 것이지요. 두 번째는 '매우 조심스럽게 접근하고 항상 위험한 상황에 대비해라!' 세 번째는 '반드시 2인 1조로 출동시켜라!'입니다.

영화나 드라마를 보면 미국 경찰은 보통 순찰차를 혼자 타고 출동하는 모습을 봤는데, 가정 폭력 사건에 있어서는 반드시 2인 1조로 출동한다는 원칙이 있다는 사실에 나는 조금 놀랐다.

이윤호 여기에 제 개인적인 의견을 한 가지 더 추가한다면 반드시 여경과 함께 출동하라는 것입니다. 남녀의 시각차가 확연하기 때문에 남녀 경찰이 반드시 함께 출동하는 것이 사건을 원만히 해결할 수 있는 방법이라고 생각합니다. 또한 이 문제는 사법부가 적극적으로 개입해야 할 필요도 있다고 봅니다. 관대한 처분은 잘못된 신호를 줄 수 있습니다. 상황을 더 악화시킬 수 있다는 말이지요. 사법부의 역할은 당사자들에게 반드시 필요한 교육과 훈련, 상담, 치료를 받도록 하는 것입니다. 이에 불응하면 그에 상응한 강력한 메시지를 줘야 합니다. 그렇지 않고 지금처럼 형식적인 흉내만 낸다면 가정 폭력은 앞으로도 계속 반복되고 악화될 수밖에 없습니다.

반면 사법부도 가정의 붕괴만은 막아야 한다는 대의 때문에 강력한 조치를 취하기 어려운 상황에 있다는 것도 우리는 이해해야 합니다. 국가가 개인의 사생활에 개입해서 좋을 건 하나도 없습니다. 더구나 형사사법기관이 개입해서 좋을 건 더더욱 없습니다. 그래서 중요한 게 '복지'입니다. 가정 폭력의 피해자가 여성이든, 남성이든 그들이 쉴 수 있는 완벽한 쉼터가 필요하고, 아동학대를 당한 아동에 대한 보호 능력도 갖춰야 합니다. 이런 문제는 형사사법의 시각으로 접근해서는 해결되기 어렵습니다. 그래서 저는 이 문제를 해결하기 위해 국가가 '보건복지'의 문제로 접근해야 해결할 수 있다고 생각합니다.

범죄학자의 설명을 듣는 순간에도 머릿속에서는 현장에서 처리하고 경험했던 여러 가지 사건이 혼란스럽게 떠올랐다 사라졌다. 그중에 노부부 사이에서 발생한 신고 현장에서 할머니가 했던 말이 또렷이 떠올랐다. 할머니는 이렇게 말했다.

"남편과 싸우고 도저히 함께 있을 수 없었다. 나는 우리나라가 '쉼터' 등 여성 복지가 잘 되어 있는 줄 알았다. 그래서 쉼터에 데려다달라고 부탁한 경험이 있다. 그런데 자신을 어디 허름한 모텔에 데려다주고 쉬라고 하더라. 어이가 없어서 모텔을 나와 찜질방으로 간 경험이 있다."

할머니는 남편의 가정 폭력으로 인해 도움을 요청했을 때 경찰이나 국가로부터 전혀 도움을 받지 못했다고 하소연했다. 그래서 그 뒤로 자식들에게는 미안했지만 애들 집으로 간다고 한다.

박경배 저도 교수님의 말처럼 형사사법기관이 개인의 사생활에 개입하는 일은 지양해야 한다고 생각합니다. 그렇다면 보건이나 복지 분야에서는 어떻게 개입해야 할까요?

이윤호 저는 가정 폭력과 같은 범죄는 이제는 더 이상 형사정책의 문제로 접근해서는 안 된다고 생각합니다. 형사사법Criminal Justice이 아니라 보건복지health and welfare의 관점에서 접근해야 해결될 수 있다고 생각합니다. 케이스 1에서도 남편이 알코올 중독이면 치료를 받아야 합니다. 아내도 게임 중독이면 그와 관련된 치료를 받아야 합니다. 이는 형사사법의 문제가 아니라 보건복지의 문제입니다. '웰페어welfare' 즉, 복지적 접근이나 공중보건의 문제로 접근해야 근본적인 문제를 해결할 수 있는 것입니다. 이와 관련한 상담은 사회복지에서 하고, 건강은 의료에서 맡아야 합니다. 지금처럼 경찰이 현장에서 사전, 사후를 모두 맡아 해결하려는 방식은 결코 해결책이 될 수 없습니다.

범죄학자의 설명을 듣고 머리로는 이해가 됐지만, 그 정도 복지가 이뤄지려면 아직도 갈 길이 멀겠다는 생각이 들었다. 문득 코로나-19와 관련해 웃지 못할 부부싸움이 생각나 그 사례로 대화를 이어갔다.

경찰은
부부간의 문제를 어디까지 개입할 수 있을까?

논쟁에서 남는 건 적밖에 없으며,
논쟁으로는, 어떠한 해결책도 기대할 수 없다.
|
데일 카네기, 『인간관계론』 중에서

CASE 3

코로나-19 백신의 안전성 문제가 사회적 이슈로 떠오를 때 있었던
일이다. 한 남편이 아내가 돌도 지나지 않은 아기를 학대했다며 신
고했다. 나와 동료는 조용한 주택가에 순찰차를 세우고 신고자의
집으로 찾아갔다. 신고자는 아내와 아이와 함께 있었다. 신고자는
출동한 우리에게 신고 이유를 설명했다. 남편은 코로나-19 백신의
안전성을 믿고 신속하게 백신을 접종해야 한다고 생각했고, 아내
는 백신의 안전성을 신뢰할 수 없으니 접종하지 말아야 한다고 생
각했는데 의견이 엇갈리자 아내가 갑자기 아기를 이불 위로 내팽
개치면서 "네가 우유 먹여!"라고 말한 것이다. 신고자는 "아기에게
우유 먹이다가 이불 위에 내팽개치는 행동은 아동학대 아니냐?"라
며 자신의 편을 들어주기 바라는 투로 우리에게 물었다.
아내의 진술도 남편과 크게 다르지 않았다. 코로나-19 백신에 대한
신뢰는 가치관의 문제인데 자신에게 백신의 안전성을 강요하는 남
편의 말에 동의할 수 없었다고 말했다. 한편 아기 우유는 엄마만 먹

여야 하냐며 남편에게도 양육의 책임이 있으니까 아기 우유는 네가 먹이라고 한 거지 아기를 내팽개친 적은 없다고 설명했다. 남편은 답답한 마음에 경찰에 신고해 부부싸움이 더 이상 확대되지 않게 말려달라는 부탁을 하기 위해 경찰에 신고한 것이다.

우리는 경찰이 부부간에 코로나-19 백신 안전성 문제로 말다툼한 것에 개입해서 해결해주는 사람이 아니라고, 아이에 대해선 부모가 서로 최선을 다해 양육해야 한다고 부부에게 전하고, 현장에서 철수했다.

박경배　　교수님, 코로나-19 백신의 안전성이나 효과의 문제는 논란이 많았던 것 같습니다. 솔직히 저는 부부간의 작은 문제로 경찰에 신고한 남편의 진술에 살짝 짜증이 났습니다. 남편도 아내가 한 행동이 아기에 대한 학대라고는 생각하지 않았으며, 단지 경찰에게 부부싸움이 확대되지 않게 중재를 요구했다는 사실에 조금 답답한 마음이 들었습니다.

이윤호　　(이때 범죄학자는 표정이 조금 바뀌며) 이번 사례는 그렇게 단순하게 생각할 문제는 아닌 것 같습니다. 물론 경찰이 부부간의 단순한 말다툼에 개입해서는 당연히 안 됩니다. 하지만 아기 엄마가 우유를 먹이다 말고, 사소한 행동이지만 아기를 감정적으로 이불 위로 내팽개쳤다면 이는 매우 잘못된 행동입니다. 미국에서는 엄마가 잠시 마트에서 간단하게 물품을 사기 위해 아기를 혼자 차에 두고 내렸는데, 이로 인해 아동학대로 경찰에 제포되는 일도 있었습니다. 심지어 일시적이기는 하지만, 아이에 대한 양육권을 박탈하고 엄마가 아기에게 접근하지 못하도록 법원에서 명령하는 예도 있습니다. 이는 부모의 무조건적인 사랑을 받아야 하는 아기의 인권이 얼마나 소중한지 보여주는 좋은 사례입니다.

박 경위가 사례로 든 부모는 미국인이었다면 형사처벌을 받았을지도 모릅니다. 미성숙한 부모들이 아기를 자신의 소유물로 생각하면서 그런 행동에 대해 잘못이 아니라고 생각하는 것이 더 문제입니다. 다시 말하지만, 좋은 부모가 되는 교육을 받지 못한 부작용이라고 할 수 있겠지요.

박경배 교수님의 말을 듣고 보니, 우리 사회에서 아무렇지 않게 일상으로 벌어지는 일들이 그렇게 무심코 지나쳐서는 안 되는 일이라는 생각이 드네요.

이윤호 그렇습니다. 저도 박 경위 이야기를 듣다 보니 개인적으로 생각나는 사건이 하나 있습니다. 미국에서 벌어졌는데 사건명은 '와인스타인 아내 바버라 살인사건'입니다.

1991년 1월 7일 저녁 와인스타인과 그의 아내 바버라는 뉴욕 맨해튼 12층 그들의 아파트에서 크게 말다툼을 했습니다. 그들은 재혼한 사이였으니 싸울 거리가 더 많다는 것은 말을 하지 않아도 짐작할 수 있겠지요. 서로에 대한 비난으로 시작한 싸움은 각자 의붓자식에 대한 비난으로 확대됐습니다. 와인스타인의 대응은 말싸움을 그만하고 싸움에서 물러나는 것이었습니다. 그때까지는 괜찮았지요. 하지만 아내 바버라가 가만있지 않았습니다.

사람은 한 번씩 시원하게 화를 풀고 싶어합니다. 말싸움을 계속하려던 바버라는 열 받아서 남편 와인스타인의 얼굴을 할퀴었습니다. 그때 와인스타인은 끝내 폭발하여 아내 바버라를 목 졸라 죽였고, 살인사건을 사고로 위장하기 위해 12층 아파트에서 바버라를 던져버렸지요. 그 후 와인스타인은 조용히 건물 밖으로 빠져나가려고 했으나, 경찰에 체포되어 2급 살인으로 기소됐습니다. 이 사건의 핵심은 재판 과정에 있는데 그것은 '신경과학 범죄학'과 연관이 있습니다. 제가 말하고 싶은 요점은 부부싸움이라는 게 생각보다 아주 사소한 행동이나 말이 기폭제로 작용하여 끔찍한 결과를 발생시킬 수 있다는 것이지요.

범죄학자의 말을 듣고 그가 하고 싶은 말이 무엇인지 이해할 수 있었다. 와인스타인 사건은 범죄학에서 자주 언급되는 사례이며, 범죄학자의 친구인 미국의 에이드리언 레인 교수가 쓴 『폭력의 해부』라는 책에도 언급됐다.

범죄학자와 이야기를 나눈 지 2시간이 가까워지고 있었다. 나는 범죄학자와 대담을 시작하기 전 한 가지 원칙을 정한 것이 있었다. 한 가지 주제에 대해 2시간만 대화를 나누겠다는 것이다. 쉬지도 않고 2시간 동안 경찰인 내가 묻고, 범죄학자가 답했다. 이제 부부와 부모 문제에 관한 대화를 마칠 시간이 다가왔다. 이때 나는 범죄학자에게 이런 질문을 했다.

박경배   교수님! 실례지만 주례를 서본 적이 있으신가요?

이윤호   단 한 번도 없습니다. 저는 대학교수를 시작하면서부터 저 스스로 한 가지 원칙을 만들었습니다. 주례는 절대 서지 않겠다고…, 예전에 아끼던 제자가 울면서 부탁한 적이 있었지만, 그때도 뿌리쳤습니다. 할 주제도 되지 않는다고 생각합니다.

　　35년 이상 대학교수로 학생들을 가르치면서 자신의 원칙을 지키며 살아왔다는 범죄학자의 목소리에는 힘이 실려 있었다. 범죄학자는 주말의 평범한 '자유'를 지키기 위해, '주례'라는 형식을 멀리했으며, 지금도 자신의 선택에 후회는 없다고 말했다.

박경배   교수님, 지금까지 '부모실격'이란 주제를 가지고 첫 번째 대화를 나눴습니다. 지면을 빌어 범죄학자가 주례를 선다고 가정하고 어떤 조언을 해주고 싶으신가요?

이윤호   원칙을 깨는 것은 아니니까 개인적인 의견을 말해보겠습니다. 제가 올해로 결혼한 지 40년이 넘었습니다. 살아보니 부부란 몇 가지 전제가 반드시 필요하다는 것을 경험으로 알게 됐지요.
　　첫 번째는 흔한 얘기지만 이해와 양보입니다. 우리는 결혼을 1 더하기 1은 2라고 생각하는 것 같습니다. (그것도 너무나 당연히) 하지만 결혼이나 부부관계는 결코 1 더하기 1이 2가 되는 것은 아니라는 사실을 알게 되었습니다. 1 더하기 1이 때로는 0이 될 수도 있고, 어떨 때는 마이너스가 될 수도 있다는 것을 알아야 합니다. 제 생각에 결혼은 2는 고사하고 0 이하로 내려가지 않는 것이 더 중요한데, 요즘 부부관계를 보면 마이너스가 되는 결혼도 많은 것 같습니다. 플러스가 될 줄 알고 결혼했는데 오히려 마이너스가 되는 상황에 처했을 때, 참기 힘든 갈등이 생겨날 수 있습니다. 서로에 대한 무조건적 신뢰를 바탕으로 내가 먼저 이해하고 양보하는 것, 'Me First'가 아니라 'You First'의 마음을 가져야 한다고 생각합니다.

두 번째는 어떠한 일이 있어도 상대방에 대해 비난을 하지 말아야 합니다. 상대방에 대한 헐뜯음도 기분이 나쁜데, 상대방 가족에 대한 비난은 부부관계의 갈등을 자극하는 기폭제가 될 수 있습니다. 절대로, 절대로, 상대방은 물론이고 상대방 친인척에 대한 비난도 해서는 안 됩니다.

세 번째는 자녀에 대한 책임감입니다. 잘못된 부부관계의 가장 큰 피해자는 자녀입니다. 자녀는 아무 죄가 없습니다. 자녀가 부모를 선택해서 태어나지는 않습니다. 그러나 잘못된 부부관계로 인한 갈등의 피해는 모두 죄 없는 자녀가 감내해야 합니다. 개인적인 생각이지만 이 세 가지를 지킬 자신이 없으면 결혼은 하지 않는 것이 좋다고 생각합니다.

박경배 그렇다면 결혼은 하는 것이 좋을까요? 안 하는 것이 좋을까요?

이윤호 (가볍게 미소를 지으며) 그럼에도 불구하고 결혼은 하는 것이 좋다고 생각합니다. 이것은 확고한 생각입니다. 결혼하고, 자녀를 낳아 키우는 것은 자연의 섭리 중 하나이지 않을까 하는 게 제 생각입니다.

박경배 교수님 말씀을 들으면 결혼하기 힘들 것 같다는 생각도 드는데요!

이윤호 (웃으면서) 요즘 우리 사회에 결혼하지 않는 젊은이들이 많은 것 같습니다. 그 이유가 결혼하게 되면 지켜야 할 것이 너무 많기 때문이 아닌가 해요. 상대방에 대한 이해와 양보, 자녀의 양육 등 결혼해서 최소한 1.1점은 돼야 하는데 오히려 0.9점이 된다면 현실적으로 계산했을 때, 쉽게 선택하기 어려운 부분이 당연히 있을 것으로 생각됩니다. '나 혼자서도 이렇게 편하고 좋은데 굳이 결혼이 필요할까?'라는 의문을 요즘 젊은이들이 많이 하는 것 같습니다. 집 문제 등은 차치하고 말입니다. 우리가 범죄와 관련하여 부부관계를 이야기하다 보니 좀 어두운 분위기를 형성했지만 결혼해서 좋은 점이 많다는 사실은 박 경위도 충분히 공감할 것 같은데 그렇지 않은가요?

나는 범죄학자의 말에 공감했다. 가수 이무송이 부른 〈사는 게 뭔지〉의 노랫말처럼 말이다. '살아본 사람들은 이렇게 얘기하지, 후회하는 거라고, 하지만 둘이 아닌 혼자서 살아간다면 더욱 후회한다고….'

스마트폰의 타이머를 멈추고 인터뷰를 마쳤다. 좀더 이야기를 진행할 수 있을 것 같은 분위기였지만, 두 시간을 넘기지 않겠다는 인터뷰 원칙을 지키기로 했다.

박경배 교수님! 다음 주제는 불안전한 가정에서 자란 청소년들이 우리 사회에 나와 어떻게 범죄의 유혹에 빠지게 되는지 다뤄보도록 하겠습니다. 수고하셨습니다.

이윤호 저도 고맙습니다. 설 명절 가족과 함께 행복하게 보내시기 바랍니다.

범죄학자의 연구실을 나와 집으로 가는 길에 동료에게 들은 신고 내용이 생각났다.

한 남자가 급한 목소리로 "밖에서 담배 피우고 들어가려고 하는데 아내가 문을 잠그고 열어주지 않는다"라고 신고를 해서 경찰은 혹시나 위급한 상황이 아닌가 싶어 급하게 현장으로 출동했다. 하지만 아내는 출동한 경찰관들 앞에 멀쩡하게 나타났다. 그리고 이렇게 하소연했다.

"저 인간(남편)이 6년 동안 함께 키운 아들을 자기 아들이 아닌 것으로 의심하고, 유전사 검사를 했어요. 저는 그것을 우연히 알게 됐고요. 오늘 남편이 담배를 피우러 밖으로 나간 순간 갑자기 남편이 유전자 검사를 한 일이 생각났어요. 얼마나 화가 나는지 도저히 참을 수 없어서 문을 잠그고, 집으로 들어오지 못하게 한 거예요."

출동한 경찰관은 남편에게 이렇게 말하고 철수했다.

"이런 일은 경찰이 출동할 일이 아닙니다. 다음부터 이런 일로 신고하지 마시고, 가정 문제는 부부간에 알아서 해결해주십시오."

나는 이 이야기를 동료에게 듣고 신고한 남편을 생각했다. 그는 왜 그런 의심을 했을까? 그도 아내를 사랑해서 결혼했을 텐데. 둘 사이에 태어난 아들을 6년간이나 자신의 친아들이 아닐지도 모른다는 의심을 하면서 어떻게 결혼 생활을 유지할 수 있었을까? 그는 판도라의 상자를 열어서 궁금증을 해결했을지 모르지만 앞으로 그들 부부와 아들 그리고 그들의 가정은 서로를 신뢰하며 평안한 가정생활을 이뤄 나갈 수 있을까?

의심은 또 다른 의심을 낳고, 의심을 받은 사람은 억울함에 어떤 보복을 할지 모른다. 이것이 의심의 악순환이다.

부모실격(父母失格) II

2022년 2월 16일 수요일 14:00_ 범죄학자 연구실
경찰과 범죄학자의 두 번째 만남

범죄학자와 경찰은 때론
의견이 엇갈릴 수 있다

솔직한 의견 차이는
대개 발전의 좋은 신호다.

마하트마 간디

CASE 1

경찰이 '범죄 피해자 안전조치(신변 보호)' 대상자로 지정했던 여성
이 스토커에게 살해당하는 사건이 또 벌어졌다. 경찰은 스마트 워
치 신고를 접수하고 4분 만에 현장에 도착했지만, 참사를 막지 못
했다. 지난해 말 신변 보호 대상 여성이나 그 가족을 살해한 김병찬
(35), 이석준(25) 사건으로 유사 범죄에 대한 경각심이 커진 가운데
사건이 발생해 충격을 주고 있다. 경찰이 스토킹 범죄에 대한 대책
을 마련하고 피해자 신변보호제도도 개편했지만 비슷한 범죄가 재
발하는 것을 막지 못한 셈이다. 경찰이 피해자에게 접근하지 못하
도록 지난 11일 스토커에 대해 구속영장을 신청했지만, 검찰이 반
려하면서 가해자의 신병 확보 상태를 유지하지 못한 것이 비극을
막지 못한 요인으로 지목되고 있다.

이번 사건을 둘러싸고 검찰이 스토킹 피해자를 가해자에게서 분리
하는 조치에 미온적이었다는 비판이 제기되고 있다. 경찰에 따르
면 지난 11일 김 씨는 조 씨를 폭행·특수협박 혐의로 서울 양천경찰

서에 고소했다. 경찰은 곧바로 김 씨를 신변 보호 대상으로 등록하고 스마트 워치를 지급했다.

또 김 씨는 같은 날 오후 5시 조 씨가 찾아와 행패를 부렸다며 업무방해 혐의로 또다시 신고했다. 조 씨가 지속적으로 김 씨를 찾아와 위협을 가하고 있었던 것이다. 다음 날인 12일 경찰은 강간 등 여죄를 조사했고, 스토킹처벌법 위반 등을 적용해 조 씨를 입건하고 이날 새벽 4시 30분께 검찰에 구속영장을 신청했다. 구속영장에는 조 씨가 지속적으로 김 씨에 대해 스토킹 범죄를 저질렀던 정황이 기록된 것으로 알려졌다.

조 씨가 풀려나는 데까지는 9시간이 걸리지 않았다. 검찰은 이날 오후 1시 경찰이 조 씨에 대해 신청한 구속영장을 반려했던 것이다. 경찰은 풀려난 조 씨에게는 스토킹 처벌법에 근거해 긴급응급조치 1·2호를 적용했다. 조 씨는 김 씨로부터 반경 100m 이내로 접근할 수 없고 전화 등 통신기기로도 접촉이 금지됐다. 그러나 급작스럽게 찾아가 저지르는 범행을 막을 수는 없었다. 결국 가해자에 대한 구속 수사 시도가 불발되면서 피해자를 원천적으로 분리하지 못한 데 따른 참변이라는 평가가 나온다.

출처 「매일경제」 2022년 2월 15일 기사 중에서

박경배 교수님 안녕하세요! 엊그저께 또 1건의 신변 보호 여성 살인사건이 있었습니다. 알고 계신가요?

이윤호 알고 있습니다. 저에게도 언론사에서 자문하는 전화가 지금도 계속 오고 있습니다.

인터뷰를 시작하자마자 기자에게 전화가 걸려왔다. 범죄학자는 생각보다 정중하면서 단호하게 전화를 끊었다. 별 것 아니었지만 나와의 인터뷰 약속을 지키기 위해 기자의 전화를 끊는 모습을 보면서 보잘것없는 내가, 대한민국 최고의 범죄학자에게 존중받고 있다는 느낌이 들면서 기분이 좋아졌다. 하지만 내색하지는 않았다.

연구실 한쪽에는 사모님의 화실이 있었다. 전에 인사를 나눴던 사모님이 따뜻한 아메리카노와 간식을 내 앞에 두고, 가볍게 미소만 지으시고 자신의 작업실로 돌아갔다.

박경배 교수님! '구로동 신변 보호 여성 살인사건'의 기사를 접하면서 한 가지 생각나는 사건이 있었습니다. 먼저 짚어보고 넘어가고 싶습니다.

이윤호 그렇게 하시죠.

박경배 이 사건은 제가 직접 처리한 것이 아니라 후배 경찰관이 직접 맡은 사건입니다. 사건 내용은 이렇습니다. 중국인(조선족) 남편이 아내를 폭행해 가정 폭력 신고가 들어왔고, 현장에 두 명의 경찰관이 출동했습니다. 가정에 방문했을 때 폭행은 종료된 상황이었습니다. 선배 경찰이 피해자인 아내에게 진술을 듣고 있었고, 중국인 남편은 주방 쪽에서 신임 순경과 함께 있었습니다. 순산 중국인 남편이 갑자기 주방에 있는 식칼을 들고 신임 순경의 목에 칼을 들이대며 위협했습니다. 너무 갑작스럽게 이뤄진 일이라 신임 순경은 아무런 대처도 못하고 인질 신세가 되고 말았지요. 다행히 중국인 남편이 더 이상의 극단적인 행동을 하지 않았고, 대화로 설득해 칼을 내리게 한 후, 즉시 중국인 남편을 특수공무집행방해죄로 체포했습니다. 문제는 중국인 남편이 아내에게 폭행을 행사하고, 출동한 한국 경찰관의 목에 식칼을 들이대며 위협을 했는데도 불구하고, 우리 사법부는 그를 구속하지 않고 석방했습니다. 그는 다시 자신의 가정으로 돌아갔습니다.

저는 이 이야기를 듣고 마음속으로 분노했습니다. 사법부의 이런 소극적인 판단은 도저히 이해할 수가 없습니다. 만약 재판이 이뤄지는 재판정 안에서 피고인이 재판 진행이 마음에 들지 않는다고, 판사석으로 뛰어가 판사의 목에 보기만 해도 섬뜩한 은빛 식칼을 들이대고 위협했다고 해도 사법부가 그런 판단을 할지 의문입니다. 며칠 전 프랑스에서는 경찰 앞에서 식칼을 들고 서 있던 범죄자가 경찰의 투기 명령을 따르지 않자, 바로 총으로 쏴서 사살했다는 뉴스도 본 적이 있습니다.

교수님, 저는 이런 사건이 계속 재발하는 이유 중의 하나는 검찰보다는 법원의 소극적인 판단이 일을 키우고 있다는 생각도 지울 수 없습니다. 교수님 의견을 듣고 싶습니다.

이윤호 '부모실격 1' 편에서도 언급했지만 경찰이 가정 폭력 신고를 강도 범죄처럼 강력 사건으로 인식하고 출동해야 하는 이유가 되기도 하지요. 잠시도 긴장의 끈을 놓아서는 안 됩니다. 이것은 출동하는 경찰관 자신을 보호하는 일이기도 합니다.

또한 우리가 사법부의 판단을 감정적으로 받아들여서는 안 될 것 같습니다. 사실 이런 일은 미국이나 영국에서도 일상으로 일어납니다. 미국의 영화나 드라마를 봐도 경찰이 정말 고생해서 범죄자를 검거했는데, 유능한 변호사가 나서서 바로 석방되는 일은 매우 익숙한 장면이기도 합니다.

그의 말을 듣다 보니 영화나 드라마의 한 장면이 머리를 스치고 지나갔다. 경찰이 어렵게 검거한 범죄자가 변호사와 함께 법원 계단을 내려오면서 멀리 있는 형사를 향해 미소 짓고 변호사와 함께 고급 차량에 탄 뒤 유유자적하게 사라지는 그 흔한 장면 말이다. 하지만 현실이 그와 같다는 것이 사실 받아들이기 힘들었다. 내가 잠시 침묵하자 범죄학자는 조용히 말을 이어갔다.

이윤호 박 경위는 우리 사회에서 1년에 범죄가 몇 건이나 발생하고 있는지 알고 있습니까? 제가 알기론, 한 해 250만 건의 범죄가 일어나고 있습니다. 현재 우리나라 교도소의 수용 능력은 5만 5,000명 정도입니다. 그렇다면 250만 건은 어떻게 처리될까요? 죄를 짓고도 발각이 되지 않아 법적인 처벌을 받지 않은 사람들도 있을 것이고, 죄를 짓고 현장이나 혹은 수사에 의해 체포돼서 검찰에 기소되는 사람들도 있을 것입니다. 체포가 됐지만 구속영장이 기각되어 풀려나는 사람들도 있습니다. 설령 실형을 선고받더라도 교도소로 가는 사람은 0.1%도 되지 않을 거라고 생각됩니다. 일단 이런 현실적인 문제를 정확히 짚고 넘어갈 필요가 있다고 봅니다.

범죄학자는 중립적인 입장에서 통계를 기반으로 설명했다. 특히 우리 교정 시설의 수용 능력에도 한계가 있다는 말에는 마땅한 반론이 떠오르지 않았다. 그는 내 마음을 읽었는지 좀 더 자세하게 설명했다.

이윤호 여러 통계와 자료에 따르면 구금률과 범죄율은 크게 관련이 없다고 나옵니다. 만약에 구금률이 범죄율을 낮출 수 있다면, 즉 구금으로 범죄를 억제할 수 있다면 세계에서 구금률이 가장 높은 미국의 범죄율이 가장 낮아야 하지만, 현실은 전혀 그렇지 않다는 것입니다. 실제로 구금(피의자를 구치소나 교도소 등에 가둬 신체의 자유를 구속하는 강제 처분)은 일부 재산 범죄를 줄일 수 있으나 폭력 범죄에는 전혀 영향을 미치지 않았으며, 오히려 일부에선 높은 구금률이 범죄율을 높이는 결과를 초래하기도 했습니다.

또한 교도소에서 범죄자를 교정하는 데 들어가는 비용이 엄청나다는 이중의 비판이 제기되고 있기도 합니다. 참고로 현재 우리나라 교도소의 수용자 한 사람당 수용 경비가 연간 2,500만 원에서 3,000만 원 정도 드는 것으로 알고 있습니다. 엄청난 비용인데, 이게 다 국민의 세금입니다.

범죄학자는 우리나라 교정 당국의 수용 가능 인원, 비용, 범죄율, 미국 사례 등 여러 가지 자료를 제시하면서 내게 설명했다. 그래도 마음으로는 받아들이기 힘들었다. 출동한 경찰관의 목에 식칼을 들이대고 협박한 범죄자를 교도소에 보내지 않으면 누구를 보낸단 말인가?

박경배 사법부도 많은 어려움이 있다는 것은 이해하지만 문제는 마지막에 왜 모든 비난을 경찰이 받아야 하는지 저는 그 부분이 정말 받아들이기 어렵습니다. 아마도 제가 경찰이기 때문에 더욱 그러한 마음이 드는 것일 수도 있겠지요. 제가 사례로 말씀드린 사건도 만약, 풀려난 중국인이 다시 가정으로 돌아가서 아내에게 또 다른 폭행이나 범죄를 저지르면 언론은 경찰을 비난합니다. 판사의 즉흥적인 판단으로 풀려난 범죄자가 다시 범죄를 저질렀는데 그 비난을 왜 경찰이 받아야 하는지 저는 이해되지 않습니다.

이윤호 (잠시 부드러운 눈빛을 나에게 보내며) 일반 시민이나 언론이 범죄에 대해 가지는 불신이나 불안에 대해, 자꾸 경찰을 표적으로 삼는 이유는 경찰의 임무와 이미지 때문이 아닐까 싶습니다. 경찰은 시민의 생명과 재산을 지켜줘야 한다는 이미지가 있습니다. 그리고 시민이 언제 어디서나 도움을 요청할 대상은 경찰뿐이지요. 주택을 순찰하는 사람들도 경찰이고, 사건이 일어났을 때 가장 먼저 출동하는 사람들도 경찰입니다. 시민 주위에 공권력을 가진 가장 가까운 사람들인 것이지요.

아마도 검사나 판사가 자신의 생명과 재산을 지켜주고 있다고 생각하는 시민은 거의 없을 것입니다. 그렇다 보니 열 번 잘해도 칭찬을 받지 못하고, 한 번 실수하면 엄청난 비난을 받을 수밖에 없지요. 이런 점이 경찰이 자신의 직무를 착실하게 수행하기 어렵게 만드는 상황은 아닐까 생각됩니다. 하지만 케이스 1과 같은 사건은 경찰도 최선을 다했고, 언론에서도 경찰에 대한 비난이나 공격은 없었던 것으로 알고 있습니다.

박 경위는 이런 문제가 우리나라만의 문제로 생각하는 것 같은데 미국도 크게 다르지 않습니다. 미국 경찰의 스트레스를 조사한 결과를 보면, 범죄자에 대한 지나치게 가벼운 처벌, 경찰에 대한 대중의 부정적 시선, 공정하지 못한 언론보도 등 경찰이 받는 스트레스는 한국 경찰이나 미국 경찰이나 크게 다르지 않다고 생각합니다.

범죄학자는 내 질무과 마음을 이해하는 듯했다. 하지만 답변은 이성적이고 중립적이었다. 짧은 순간 어색한 침묵이 흘렀다. 이번에는 그가 먼저 말을 꺼내며 화제를 돌렸다.

이윤호   저는 우리 사회에서 가장 약한 자들에 대한 강자의 범죄가 더 걱정입니다. 특히 아동, 여성, 노인, 장애인에 대한 범죄는 정말 엄격한 책임을 물어야 한다고 생각합니다. 정말 비열한 범죄 아닌가요? 이런 약자들에 대한 강자의 횡포는 앞으로 검찰이나 법원도 강력한 메시지를 줄 필요가 있다고 생각합니다. 경찰 혼자서 해결할 수 있는 문제가 아닙니다.

대화를 나누다 보면 의견 차이는 분명 존재한다. 각자의 위치와 입장이 있기 때문에 더 그런지는 모르겠다. 이럴 때는 더 깊게 들어가기 전에 살짝 발을 빼는 게 좋을 때도 있다. 불가피하게 다음 주제로 넘어갈 필요성이 느껴졌다.

홈은 없고 하우스만 있는 세상, 그게 엄마만의 탓일까?

엄마가 되면 당신의 생각이 절대 하나가 될 수 없을 것이다.
엄마들은 항상 두 가지를 생각하기 때문이다.
한 가지는 자신을 위한 생각이고,
다른 한 가지는 아이들을 위한 생각이다.

마하트마 간디

CASE 2

2020년 8월 무렵, 아들에게 폭행당했다는 신고 전화를 받고 경찰관 두 명이 현장으로 출동했다. 나는 무전으로 신고 내용을 듣고 지구대 안에서 상황을 주시했다. 나는 내가 관심 있는 신고나 사건에 대해서는 사건에 직접 관여하지 않고, 최대한 객관적으로 관찰하고 기록하는 습관이 있었다. 출동했던 경찰관 두 명이 중학교 2학년 남학생 한 명을 데리고 지구대로 복귀했다. 현장 상황은 이랬다.

엄마와 아들이 함께 정신건강의학 치료를 받고 돌아오는 길, 차 안에서 사소한 문제로 작은 말다툼이 일어났다. 짜증이 난 엄마는 왼손으로 핸들을 잡고 오른손으로 아들의 입술 부위를 쥐고 흔들다가 아들의 머리채를 잡고 창문 쪽으로 밀쳤다. 그러면서 "쓸데없는 소리 하지 말고 약이나 잘 처먹어. XXXX!"라고 욕을 한 뒤 다시 운전에 집중했다.

가만히 있던 아들은 갑자기 "에이, XX!"이라면서 오른손 주먹으로 엄마의 오른쪽 볼을 가격했다. 깜짝 놀란 엄마가 정신을 차릴 겨를도 없이 아들은 다시 한 번 엄마의 오른쪽 볼을 가격했다. 엄마는 그 충격으로 운전석 창문에 머리가 부딪혔다. 다행히 사고는 나지 않았지만 놀란 엄마는 차량을 도로 옆에 정차시켰고, 운전석에서 도망쳐 나와 경찰에 신고했다. 그리고 바로 현장에 출동한 경찰관들은 차량 조수석에 앉아 있던 아들을 지구대로 데려왔다.

내가 아들만 데리고 온 이유를 묻자, 엄마는 현장에 출동한 경찰관에게 자신이 폭행당한 이유가 모두 경찰관 책임이라는 듯 심한 난리를 피우다가 아들을 놔두고 차를 타고 가버렸다는 것이다.

젊은 경찰 한 명이 무표정한 얼굴로 지구대 안 소파에 앉아 있는 중학교 2학년 남학생에게 차 안에서 엄마를 주먹으로 폭행한 사실이 있는지, 왜 엄마에게 폭행을 행사했는지 물었다. 아들은 이렇게 답했다.

"엄마는 제가 어렸을 때부터 항상 욕하고 저를 폭행했어요. 치료받을 사람은 제가 아니라 엄마라고요. 오늘도 병원에 갔다 오는 도중에 기분도 좋지 않은데 계속 저한테 짜증을 내면서 욕을 하셨어요. 저도 기분이 별로 좋지 않아서 그만 좀 하라고 한마디를 했는데… 갑자기 손으로 제 입술을 쥐고 잡아 흔들다가 제 머리를 창문으로 밀쳤어요. 순간 저도 도저히 참을 수가 없어서…."

아들은 더 이상 말을 잇지 못했다. 자신이 한 행동이지만 그것을 말로 표현해선 안 된다고 생각하는 듯했다. 남학생의 오른쪽 눈에 맺혀 있던 눈물이 방울이 되어 흘러내렸다. 그는 고개를 왼쪽으로 돌리고, 오른손 손등으로 눈물을 쓸어내고 잠시 그 모습 그대로 말없이 흐느꼈다.

박경배　교수님! 지난 주제에 이어 이번엔 불안전한 가정과 부모의 자격이 없는 부모에게서 태어난 자녀들이 우리 사회에서 어떻게 성장하는지, 왜 잘못된 유혹에 빠질 수밖에 없는지 톺아보겠습니다. 케이스 2는 코로나-19가 본격적으로 우리 사회를 공격하던 2020년 여름에 있었던 일입니다. 저는 중학교 2학년 남학생의 말을 들으면서 아들에게 볼을 두 대 맞은 엄마보다는 아들에게 더 동정이 갔는데요. 교수님은 어떠신가요?

이윤호 듣기도 거북한 내용이군요! 우리 사회가 어쩌다 이렇게 끔찍하게 변했는지 답답한 마음입니다. 일단 차 안에서 있었던 엄마와 아들의 일이고, 내용상으로는 엄마의 진술이 빠져 있다 보니 경솔하게 판단하기는 어려운 문제인 것 같습니다.

저는 요즘 우리 사회가, 홈Home은 없고 하우스House만 있다는 생각이 들 때가 많습니다. 그러니까 가족은 따뜻한 홈에서 함께 생활해야 하는데, 차가운 하우스에 모여 무관심 속에 생활하다 보니까, 자꾸 이런 끔찍한 일들이 일어나고 있는 게 아닌가 싶어요.

나는 범죄학자의 말에 공감했다. 수많은 가정 폭력 현장을 지켜봤던 나로서는 차가운 하우스에 모여 살고 있는 가족이라는 말에 매우 공감했다. 그 안에서 서로에 대한 사랑과 관심은 없었을 것이다. 그저 서로를 비난하기 바쁠 뿐이다.

이윤호 저는 요즘 '엄마'와 '여성'에 대한 전통적인 인식이 바뀌는 과도기에 있다고 생각해요. 그리고 그 인식에 대해선 어느 정도 바뀌고 있는 게 사실입니다. 옛날에는 현모양처를 바람직한 여성상으로 보는 시절과 시대였습니다. 그래서 여성은 결혼한 이후에는 "누구 엄마" 또는 "누구 아내"로 불리며 자신의 이름을 잃어버렸지요. 하지만 지금 사회의 여성들은 자기 정체성이 분명하기 때문에 결혼하더라도 누구 엄마나 누구 아내로 만족하지 않지요. 물론 여성은 결혼하면 자신을 뒤로 밀쳐내는 경향이 아직도 존재합니다. 하지만 이제는 누구를 위해서 자신의 인생을 희생하거나 자신을 전부 바치겠다는 마음이나 동기가 없어요.

박경배 교수님, 저는 여성과 엄마는 다르다고 생각합니다. 그리고 '엄마'라는 이미지와 관념이 그렇게 쉽게 바뀌기는 어렵다고 생각하는데요.

이윤호 의외의 답변이군요! 그렇다면 박 경위는 '엄마!'라고 하면, 무조건적인 희생을 하면서 살아야 한다고 생각하는 건가요? 자기 삶을 버리고, 남편과 자식을 위해 인생 전체를 바치는 것도 모자라, 자식이 결혼하면 죽을 때까지 손자와 손녀를 봐주는 게 '엄마'의 역할이라고 생각한다는 말인가요?

범죄학자의 도발적인 질문에 순간 할 말이 생각나지 않았다. 나는 '엄마'라는 단어를 그냥 '엄마'로 생각하고 있었다. 그 이상도 이하도 아니었다. 내가 말이 없자 범죄학자는 조용히 말을 이어갔다.

이윤호　전문적인 용어는 피하려고 했는데…, 이런 문제를 '역할의 갈등'이라고 표현합니다. 자신의 정체성은 강해지는데 아직까지 여성이 자기 이름에 걸맞은 역할을 할 수 있는 일은 크게 변하지 않았다는 것이지요. 자기 자신의 정체성과 엄마로서 해야 할 역할 사이에서는 갈등이 발생합니다. 그런 갈등은 심리적으로 긴장을 불러오고, 긴장이 심해지면 '번 아웃$_{burnout}$'■에 빠질 수도 있고, 다른 누군가에게 자신의 긴장을 분노로 투사할 수도 있습니다. 엄마에게는 그 대상이 남편일 수도 있고, 자식일 수도 있는 것이지요.

박경배　좀 더 쉽게 풀어서 설명 부탁드립니다.

이윤호　전업주부를 예로 들어볼까요? 전업맘이 가장 많은 시간을 보내는 장소와 사람은 누구일까요? '가정과 자녀'입니다. 물론 요즘 아빠는 육아와 가정에 많은 시간을 할애한다고 하지만 아직까지 쉬운 일은 아닙니다. 그것이 현실이지요. 그렇다 보니 엄마는 많은 시간을 자녀와 함께 보내고 교육적인 면에도 절대적

■　의욕으로 일하던 사람이 어느 한계치에 도달하면 신체적, 정신적 피로감을 호소하며 정신적 탈진 상태에 빠진 현상을 말한다. 정신분석가 프로이덴버거(Herbert Freudenberger)가 이 현상을 설명하면서 '소진'이라는 용어를 사용한 것이 시초다. 소진 증후군, 연소 증후군, 탈진 증후군이라고도 한다.

으로 영향을 주고 있는 것이 현실입니다. 엄마의 정보력이 자녀의 대학을 결정할 수도 있다는 말까지 나올 정도니 아빠와 비교하면 땅과 하늘만큼 차이가 생기지요.

문제는 그 과정에서 자녀와 충돌하면서 일부 엄마들이 격정적 혹은 충동적인 방식으로 자신의 분노를 자녀에게 표출한다는 것입니다. 하지만 한 번의 실수라고 하더라도 이런 방식은 아이 정서에 매우 좋지 않은 영향을 줄 수 있습니다.

그의 말 중 엄마의 정보력이 자녀의 대학을 결정할 수도 있다는 문장이 가장 선명하게 와닿았다.

이윤호   요즘 부모들은 아직도 부모와 자식의 관계를 수직적 관계라고 생각하는 것 같습니다. 하지만 자녀들은 전혀 그렇게 생각하지 않습니다. 그들은 부모와의 관계를 수직적이 아니라 수평적인 관계로 생각하고 있습니다. 거기서 충돌이 생기는 거죠.

범죄학자는 '수평적 관계'라는 말을 강조했다. 그렇다. 지금 청소년들은 가정, 학교, 사회, 직장(아르바이트), 군대까지 수직적인 관계를 받아들이지 못하는 것이 현실이다. 현재 수평적 관계를 바라는 청소년 세대와 수직적 관계를 고집하는 기성세대의 갈등은 진행 중인 것이다.

박경배　문제는 이런 갈등이 범죄로 이어지는 상황이겠지요. 그것이 사회를 점점 더 삭막하게 만드는 요인으로 작용하고 있다는 생각도 드는데요.

이윤호　그렇습니다. 그래서 미국의 사회학자 토르스텐 셀린 Thorsten Sellin은 청소년 비행을 설명할 때 '문화 갈등'을 짚어냅니다. 문화적 갈등이 사회적 문제가 될 수 있고, 이런 행위규범의 충돌이 범죄를 일으킬 수 있다는 것이지요.

박경배　그렇다면 교수님은 케이스 2의 엄마 행동도 충분히 이해할 수 있다는 말인가요?

　　나는 케이스 2의 엄마 행동에 대한 그의 생각을 알고 싶었다. 그래서 단도직입적으로 물었는데 그는 너그러운 눈빛으로 나를 바라보며 조용히 말을 이었다.

이윤호　그런 것은 아닙니다. 아들의 진술만 들어봐도 그 가정이 얼마나 문제가 있는지는 충분히 알 수 있습니다. 제가 말하고 싶은 것은, 엄마의 행동 하나만 가지고 아들과 그 가정의 문제를 성급하게 판단해서는 안 된다는 점입니다. 그 엄마가 그렇게까지 된 데에는 많은 원인이 있었을 겁니다. 그리고 정신건강의학 치료를 받는다는 것은 그녀도 자신의 문제점을 인식하고 있다는 사실이겠지요. 뭔가 잘못되고 있으니깐 바로잡기 위해 병원에서 치료를 받는 것 아니겠어요.

다만 저는 우리의 어머니 세대에선 누군가를 탓하기보단 자신을 희생하는 것을 선택했겠지만 현재의 어머니들은 그렇지 않다는 것을 말하고 싶은 겁니다.

지금 우리는 변화의 시대에 살고 있습니다. 물론 옛날에도 변화가 있었지만 그 속도가 달랐지요. 결론은 할아버지와 할머니도 변하고, 선생과 학생도 변하고, 자녀도 변하는데 '엄마'만 변하면 안 된다는 것도 이상하지 않을까요?

범죄학자의 조용한 설명을 들으면서 그럴 수도 있겠다는 생각이 들었다. '엄마'만 변하지 말라는 법이 어디 있겠는가?

이윤호 또한 가정 안에서 이런 일들이 일어나는 데는 아버지의 책임도 크다고 생각합니다. 너무 엄마에만 초점을 맞추면 편견에 빠질 수도 있다고 생각합니다. 그렇지 않을까요?

범죄학자가 내게 이 질문을 하지 않았으면 실망할 뻔했는데 그는 나를 실망시키지 않았다.

박경배 제가 코로나-19 2년간 현장에서 발생한 신고 사건과 언론 보도를 모니터링하면서 느낀 점인데 요즘은 아빠보다는 엄마가 더 강력범죄를 저지른다는 생각이 들었습니다. '정인이 사건'을 시작으로, 엄마가 자녀를 때려 죽이고, 굶겨 죽이고, 쓰레기처럼 갖다 버리는 사건은 한두 건이 아니었습니다. 또한 자신의 처지를 비관해 자녀를 죽인 후, 자신도 극단적 선택을 한 일도 있고, 실패한 일도 있었습니다. 이런 사건은 이루 열거하기가 힘들 정도로 많이 발생했습니다.

물론 사정은 있었겠지만, 어렸을 때 자녀를 버리고 떠난 엄마가 불의의 사고로 사망한 자녀의 보상금과 유산을 아무런 죄책감도 없이 받아 챙겨 사라졌다는 뉴스는 한두 건이 아니었습니다. 오죽하면 유명 연예인이 자살로 생을 마감하고, 그 후 엄마가 나타나 뻔뻔하게 상속을 요구하자, 사회적인 문제로 공론화돼 국회에서 민법 개정안 법률이 발의되는 일까지 있었겠습니까?

부모 자격이 없는 부모의 이런 무책임하고 뻔뻔한 행동이 과거에는 주로 아버지들이 저질렀다면 근래에는 그 양상이 바뀌고 있는 것 같아, 교수님에게 질문한 것입니다. 다른 뜻은 전혀 없다는 점을 알아주시기 바랍니다.

이윤호　저도 박 경위의 의도는 이해하고 있었지만 그래도 그런 의도를 정확히 밝히고 이야기하는 게 좋을 것 같아 물어본 것입니다.

인터뷰 도중에 범죄학자의 아내가 커피가 식은 것 같다며 내

커피잔에 따듯한 커피를 다시 채워줬다. 범죄학자는 자기도 커피를 달라며 컵을 내밀었다. 범죄학자의 아내는 그렇게 잠시 휴식을 취할 수 있게 배려한 후, 자신의 화실(작업실)로 돌아갔다. 이야기 주제가 주제인 만큼 범죄학자의 아내에게도 대화에 참여해줄 것을 요청하려다 참았다.

폭력의 전이,
매 맞는 아이가 때리는 어른이 된다?

자녀는 부모를 선택해서 태어날 수 없다.
부모 또한 자녀를 선택할 수 없다.
하지만 자녀의 양육 문제는 선택이 아닌 책임이자 의무다.

이윤호(범죄학자)

CASE 3

코로나-19가 밤낮없이 우리 사회를 공격하던 어느 가을 새벽 '미성년자가 오피스텔에 납치되어 감금된 채 성 착취를 당하고 있다'는 신고가 접수됐다. 신고자는 기자였다. 나는 동료와 함께 바로 현장으로 출동했다. 신고자인 기자는 미성년자가 'ㅇㅇ오피스텔'에 납치되어 감금된 채, 유사 성행위를 하며 인터넷 방송을 찍고 있다는 제보를 받았고, 동료 기자와 함께 현장으로 달려가 그 학생을 만나 경찰에 신고한 것이다.

나는 일단 사실관계를 확인하기 위해 고등학생으로 보이는 소녀에게 조심스럽게 신고 내용을 확인했다. 하지만 그 소녀는 그런 피해를 당한 사실도 없고, 신고 내용은 기자라는 오빠들이 지어내서 신고한 것이라고 설명했다. 자신이 납치 감금됐다면 이 새벽에 어떻게 전화를 받고 밖으로 나왔겠냐며 황당해하는 표적이었다. 그러면서 소녀는 자신이 인터넷 방송에서 영상을 찍은 일은 있지만 그것은 '맞방'이며, 유사 성행위나 성적 영상물을 찍거나 강요당한 사실은 전혀 없다고 진술했다.

맞방은 인터넷 방송을 하는 남녀가 카메라 앞에서 서로 때리고 맞는 장면을 방송으로 내보내는 것을 말한다. 자의든 타의든 상관없이 미성년자가 오피스텔에서 혼자 지내면서 불상의 남성과 때리고 맞는 방송을 촬영한 사실이 있기에 일단 지구대로 보호조치를 한후 좀더 자세히 조사하기로 했다.

맞방을 찍었다는 소녀의 사정은 이랬다. 소녀는 19세로 지방에서고등학교를 자퇴하고 도시로 올라왔으며, 부모님은 이혼하고 엄마와 살고 있는데 엄마도 자신의 가출을 허락했다. 숙식을 해결하고 돈을 벌기 위해 인터넷 방송 전문 엔터테인먼트 회사와 계약한후, 스스로 맞는 방송을 촬영했다. 하지만 인기를 얻지 못하자 맞는게 아프기도 해서 지금은 촬영을 그만두고 잠시 쉬는 중이다. 그 과정에서 사회관계망서비스로 알게 된 어떤 오빠에게 자신의 처지를하소연한 적이 있는데, 그 오빠가 친구인 기자에게 연락해 이렇게신고가 된 것이라고 진술했다.

소녀의 진술 내용을 확인하기 위해 모친과 연락하고 소녀가 거주하고 있다는 오피스텔도 방문해 조사했지만 범죄의 혐의점은 보이지 않았다. 보호자인 모친은 딸이 곧 있으면 성인이 되니까, 자신이하고 싶은 대로 하게 내버려두라며 전화를 끊었다. 엄마는 이런 일로 새벽에 전화를 한 것에 대해 불쾌감을 감추지 않았다.

새벽 시간에 경찰서 전체를 긴장하게 만든 신고는 명백한 허위신고로 밝혀졌다. 중요한 건 그런 허위신고를 기자라는 사람이 했다는 사실이다. 그들은 사실을 신고한 것이 아니라 자신들의 상상력을 동원해 신고 내용을 만들어서 경찰에 신고한 것이다. 범죄의 혐의점은 없었고, 유일한 보호자인 엄마는 딸을 데리러 갈 수 없다고했다. 그렇다고 해서 그런 신고를 접수한 경찰이 어린 소녀를 다시오피스텔로 보낼 수도 없는 상황이었다. 우리는 소녀를 잠시 청소년 보호시설에 들어가 쉴 수 있도록 조치하고, 모친에게도 그렇게통보했다. 일단 신고는 그렇게 마무리했다.

박경배   케이스 3은 제가 직접 맡은 건인데 저는 이 신고 사건을 처리하면서 두 가지가 마음에 걸렸습니다. 첫 번째는 기자라는 사람이 확인되지도 않은 사실을 지어내서 신고했다는 사실입니다. 이건 제가 곡해한 것이 아니라 신고 대상자인 소녀의 진술입니다. 자신이 하지도 않은 말을 지어내서 112에 신고하는 모습을 보고 어이가 없었다고 했습니다. 두 번째는 미성년자인 어린 딸에 대해서 유일한 보호자인 엄마가 딸에 대한 보호조치를 거부했다는 사실입니다. 물론 이런 일은 매우 흔하게 일어납니다. 이제 경찰은 가정에서 버림받고, 학교와 사회에서 소외된 이 소녀에게, 미래에 일어날 수 있는 범죄의 피해까지 예측해서 필요한 조치를 해줘야 합니다. 하지만 그건 경찰이 할 수 있는 업무도 아니고, 능력도 되지 않는 일이라고 생각합니다. 교수님 의견은 어떠신지요?

이윤호   '맞방'이라는 말이 쉽게 이해되지 않는데, 좀더 자세히 설명해줄 수 있을까요?

박경배   저도 사실 처음엔 잘 이해가 되지 않았습니다. '맞방'이란, 맞는 방송의 줄임말인데 인터넷 방송 콘텐츠입니다. 시청자가 지불한 후원금을 대가로 폭력 행위를 찍어 방송하는 형태인 것이죠. 인디넷 방송을 하는 오피스텔에서 주로 성인 남성과 소녀가 집 안에 있는 가벼운 도구를 사용하여 종아리부터 허벅지까지 교대로 한 대씩 때립니다. 처음에는 가벼운 구둣주걱, 주방용 국자,

30cm 문구용 자 등 일상에서 사용하는 도구를 이용해 서로가 교대로 때립니다. 이 과정에서 시청자(유저)가 새로운 도구를 알려주고(예를 들어 빗자루, 슬리퍼 등) 그 도구를 사용해 서로 때리는 모습을 보여주면 시청자는 현금이나 현금화할 수 있는 풍선을 보내주는 방식이지요. (이 글을 쓰고 있는 순간에도 'OOTV' BJ가 시청자로부터 소주 1병을 원샷으로 마시라는 미션을 받고 소주 2병 가량을 연속으로 마신 뒤 사망한 뉴스가 보도됐다.)

평생을 범죄학을 연구한 학자는 나의 설명을 듣고, 잠시 놀라는 표정을 보였다. 마치 '세상에 그런 방송도 있다니'를 속으로 읊조리는 모습이었다. 하지만 바로 답변을 이어갔다.

이윤호　언론의 부작용은 이전부터 많이 지적되어온 것이 사실입니다. 사실에 기반한 기사를 내보내기보단 어떻게든 시민들을 자극하기 위해 취재를 하고 보도하려는 경향은 언론의 고질적인 문제점이기도 합니다.

또한 개인적인 의견이지만 인터넷 언론사가 늘어나면서 가십 기사로 인한 피해는 앞으로도 증가할 것으로 보이는데 이런 문제는 경찰 조직 차원에서 필요한 대응이나 조치가 필요할 것으로 생각됩니다. 아무리 기자라고 해도, 허위사실을 경찰에 신고한다는 것은 있어선 안 된다고 생각합니다.

범죄학자는 언론 문제가 주제에서 너무 벗어났다고 생각했는지 짧게 말하고 넘어갔다.

이윤호   저는 오래전부터 계속 주장했습니다만 현대 사회의 범죄는 형사정책이나 경찰만의 문제로 치부돼서는 안 되는 것들이 너무 많습니다. 예를 들면 앞으로 정신질환으로 인한 범죄는 계속 증가할 것으로 추정됩니다. 사회관계가 복잡해지고, 경제가 어려워지다 보면 이해관계로 인한 갈등은 증가할 수밖에 없습니다. 문제는 이런 범죄자들을 처벌을 통해 해결할 방법이 없다는 것입니다. 아픈 사람한테 야구 방망이로 두들겨 패서 될 일은 아니기 때문이지요. 그럼 어떻게 해야 할까요? 치료를 해야 합니다. 하지만 치료는 경찰이 할 수 있는 영역이 아닙니다. 경찰이 치료 주사를 놓는 사람은 아니니까요!

케이스 3에서 나온 19살 청소년은 가정에서 보호받지 못하고, 학교와 사회에서 소외당하고 있는 가정 밖, 학교 밖 아이라고 할 수 있는데 이런 아이들이 가장 위험합니다. 그런 청소년들이 가해자가 될 위험성이 제일 높고, 또한 피해자가 될 위험성도 높기 때문이에요.

박경배   케이스 3에서 나온 청소년이 가해자나 피해자가 될 수 있다는 말은 이해가 되지 않습니다.

이윤호　청소년 범죄자들이 가해자인 동시에 피해자가 될 수밖에 없는 이유는, 우리가 가정과 학교, 사회에서 그들을 제대로 보호하고, 교육하고, 양육했으면 청소년들이 범죄를 저지를 이유가 없기 때문입니다. 하지만 우리가 그들을 안전하게 양육하고, 교육하고, 보호하지 못했기 때문에 그들이 학교 밖으로 나와 범죄를 저지르는 거예요. 그런 의미에서 청소년 범죄자들은 피해자인 동시에 가해자가 되는 것입니다. 그렇다면 우리는 누구를 탓해야 할까요? 우리 사회의 정치, 경제, 사회, 문화, 교육, 환경, 복지 등 시스템이 비난받아야 합니다. 사회 시스템이 제대로 작동하지 않았기 때문에 청소년 범죄가 증가하는 것이지요.

　1960년대 미국에서 청소년 범죄가 심각했을 때, 린든 존슨 대통령_{미국 제36대 대통령}이 어떻게 했는지 아십니까? 범죄와의 전쟁을 선포한 게 아니라 '빈곤과의 전쟁'을 호소했습니다. 왜? 가난하기 때문에 청소년들이 다른 사람의 무언가를 빼앗고, 훔치면서 범죄를 저지른다는 거예요. 이 아이들에게 교육과 직업의 기회를 준다면 빈곤에서 벗어날 수 있고, 굳이 남의 돈을 훔치고 빼앗을 이유가 없다는 거죠. 그래서 청소년들에게는 사회가 가동할 수 있는 모든 자원을 다 동원해야 합니다. 그렇게 해야 가정 밖이나 학교 밖의 사각지대에 있는 청소년들이 범죄의 유혹에 빠지지 않을 수 있다는 생각이 듭니다.

　범죄학자의 말을 들으면서 집을 나온 상태에서 성인 엔터테

인먼트 회사에 취직해, '맞방'을 찍었다는 19살 소녀가 했던 말이 생각났다. 내 딸과 같은 나이의 소녀는 자신감 있는 목소리로 이렇게 말했다.

"저는 미성년자라서 '맞방' 외에는 찍을 수 있는 방송이 없었어요. 저도 다른 언니들처럼 벗는 방송을 찍고 싶었어요."

소녀는 그런 방송을 찍게 해달라고 회사 대표에게 부탁했지만 그는 "네가 아직 미성년자이기 때문에 그런 방송을 찍을 수는 없다. 그 문제는 성인이 되고 나서 상의해보자"라고 말했다고 한다.

소녀는 내게 자신 있게 말했다.

"이제 5개월만 지나면 성인이 되는데 그때가 되면 저는 제가 하고 싶은 대로 다 하고 살 거예요."

이제 곧 성인이 된다는 소녀의 꿈은 무엇일까? 'BJ'가 꿈일까? 아니면 '벗는 방송'을 찍는 언니들처럼 자신도 편하게 돈을 많이 벌겠다는 것일까? 좀체 알 수 없는 소녀의 꿈에 대해선 정확하게 물어보기가 쉽지 않았다. 나는 딸과 같은 나이의 소녀에게 "벗는 방송을 찍든, BJ를 하든 그래도 고등학교는 마치고 무언가를 시작하는 게 좋지 않겠니?"라고 말해주고 싶었지만 그러지 못했다.

나는 범죄학자를 바라보며 머릿속으로는 소녀가 했던 말들을 생각하고 있었다. 범죄학자도 잠시 혼자 고민하는 모습을 보인 후, 계속해서 말했다.

이윤호　경찰 발전 역사에서 한때는 경찰에게 프로페셔널리즘 professionalism을 강조했던 적이 있습니다. 경찰은 시민의 안전을 지키는 전문가로서 시민의 안전에 위협이 될 수 있는 일들을 예방하거나 해결할 수 있어야 한다고 교육을 받았고, 그런 자부심으로 업무에 일했던 적이 있었죠. 그래서 사회의 참여와 간섭을 막았습니다. 그런데 그것이 지금 경찰의 덜미를 잡고 있어요. 이제 경찰도 제안할 것은 제안하고, 도움을 요구할 건 요구하고, 사회에 부탁할 건 부탁해야 한다고 봅니다.

경찰이 책임감을 고취하고 자신들이 알아서 다 하겠다는 업무 처리 방식은 이제는 통하지 않을 것으로 예측됩니다. 과거에는 그린 게 가능한 시절도 있었지만 지금처럼 복잡한 사회에서는 경찰이 형사, 가정, 아동, 학교, 여성, 노인, 복지 등 모두 정책에 직접적으로 관여하기는 어렵습니다. 이런 접근 방식은 경찰에게도 큰 부담으로 작용할 것이고, 선진국 중에 그렇게 하는 나라도 없는 것으로 알고 있습니다.

인터뷰를 시작할 때는 '두 시간을 어떻게 채울 수 있을까?'라는 고민도 있었지만, 대화를 시작하면 두 시간은 생각보다 빨리 지나갔다. 그리고 오늘은 인터뷰 도중에 대화를 진행하기 힘들 정도로 범죄학자에게 전화가 많이 걸려 왔다. 대부분의 전화는 기자들이 사회문제(범죄 사건)에 대해 자문을 부탁하는 것으로 보였다. 준비한 내용의 80%도 질문하지 못했고, 좀더 진행하고 싶은 마음이 컸지만 상황이 여의치 않았다. 내 마음을 읽었는지 범죄학자는 시간이 더 걸리더라도 자신은 괜찮다고 말했지만 내가 괜찮지 않았다. 부족한 것은 원고를 정리한 후 다음 기회에 추가로 질문하기로 하고 마지막 질문을 던졌다.

박경배 오늘은 교수님도 매우 바쁘신 것 같고, 중요한 질문은 다 한 것 같습니다. 마지막으로 오늘 인터뷰한 내용을 정리해서 한 말씀 부탁드립니다.

이윤호 오늘은 제가 미국 미시간대학교에서 박사 과정을 밟을 때 있었던 경험을 이야기하는 것으로 마무리하고 싶습니다. 어느 날 저의 지도교수님이 저에게 상담을 요청한 적이 있습니다. 교수님은 제게 한국 아이를 한 명 입양하고 싶은데 저의 의견은 어떤지 물으셨습니다. 당시 교수님은 자신이 낳은 딸도 있었습니다. 저는 교수님에게 긍정적으로 말씀을 드렸고, 교수님은 저와 이야기한 후에 당시 부산에 있는 보육원을 직접 방문해 아이를 한 명 입양했습니다. 그 아이 이름이 수진(SOO JIN)입니다.

교수님께서는 그 아이를 입양한 후에 정성을 다해 키우셨습니다. 아침에는 직접 어린이집에 데려다주었고, 점심에는 도시락을 가시고 어린이집으로 가서 수진과 함께 점심도 같이 먹었습니다. 교수님께서는 수진이를 진심 어린 사랑과 관심으로 돌보셨습니다. 저는 옆에서 그 모습을 직접 보았습니다. 옆에서 지켜보기만

했지만 저는 교수님의 진심을 느낄 수 있었습니다. 그렇게 정성을 다해 키운 수진이가 어떻게 성장했는지 아십니까?

워싱턴 조지타운대학교를 졸업해서 지금은 미국 정부의 국방 외교 안보 분야에서 일하는 전문가가 됐습니다. 만약에 그 아이가 불안전한 가정이나 부산의 보육원에 계속 있었다면, 그렇게 성공할 수 있었을까요? 사실 아이의 미래는 아무도 모르는 일이겠지만 말입니다. 제가 말하고 싶은 요점은, 왜 우리 사회는 그렇게 못하느냐는 것입니다. 우리 사회도 수진이를 미국으로 입양을 보내지 않고 우리 사회 안에서 훌륭하게 성장시킬 사회적 인프라를 만들 수 있어야 한다고 생각합니다. 물론 쉬운 일은 아니겠지만 말입니다. 우리가 이렇게 마주 앉아 소중한 시간을 들이면서 이야기하는 것도 그런 사회를 만들기 위한 작은 노력의 하나라고 생각합니다. 오늘도 수고 많았습니다.

범죄학자의 연구실을 나와 집으로 가는 길에 얼마 전 있었던 신고가 떠올랐다. 새벽 4시가 넘어 '화재 신고'가 접수됐다. 119에서는 경찰에 공조를 요청했고, 관할 순찰대였던 나는 동료와 함께 현장으로 출동했다. 굳이 코로나-19가 아니라도 새벽 4시의 거리는 을씨년스러웠다.

소방대와 함께 30분 넘게 현장 주변을 수색했지만, 화재를 발견하진 못했다. 신고자는 화재 신고를 하고 바로 전화기 전원을 끄고 받지 않았다. 소방대는 철수했고, 나와 동료는 주변을 좀더 수색했다. 수색 과정에서 어디선가 개 짖는 소리가 끊임없이 들려왔다. 수색 과정 내내 울음소리는 멈추지 않았다. 나는 아무 근거도 없이, 오랜 경찰 생활을 하면서 몸에 밴 감으로 무언가가 느껴졌다. 나에게 개 짖는 소리는 '여기야! 여기!'라는 소리로 들렸다. 이렇게 개가 계속 짖는다는 것은 이 시간 그 집에 분명 무슨 일이 있던지 아니면 깨어 있는 사람이 있을 것이라는 생각이 들었다. 어두운 주택가 지하에서 개가 짖고 있는 집을 겨우 찾아냈다.

초인종도 없는 허름한 연립 지하였다. 나는 나의 감을 믿고 (확신을 갖고) 문을 두드렸다. 내가 주먹으로 강하게 문을 두드릴 때마다, 집 안에 있는 개는 나의 박자에 맞춰 더 크게 짖었다. 나는 집 안에 사람이 있다는 확신을 하고 5분 이상 문을 두드렸지만 문은 열리지도 않았고, 대답은 개가 대신하고 있었다. 이제 나는 구둣발로 철문의 아랫부분을 차기 시작했다. 문이 열리지 않으면 않을수록 나의 감은 확신으로 변하고 있었다. 그리고 잠시 후, 드디어 현관문의 잠금장치가 풀리는 소리가 들렸다.

나는 그동안 문이 열리기를 바라는 마음으로 주먹과 발로 철문을 찼지만, 막상 잠금장치가 풀리는 소리를 듣자 손잡이를 강하게 붙잡고 안에서 사람이 나오지 못하도록 밀었다. 안에서 문을 열려고 했던 사람은 '문이 왜 이러지?' 하는 마음이었을 것이다. 내가 힘을 푸는 만큼 현관문은 천천히 열렸다. (이런 행위는 갑작스런 기습을 예방하기 위함이다.)

현관문의 틈새로 만일에 있을 기습이나 위험에 대비했지만, 다행히 아무 일도 없었다. 열린 문틈으로 흰색의 몰티즈 한 마리가 꼬리를 치며 두 발을 들고 내 무릎으로 달려들었다. 작은 거실에는 불도그와 닥스훈트를 교배한 듯한 검은색 개 한 마리가 거실 한가운데서 사납게 짖고 있었다. 좁은 거실의 빨래 건조대 위에는 검은색 고양이 한 마리가 현관에서 들어오는 사람을 확인하고 (날렵하게) 건조대에서 싱크대로 점프했다. 그 옆에 남자 한 명이 불안한 모습으로 서 있었다.

집 안에서는 동물들과 청소되지 않은 집에서 나는 냄새들이 섞여 있었다. 마스크를 쓰고 있었지만, 역겨운 냄새는 마스크를 뚫고 내 코로 그대로 들어왔다. 불안하게 서 있는 남자에게 문을 두드린 이유를 설명했다. 그 남자는 내 이야기를 듣고 난 후, 자신과는 전혀 관계없는 일이라고 태연하게 잡아뗐다. 하지만 나는 나의 감을 믿고, 불안해하는 남자의 협조를 받아 집 안을 수색했다.

안방에는 남녀 구분이 안 되는 사람 한 명과 네 살 정도 되어 보이는 여자아이 한 명이 자고 있었다. 남자에게 어떤 관계인지 물었다. 그는 이렇게 대답했다.

"자고 있는 여자와 아이는 모녀지간이고, (자고 있는 여자를 가리키며) 이 집은 저 여자의 집이고, 나는 그녀에게 허락을 받고 함께 살고 있어요."

좁은 거실은 소란스러웠지만, 모녀는 깨어나지 않았다. 자고 있는 여자의 스마트폰은 꺼져 있었다. 전원을 켜고 통화목록을 확인하던 중에 119 신고 이력이 확인됐다. 그 남자는 자고 있는 여성의 스마트폰으로 119에 허위로 화재 신고를 하고 스마트폰 전원을 껐던 것이다.

조사 결과 그 남자는 상습 방화범이었다. 전에도 주차장 쓰레기 더미에 불을 지르고 도주한 사람이 있었는데 조사해보니 그 사람이 저지른 방화였다. 당시에도 불이 커지기 전에 발견하고 진화했기에 큰 사고로 번지지 않았지만, 불을 지른 사람을 검거하진 못했다. 남자는 그렇게 지능적으로 방화를 저질렀지만, 지적 장애 2급이라는 무기를 가지고 있기에 처벌받을 확률은 거의 없었다. 한두 사람이 아니라 자칫하면 수많은 인명피해가 발생할 수 있는 방화는 무서운 범죄다. 하지만 그 남자에게서 그런 죄의식은 보이지 않았다.

함께 출동을 나갔던 젊은 동료는 신고를 마감한 후, 생각난 듯이 설명했다. 그 남자가 거주하는 집에 전에도 몇 번 출동 나간 적이 있었는데 아동학대 신고였으며, 집 안은 쓰레기장이었다. 엄마도 정상적으로 보이지 않았고, 다섯 살짜리 여자아이는 아직도 기저귀를 차고 있었다고 한다. 그 집은 도저히 어린아이가 살 수 있는 집이 아니었다. 나는 젊은 동료에게 물었다.

"그럼, 저 남자기 다섯 살짜리 여자아이를 학대한 적도 있다고?"

"아니요! 그때 저 남자는 없었고, 다른 남자가 있었어요. 그래서 저도 잠깐 헷갈렸거든요."

누워서 자고 있던 여자아이는 다섯 살이라고 하기에는 너무 작아 보였다. 아이들이 다 그렇듯이 그 아이도 천사같이 귀여운 모습이었다. 나는 그 아이가 그런 열악한 환경에서 어떻게 성장할 수 있을지 걱정됐지만, 내가 할 수 있는 일은 한계가 있었다.

미국으로 입양돼 성공적인 삶을 살고 있다는 수진이와 쓰레기장으로 변한 집에서 정신이 온전치 못한 엄마와 자주 바뀌는 이상한 남자들과 살고 있는 다섯 살 소녀를 생각하자, 생각은 정리되지 않았고 더욱 혼란스러워질 뿐이었다.

우리 사회는 아이를 훌륭하게 성장시킬 사회적 인프라가 만들어져 있는가? 그리고 우리는 그저 내 자식만 우선이면 된다는 생각으로 부모에게 학대를 받거나 방기되어 거리에서 떠도는 어린 친구들을 외면하지는 않았는가? 경찰과 범죄학자의 만남이 그들을 위한 작은 노력의 일환으로 세상에 도움이 되길 바란다.

소년범죄

2022년 3월 8일 화요일 14:00_ 범죄학자 연구실
경찰과 범죄학자의 세 번째 만남

보호냐, 처벌이냐, 소년범죄의 딜레마

14세 되지 아니한 자의 행위는
벌하지 아니한다.
|
형법 제9조

CASE 1

코로나-19가 한창이던 어느 여름날 오후에 있었던 일이다. 중학교 1학년 남학생(만 13세)이 유사 성행위를 하기 위해(실제론 강간할 목적으로) 아파트 단지 내 놀이터로 이동했다. 그곳에서 9세 여아를 발견하고 이렇게 말했다. "오빠 짐이 있는데 드는 것을 도와주면 햄버거를 사줄게! 좀 도와줄래!" 9세 여자아이는 아무 의심 없이 중학교 1학년 남학생을 따라갔다.

이후, 이 남학생은 아파트 주변에 있는 조그만 야산으로 여자아이를 데려갔고, 9세 여자아이의 옷을 강제로 벗기고, 유사 강간을 시도했다. 그리고 피해자를 협박하면서 강제로 추행했다. 가해 남학생은 14세가 되지 아니한 형사미성년자였다.

범죄학자와의 만남 뒤 3주의 시간이 지났고, 그 사이에도 범죄 사건은 계속 발생하고 있었다. 10살의 어린 아들이 당돌하게 흉기를 사용해 엄마를 위협하는 사건도 있었고, 어떤 젊은이가 금전 문제로 길거리에서 어느 부부를 살해하는 사건도 있었다. 부모가 자식을 굶겨 죽이는 사건도 있었고, 자식이 부모를 무자비하게 폭행하는 사건 등이 있었다.

특히 보이스피싱 범죄는 단 하루도 빠짐없이 발생했다. 그것도 강원도에서 제주도까지 전국에 걸쳐 발생했다. 고등학생부터 대학생의 비상금까지, 젊은 연인의 결혼자금부터 팔십이 넘은 노인들의 노후 자금까지 수많은 사람들의 현금과 비상금 전부가 보이스피싱 사기단에 넘어가고 있었다. 3주간의 짧은 시간 동안 신문 사회면은 범죄 기사가 끊이지 않았다. 기사화되지 않은 범죄도 끊임없이 일어났다.

범죄는 끊임없이 발생했지만, 봄은 오고 있었다. 범죄학자의 연구실에 들어갔을 때, 범죄학자와 사모님은 반갑게 나를 맞아 주셨다. 범죄학자는 새 학기가 시작되면서 개설한 강좌에 800명이 넘는 학생들이 수강 신청을 했다며 수업 준비로 바쁜 모습이었고, 사모님은 나를 위해 손수 커피를 내려주시고 자신의 작업실로 돌아갔다.

박경배 교수님! 저번 인터뷰는 교수님이 너무 바쁘셔서 한 가지 알아보지 못한 사례가 있었는데 그것을 먼저 짚고 넘어가고 싶습니다.

이윤호　좋습니다.

박경배　안타까운 일이지만 저를 포함하여 세상 모든 부모는 내 자식이 그런 범죄를 저지를 것이라고는 생각하지 않습니다. 또한 내 딸이 그런 피해를 당할 수 있다는 생각도 하지 않는 것 같습니다. 질문하기도 거북하긴 하지만 이런 소년범죄 사건을 어떻게 바라봐야 할지 교수님 의견을 듣고 싶습니다.

이윤호　중학교 1학년이 그런 행동을 어디서 배웠을까요?

　　그는 잠시 자신에게 질문하는 듯한 모습을 보였다. 범죄학자 는 이해가 안 된다는 표정이었지만 나는 그렇지 않았다. 9세 여 자아이를 유사 강간하고 강제추행을 한 남학생의 행동은 일본 성인비디오의 내용을 그대로 따라 한 모습이었다. 작은 디테일 하나까지도 전형적인 일본 성인비디오 배우들이 하는 행동과 완벽히 일치했다.

　　내 생각은 남자아이는 이미 일본 성인비디오와 포르노에 중 독이 되어 있었고, 더 이상 자위행위로 헤걸이 되지 잃자, 밖으 로 뛰쳐나와 약자를 찾아내 범죄를 저지른 것이었다. 나는 범 죄학자를 바라보며 그렇게 생각하고 있었지만 내 의견을 말하진않았다.

이윤호   박 경위의 이야기를 듣다 보니 한 가지 생각나는 사건이 있습니다. 영국에서 1993년 2월에 있었던 사건인데 소년범죄와 관련하여 굉장히 상징적인 사건입니다. 내용은 이렇습니다.

1993년 2월 2살의 제임스 벌저는 엄마 손을 잡고 리버풀에 있는 대형마트에 따라갔어요. 제임스 벌저의 엄마는 식료품점에서 고기를 사기 위해 둘러보다가 잠시 아들의 손을 놓쳤고 그 짧은 사이에 아들이 사라집니다.

제임스 벌저의 엄마는 마트 보안요원에게 신고했고, 마트 전체를 찾아봤지만 아이는 보이지 않았습니다. 경찰에 신고해 수사가 시작됐고, 납치를 의심한 경찰은 CCTV로 아이의 행방을 좇았어요. CCTV를 확인한 결과, 성인에게 납치됐을 거라는 경찰의 예상과 달리 제임스 벌저의 손을 잡고 마트를 나간 사람은 10대로 보이는 소년들이었습니다.

사건 이틀 뒤, 실종됐던 제임스 벌저는 마트에서 4km 떨어진 기찻길에서 잔인하게 살해된 채 발견됩니다. 시신의 모습은 참혹했습니다. 제임스의 몸은 기차가 지나가면서 두 동강이 났고, 온몸에(눈알에도) 페인트를 뒤집어썼으며, 쇠 파이프와 벽돌로 맞은 흔적까지 있었습니다. 제임스 벌저의 시신은 도저히 엄마에게 보여줄 수 없을 정도로 참혹했습니다. 하지만 사건은 여기서 끝나지 않았어요. 이후 경찰의 수사로 10살짜리 존 베네블스와 로

버트 톰슨 두 명이 제임스 벌저를 마트에서 데려간 것으로 확인 됐습니다. 경찰은 당연히 배후가 있다고 생각하고 존 베네블스와 로버트 톰슨에게 조심스럽게 물었지만, 그들은 아무런 대답도 하지 않았습니다. 수사 결과 배후는 없었습니다. 제임스 벌저를 잔인하게 살해한 가해자는 10살짜리 존 베네블스와 로버트 톰슨으로 밝혀졌지요. 두 소년은 아무런 이유 없이 자신들보다 약한 어린아이를 납치해서 최대한 잔인하게 죽이겠다는 목적으로 마트에 갔고, 계획을 실행했던 거예요.

이 사건은 영국뿐만 아니라 국제사회에도 소년범 처벌에 대한 많은 논란을 일으켰습니다. 논란을 파고 들어가면 이야기가 학문적으로 빠질 수 있을 것 같아 이쯤에서 줄이고, 한 가지만 말하겠습니다.

지금은 중국이 정치적인 목적으로 세계에서 가장 많은 CCTV가 설치된 국가로 되어 있지만, 한때는 영국이 세계에서 CCTV가 가장 많이 설치된 국가였습니다. 그 이유는 제임스 벌저 납치 살인사건을 해결하는 데 CCTV 영상이 수사에 가장 큰 도움을 줬기 때문이지요. 지금도 사람들이 CCTV를 맹신하는 이유는 가장 완벽한 증거라는 인식의 공감대가 형성되어 있기 때문이라고 생각합니다. 그 계기가 바로 범죄학적으로는 '제임스 벌저 납치 살인사건'입니다.

'제임스 벌저 납치 살인사건'은 나도 알고 있었다. 공포영화에 자주 등장하는 엽기적인 어린 소녀가 자신이 가지고 놀던 인형을 찢어버리고, 그것도 모자라 눈알을 뽑고, 몸을 칼로 토막 내는 것처럼, 제임스 벌저를 납치한 10살짜리 남자애들은 그렇게 작고 예쁜 두 살짜리 아이를 잔인하게 죽였다. 오로지 그렇게 죽이겠다는 목적 하나만 가지고. 우리 사회는 지금 CCTV를 한 대라도 더 설치하지 못해, 시민이 정부를 상대로 계속해서 요구하고 있는 분위기다. 이런 현실이 오래전 영국에서 발생한 소년범죄에 그 원인이 있다는 사실을 알고 나자 내 마음은 씁쓸해졌다.

영국에서 '제임스 벌저 납치 살인사건'이 발생하고 24년이 지난 어느 날, 한국에서는 이와 똑같은 사건이 발생했다. 이 정도면 거의 데자뷰라고 해도 이상하지 않을 정도다.

2017년 3월 29일 인천에서는 고등학교를 자퇴한 가정 밖, 학교 밖 청소년 김 양(당시 만 16세)이 초등학교 2학년 여자아이를 집으로 유인하여 잔인하게 살해하는 사건이 발생했다. 주범 김 양과 공범 박 양(당시 만 18세)은 사건 발생일로부터 2달 전 트위터를 통해 만난 것으로 알려졌다. 학교와 가정, 사회 밖 아이였던 김 양은 아무런 잘못도 없는 어린 여자아이를 유괴해서, 잔인하게 살해하고, 화장실에서 3시간에 걸쳐 토막 내 훼손한 다음, 종량제 봉투에 담아 아파트 옥상 등에 버렸다. 시신 중 일부는 공범 박 양에게 전달한 것으로도 알려졌다. 이렇게 끔찍한 범죄를 저지르고도 그들이 자신의 행동에 대해 반성하는 모습을 보였다는 말은 듣지 못했다.

박경배 교수님! 그러면 현재 영국의 형사미성년자 나이는 어떻게 되나요?

이윤호 9세로 알고 있습니다. 10세 이상의 자는 형사처벌을 할수 있다는 의미이기도 합니다. 한 가지 덧붙이자면 제가 계속 이야기하지만, 제임스 벌저를 살해한 10살짜리 남학생들도 학교 밖, 가정 밖 아이들이었다는 사실입니다. 그들은 오래전부터 학교에 가지 않았고, 부모에게는 학대를 당했으며 그 과정에서 누구의 도움도 받지 못했습니다.

박경배 사실 이 질문은 여기에서 하려고 했던 건 아니었는데 여기서 하는 게 적당할 것 같아 묻겠습니다. 그렇다면 교수님은 범죄자가 선천적으로 그런 기질을 가지고 태어난다고 생각하십니까? 아니면 후천적으로 만들어진다고 생각하십니까? 둘 중의 하나로 답변 부탁드립니다.

이윤호 (잠시 난처한 표정을 지으며) 제가 평생을 범죄와 범죄학을 연구해왔지만 가장 대답하기 힘든 질문이 바로 박 경위가 한 질문입니다. '범죄는 유전인가? 환경인가?', '본성인가 양육인가?'

그의 난처해하는 모습에 나는 기분이 나쁘지 않았다. 사전에 인터뷰 관련하여 질문지를 보낸 적도 없고, 항상 내가 준비한 자료를 범죄학자에게 직접적으로 질문했고, 범죄학자는 '그 정도 질문쯤이야' 하는 표정으로 자신 있게 대답했다. 하지만 이 질문에 대해서는 난처한 표정을 숨기지 못했다.

이윤호 　그럼 박 경위는 어떻게 생각하는지 궁금합니다.

나는 범죄학자의 눈을 똑바로 바라보기만 하고 대답하지는 않았다.

이윤호 　(잠시 뜸을 들이고 난 후) 사실 이 주제는 학생들을 가르칠 때는 재밌게 가르치는 주제 중의 하나입니다. 예를 들어 영웅은 태어나는 것인가? 시대가 만드는 것인가? 인간은 선하게 태어나는가? 아니면 악하게 태어나는가? 범죄학을 떠나서 철학적으로도 오래전부터 있어왔던 질문이 아닌가 생각됩니다. 일단 저의 생각은 이렇습니다.
　저의 친구인 에이드리언 레인 박사는 '신경과학 범죄학'이라는 새로운 학문 이론을 통하여 선천적으로 뇌 구조나 기능이 잘못돼서, 범죄자로(살인자로) 태어나는 사람도 있다고 말합니다. 그런 사람들은 마치, 기차가 철길을 따라가듯이 범죄의 길로 빠질 수밖에 없다고 주장합니다. 이런 것을 우리는 '결정론'이라고 합니다.

하지만 미국의 '콜럼바인고등학교 총기 난사 사건'처럼 태어날 때는 분명 천사로 태어났는데 사회 환경적인 요인으로 악마로 변하는 사람도 있습니다. 식물과 동물도 환경의 영향을 받듯이 사람도 예외일 수는 없으니까요.

가장 최악의 상황은 태어날 때부터 유전적으로 범죄성을 가진 사람이 범죄를 조장하거나 유발할 수 있는 범죄적 환경에 빠졌을 때이지요. 그때가 가장 나쁜 상황이라고 할 수 있습니다. 그래서 범죄학자들이 이런 질문을 받고 선택을 강요받았을 때 "범죄(범죄자)는 유전과 범죄적 기질, 사회적 환경으로 인한 상호작용의 산물이다"라는 대답으로 피해 나갑니다. 만족한 답변이 됐을지는 모르겠지만….

범죄학자가 말한 '콜럼바인고등학교 총기 난사 사건'은 나도 알고 있었다. 1999년 4월 20일 오전 11시 30분 무렵 미국 콜럼바인고등학교의 학생 에릭 해리스와 딜런 클리볼드는 아무런 이유 없이 학교에서 총기를 난사해 같은 학교 학생과 교사 13명을 죽이고 24명에게 부상을 입힌 후 스스로 목숨을 끊었다.

미국 역사상 가장 충격적인 사건 중 하나인 이 총격 사건은 피해자와 가해자가 모두 아이들이었기에 사회적인 파장이 더욱 컸다. 그 후로 이를 모방한 사건들이 계속해서 발생했을 정도로 사회적인 영향을 미쳤다.

총기를 난사하고 자살한 딜런 클리볼드의 엄마인 수 클리볼

드는 사건 발생 17년 후에 『나는 가해자의 엄마입니다』라는 책을 출간했다. 그녀는 무엇이 자기 자식을 괴물로 만들었고, 자신이 무엇을 놓치고 있었는지 담담하게 써 내려갔다. 그녀는 책에서 사건이 있던 날 아침 '딜런은 평범하게 인사를 하고 학교에 갔다'고 밝혔다.

"굿바이"라는 말이 마지막이었는데 이는 매우 일상적인 인사였다. 하지만 딜런은 엄마에게 마지막 인사를 남긴 뒤 학교에 가서 13명의 친구와 선생님에게 총기를 난사한 뒤 자살했다. 그녀가 책에서 밝혔던 문구가 기억난다.

'나는 내 아들에 대해서 모든 걸 알고 있다고 생각했고, 나는 지극히 평범한 엄마라고 생각했다. 하지만 나는 내 아들에 대해 아무것도 알지 못하고 있었다.'

박경배　교수님! 그렇다면 유전이 50%고, 환경이 50%라고 할 수 있을까요?

이윤호　그렇지는 않습니다. 어떤 사람은 환경의 영향을 더 많이 받을 수 있고, 어떤 사람은 유전의 영향을 더 많이 받을 수도 있는데 딱 잘라서 50 대 50이라고 말하기는 어려울 것 같습니다. 제 주관적인 생각은 범죄자를 조사해보면 위에서 말한 세 가지 유형이 다 포함되어 있을 것으로 추정됩니다.

박경배   교수님 의견이 어떤지는 충분히 이해했습니다. 문제는 제가 말씀드린 사례의 경우 9세 여자아이를 유사 강간한 남학생이 형사미성년자이고, 촉법소년이기 때문에 법으로 처벌하는 데는 어려움이 있습니다. 가해자를 처벌할 수 없는데 피해자가 당한 피해는 보상이나 회복이 거의 불가능하다는 것이 가장 큰 문제인 것 같습니다.

이윤호   (이 질문에도 잠시 고심하는 모습을 보이며) 제가 말한 영국의 '제임스 벌저 납치 살인사건'이나 박 경위가 말한 사건이나 마찬가지인데 핵심은 소년사법제도와 형사사법제도의 문제에서 시작합니다. 학문적인 설명은 피하려고 했는데 어쩔 수 없군요. 일단 소년범죄는 처벌의 대상이 아니라 보호의 대상이라고 보고 있습니다. 하지만 형사사법은 처벌을 위한 사법제도입니다. 여기서 소년사법제도의 효시인 소년법원의 철학이 뭐냐면 국친 사상입니다. 국친 사상은, 국가가 친권자 역할을 해주겠다는 말입니다. 부모가 아이에게 보호자로서 능력이 없거나 보호할 의지가 없으면 국가가 대신해서 친권자로서 보호해줄 의무가 있다고 보는 것이 국친 사상이고, 그게 소년사법의 철학적 기초입니다. 그러니까 당연히 소년범죄는 보호해주기 위한 것이지 처벌을 위한 제도는 아니라는 말입니다. 그래서 생긴 것이 '소년보호처분'입니다.

제임스 벌저를 살해한 영국의 아이들은 어떻게 됐을까요? 국가가 이름을 바꿔주고 신분 세탁해서 사회에서 혹시라도 받을 수 있는 불이익을 사전에 예방해줬습니다. 왜냐하면 부모와 학교 사회가 보호해줄 수 없으니까 국가가 나선 것이고, 그것이 바로 국친 사상이라는 것입니다.

박경배 교수님 말씀을 듣고 보니 소년법 자체가 국친 사상이라는 온정주의적 입장에서 시작된 것이라는 것은 이해가 됐습니다. 제 자식이 설사 살인을 저질렀다고 해도 부모인 저로서는 자식을 보호할 수밖에 없는 것처럼, 소년범죄에 대해서는 국가가 그 역할을 하고 있다는 말이군요.

이윤호 그렇다고 할 수 있습니다. 다만 촉법소년을 기준으로 '사람을 죽여도 처벌하지 못하는 상황'은 사회의 안전을 위해서나 피해자의 보호를 위해서 또는 사법 정의라는 측면에서도 옳지 않다는 여론이 생길 수밖에 없습니다. 그래서 사회적으로 문제가 되는 소년범죄가 발생했을 때, 형사미성년자의 나이를 현재 14세에서 12세로 낮춰야 한다는 말이 나오는 것입니다.

박경배 그렇다면 교수님은 형사미성년자의 나이를 낮추자는 여론에 대해 어떤 의견을 갖고 계신지 궁금합니다.

이윤호 간단하게 답변할 수 있는 문제는 아닌 것 같습니다. 저는 개인적으로 나이를 기준으로 해서 나누는 것 자체에 회의적인 입장입니다. 가령 현재 형사미성년자의 나이가 14세 미만인데 이것을 12세 미만으로 낮춘다고 해서 문제가 해결되지는 않을 것 같습니다. 이건 제 개인적인 생각이지만, 나이를 낮추는 것보다는 '최소 강제 양형제도mandatory minimum sentencing'를 도입하는 것이 문제 해결에는 더 큰 도움이 될 수 있다고 생각합니다.

박경배 '최소 강제 양형제도'란 무엇인지 자세히 설명 부탁드립니다.

이윤호 용어 자체는 생소하게 느껴질 수 있지만 그렇게 어려운 뜻은 아닙니다. 말 그대로 '최소 강제 양형제도'란 70살이 넘은 사람이나 9살 먹은 아이나, 예를 들어 살인이나 강간의 범죄를 저질렀을 때, 일정 수준 이상의 형을 법원에서 선고하도록 법원을 강제하는 제도를 말합니다. 이런 범죄를 저지른 사람에게는 무조건 최소한 이 정도의 형을 선고하도록 법원에게 강제하자는 말이지요.

범죄는 그 사람의 개인적인 특성과 범죄 상황, 피해자와의 관계 등 여러 문제를 고려해서 형사처벌을 할 것인지, 보호처분을 할 것인지를 판단해야지, 나이 하나만 가지고 어떠한 범죄를 저질러도 처벌하지 못해서는 안 된다는 게 제 견해입니다.

그런 의미에서 '형사미성년자도 나이와 관계없이 형사처벌을 할 수 있다. 하지만 소년이기 때문에 보호처분을 원칙으로 한다'라고 문을 열어주고 접근하는 것이 더 효과적이라고 생각합니다.

정리하자면 세계적으로 많은 나라가 형사미성년자의 나이를 낮추고 있는 추세입니다. 그건 우리도 따라갈 수밖에 없을 것 같습니다. 사실 나이를 낮추는 것은 그렇게 어려운 문제도 아닙니다. 그냥 법만 바꾸면 되니까요. 하지만 형사미성년자의 나이를 두 살 낮춘다고 범죄가 줄거나 문제가 해결될까요? 그렇지는 않을 것 같습니다.

'잊혀진 존재'를
다시 생각해볼 때

신은 아비가 지은 죄에 대해 자식들을 처벌한다.

에우리피데스

초등학교 6학년 남학생과 여학생이 서로 사귀다 여자친구 집에서 성관계를 했다. 성관계가 끝난 후, 갑자기 여자친구의 엄마가 귀가해 그 모습을 보았다. 여학생은 엄마에게 우리는 서로 좋아서 성관계를 했다고 소리쳤지만 여학생의 엄마는 경찰에 신고했고, 현장으로 경찰이 출동했다.

문제는 남학생이 13세로 생일이 지난 상태였고, 여학생이 같은 13세지만 생일이 지나지 않아 만 12세였던 것이다. 이런 경우는 여학생이 아무리 엄마와 출동한 경찰관에게 서로 사랑해서 합의하고 성관계를 했다고 하더라도 13세 소년의 행위는 범죄가 되고, 여학생은 피해자가 된다. 하지만 형법 제305조■는 13세 미만의 어린 아동에게

■　형법 제305조(미성년자에 대한 간음, 추행)
13세 미만의 사람에 대하여 간음 또는 추행을 한 자는 제297조, 제

성범죄를 저지른 사람을 처벌하기 위한 법이지 13세 미만의 아이들이 서로 좋아서 성관계를 맺은 행위를 처벌하기 위한 법은 아니다.

박경배 교수님 말씀을 듣다 보니 저도 케이스 2가 생각나서 정했습니다. 교수님 의견은 어떤지 궁금합니다.

이윤호 대화에 맞는 좋은 사례인 것 같군요! 제가 말하고 싶은 게 바로 그것입니다. 박 경위가 말한 사례처럼 나이 하나만 가지고 범죄를 두부 자르듯이 자른다면 이런 문제가 발생할 수 있는 것입니다. 서로가 좋아서 합의하고 성관계를 맺었다는 초등학교 6학년 소년과 소녀에게 형법 제305조가 무슨 의미가 있겠습니까?

박경배 교수님은 오래전부터 피해자 문제에 대해 많은 관심과 연구를 해온 것으로 알고 있습니다. 성폭력 범죄의 실질적인 피해자 문제에 관하여 교수님 의견을 듣고 싶습니다.

297조의2, 제298조, 제301조 또는 제301조의2의 예에 의한다. 〈개정 1995.12.29., 2012.12.18〉
－판례 형법 제305조의 미성년자의제강제추행죄는 '13세 미만의 아동이 외부로부터의 부적절한 성적 자극이나 물리력의 행사가 없는 상태에서 심리적 장애 없이 성적 정체성 및 가치관을 형성할 권익'을 보호법익으로 하는 것으로서, 그 성립에 필요한 주관적 구성요건요소는 고의만으로 충분하고, 그 외에 성욕을 자극·흥분·만족시키려는 주관적 동기나 목적까지 있어야 하는 것은 아니다.

이윤호 저는 피해자 문제와 관련해서 오랫동안 연구해왔고, 지금도 계속하고 있습니다. 그 과정에서 제가 내린 결론은 이렇습니다. 피해자는 '잊혀진 존재다'라는 게 제 견해입니다.

박경배 '잊혀진 존재'요?

이윤호 그렇습니다. 피해자는 나이와 관계없이 누구나, 언제나 '잊혀진 존재'입니다. 대표적인 사례가 '조두순 사건'입니다. 2008년 12월에 조두순이 만 8세의 여아를 강간 폭행했습니다. 여기서 조두순에 대한 얘기는 하고 싶지 않고, 저는 피해자 나영이의 치료비 문제를 짚어보는 게 더 중요하다고 생각합니다. 당시 나영이가 국가로부터 지원받은 치료비는 응급진료비 300만 원밖에 없었던 것으로 기억합니다. 대부분의 치료비는 성금이나 병원에서 무료로 치료해줬습니다.

사람을 여러 명 죽인 연쇄살인범도 병이 나면 정부가 치료해줍니다. 먹여주고, 재워주고, 교육도 시켜줍니다. 서울 소년원에 가면 창업지원센터도 있습니다. 그렇게 반사회적인 범죄를 저지른 사람에게도 국가가 많은 예산을 들여서 아프면 치료해주고, 교육해주고, 영어도 가르쳐줍니다. 하지만 나영이 부모는 세금 다 내고, 내 신체와 재산을 지켜달라고 했는데도 국가는 나영이를 지켜주지 못했습니다. 정부가 잘못해서 나영이가 그런 끔찍한 범죄 피해를 당했는데도 국가는 어떻게 했습니까?

나영이를 치료해주지도 않았고, 보호해주지도 않았고, 영어 학원도 보내주지 않았고, 취업도 알선해주지 않았습니다. 나영이가 우리 사회와 경찰에 바란 희망은 하나밖에 없었습니다. 그것은 '안전'입니다. 그래서 제가 강조해서 말하는 게, 형사 절차에서 피해자는 철저하게 '잊혀진 존재'라는 것입니다.

저는 이런 피해자에 대해서 그 피해자의 권리가 가해자의 권리보다 높으면 높아야지 낮아서는 안 된다고 생각합니다. 최소한 동등한 권리로 보호받아야 정의로운 사회라고 할 수 있지 않을까요?

현재 조두순은 출소했고, 법무부와 안산시가 조두순을 감시 관리하기 위해 2억 원이 넘는 예산을 사용했고, 앞으로 계속 추가될 것이라는 언론보도가 있었다.

박경배 교수님 말씀에 저도 충분히 공감합니다. 케이스 1의 피해자 9살 소녀에 대한 보호 장치는 전혀 없었습니다. 피해자는 가해자와 같은 아파트 단지에 살고 있으며, 같은 학원에 다니고 있었습니다. 매일 언제 어디서 마주칠지 알 수 없습니다. 이런 경우 피해자 부모가 할 수 있는 일은 이사 가는 방법 외에는 없습니다. 피해자가 받은 충격으로 인한 치료비는 차치하고서 말입니다. 또한 가해자 부모들이 치료비나 피해보상에 대해 소극적으로 나오면 피해자와 피해자의 부모는 2차 피해까지 감수해야 합니다. 경제적으로도 엄청난 피해를 감당해야 하는데 이 모든 피해에서 가해자는 피해자보다 오히려 우월적인 위치에 있다고 해도 이상해 보이지 않을 정도입니다. 그렇다면 교수님, 우리는 왜 가해자에 대해서만 관심을 두고, 피해자는 '잊혀진 존재'로 사라지는 것일까요?

이윤호 어떻게 설명하면 좋을지 모르겠군요! 현재의 형사사법 제도나 법체계는 그런 것 같습니다. 범죄는 국가 권력에 대한 도전이라고 할 수 있습니다. 그러니까 국가 입장에서는 범죄자가 범죄를 저지름으로써 국가 권력에 도전했으니까 그에 대한 대가로 형벌을 부과합니다. 그렇게 되면 국가 입장에서는 정의가 실현된 것으로 생각합니다. 또한 일사부재리의 원칙▪에 의해 한 번 처벌받은 범죄에 대해서는 다시 처벌받지 않습니다. 이런 식으로 범죄는, 범죄자와 국가의 문제에서 해결되는 게 현재의 사법 시스템입니다. 하지만 피해자의 처지에서 생각해보면 정의가 실현된 거라고 할 수 있을까요? 그렇지 않습니다. 피해자에게 있어 정의는 '피해받기 이전으로 회복'되는 것이라고 할 수 있습니다. 그런데 피해자는 하나도 회복된 게 없고, 2차 가해로 인해 오히려 피해가 증가하고 있습니다. 이것은 '정의'라고 할 수 없습니다. 그래서

▪ 一事不再理. 법률 용어로 형사 소송법에서 한 번 판결이 난 사건에 대해선 다시 공소를 제기할 수 없다는 원칙이다.

제가 요즘 계속 강조하고 있는 내용인데 형사사법Criminal Justice이 아니라 피해자를 위한 사법Victim Justice, 피해자 사법으로 이름도 바뀌어야 하고, 제도도 바뀌어야 한다고 강하게 주장하고 있습니다.

범죄학자는 '피해자 사법'을 강조해서 말했다. 이 말은 처음 들어보는 말이었다. 그러고 보니 우리 사회는 피해자 문제에 관해 관심이 없는 정도가 아니라 무감각하다는 생각이 들었다. 하다못해 TV 예능 프로그램에서도 과거의 연쇄살인범들에 대한 이야기를 여러 번 내보내고 있지만 그 연쇄살인범들에게 피해를 당한 수많은 피해자나 그들 가족의 문제에 관하여 관심을 두고 방송하는 것을 보지 못했다.

한 시간 정도 형사미성년자와 피해자 문제를 톺아보고 다음 주제로 넘어가려고 했는데 두 시간은 순식간에 지나갔다. 범죄학자에게도 조교에서 수업 문제로 전화가 계속 걸려오고 있었다. '이 정도면 인터뷰 시간을 늘려야 되는 거 아닐까?'라는 생각도 들었지만 무리하지 않기로 했다. 문제는 시간이 아니라 질문과 내용이다. 내가 인터뷰 준비를 좀더 완벽하게 한다면 시간을 변명 삼을 필요는 없을 것이라는 생각이 들었다.

박경배 교수님! 오늘은 소년범죄와 형사미성년자 등 피해자와 관련해서 많은 이야기를 한 것 같습니다. 정리해서 한 말씀 부탁드립니다.

이윤호   오래전 일입니다. 2000년 5월 21일 새벽에 명문대학을 다니던 대학생이 자기 부모를 토막 살해한 사건이 있었습니다. 한 국 범죄 역사상 최초로 일어난 존속 토막살인사건으로, 당시 사회 적으로 굉장한 충격을 던졌죠. 이 사건은 훗날 연세대학교 심리학 과 이훈구 교수님이 그 대학생을 면회하고 인터뷰해서 책을 출간 했는데 그 책 제목이 『미안하다고 말하기가 그렇게 어려웠나요』※ 입니다.

책에 따르면 부모를 토막 살해한 대학생은 아버지나 어머니가 자신에게 미안하다고 한 번만 말했으면 자신이 그런 행동은 하지 않았을 것이라고 진술했다고 합니다. 이훈구 교수님은 이 책에서 이 사건이 우리 사회가 현재 떠안고 있는 여러 가지 치부를 한꺼번 에 터뜨림으로써 많은 것을 돌아보게 했다고 언급하셨습니다. 과 도한 입시 경쟁, 부모와 자녀, 부부간의 갈등, 가정 폭력, 학교 폭 력 등 이 모든 것이 사건의 총체적 배후 인물이라는 것이지요. 저 도 이훈구 교수님의 의견에 동의하는 바입니다.

미국에서의 연구 결과들을 보면 매 맞고 자란 아이가 커서도 아내와 자식에게 폭력을 행사할 확률이 훨씬 높다고 나옵니다.

※   이훈구, 『미안하다고 말하기가 그렇게 어려웠나요』, 자음과 모음, 2001. 현재는 절판된 상태다.

이런 것을 '범죄 학습'이라고도 말하고, '폭력의 전이'라고도 합니다. 세대 간에 전이가 된다는 의미지요.

저는 문제 아동보다는 문제 부모가 더 나쁘다고 생각합니다. 문제 부모는 자기 잘못에 대한 죄책감이나 미안한 감정을 가지고 있지 않습니다. 하지만 문제 아동들은 위기를 잘 넘기고 성인이 되더라도, 어렸을 때 받은 상처를 항상 기억하고 살아갑니다. 그것을 극복하지 못하면 어느 날 극단적인 선택을 하기도 하고, 성공의 정점에서 추락하기도 합니다.

오늘은 이쯤에서 마무리했으면 좋겠네요. 수고했습니다.

새벽 2시가 넘은 시간 지구대 소파에 여덟 살짜리 남자아이가 앉아 있었다. 아이를 데리고 온 사람은 고모였고, 그녀는 아이를 데려온 사정을 이렇게 설명했다.

"엄마는 조선족인데 아이를 버리고 중국으로 돌아갔고, 아빠는 돈을 벌러 나가 집에 들어오지 않아요. 제가 어떻게든 돌보려고 하는데 아이가 말을 듣지 않아요…."

그때 고모라는 사람의 스마트폰으로 친할머니에게 전화가 왔다. 친할머니의 목소리는 선명하게 지구대 안에 퍼져 나갔다.

"그냥 버리고 와~아! 그럼 경찰이 고아원에 보내든지 알아서 하겠지!"

친할머니의 그 목소리는 소파에 앉아 있는 여덟 살짜리 소년의 귀에도 선명하게 들렸을 것이다.

아이에게 밝음을 주면 아이는 밝게 자라고, 아이에게 어둠을 주면 아이는 어둡게 자란다. 사랑은 사이코패스도 친사회적으로 만들 수 있는 강한 처방약이다.

주(酒)주전도(主顚倒)

2022년 3월 24일 목요일 14:00_ 범죄학자 연구실
경찰과 범죄학자의 네 번째 만남

행복하라,
한 번도 불행했던 적이 없었던 것처럼

지난 일은 어쩔 수 없는 바 슬퍼한들
이미 엎지러진 물이다.

셰익스피어

CASE 1

한국의 행복지수가 전 세계 146개국 중 59위에 해당한다고 분석한
유엔 산하기구의 보고서가 공개됐다. 유엔 산하 자문기구인 지속
가능발전해법네트워크(SDSN)는 18일 「2022 세계 행복보고서」를
공개했다. 지속가능발전해법네트워크는 지난 2012년부터 세계 각
나라 거주민들의 행복을 정량화해 행복지수로 표현한 「세계 행복
보고서」를 펴내고 있다. 행복지수는 나라별로 1,000명의 시민에게
삶의 만족도를 물은 갤럽의 월드 폴(World Poll)을 바탕으로 구매
력 기준 국내총생산(GDP), 기대수명, 사회적 지지 등 6가지 항목의
3년치 자료를 분석해 산출한다.

2019~2021년의 한국 행복지수는 5.935점으로 필리핀(60위,
5.904점)·중국(72위, 5.585점)보다는 높지만 일본(54위, 6.039점)·
그리스(58위, 5.948점)보다는 낮은 59위인 것으로 나타났다. 한국
은 구매력 기준 국내총생산과 기대수명에서 비교적 높은 수치를
기록했지만, 나머지 항목에서는 낮은 평가를 받은 것으로 나타났

다. 경제협력개발기구(OECD) 38개 회원국만 추려보면 최하위권
에 속했다. 한국은 지난해 발표된 「세계 행복보고서」에서 전체 149
개국 중 62위에 올랐다. 2019년에는 54위, 2018년에는 57위, 2017
년에는 56위, 2016년에는 58위를 기록했다. 올해 행복지수 1위는
7.821점을 받은 핀란드였다. 이외에도 덴마크(2위, 7.636점)·스웨
덴(7위, 7.384점)·노르웨이(8위, 7.365점)가 10위 안에 드는 등 북
유럽 국가들이 높은 순위를 기록했다. 서유럽에서는 스위스(4위,
7.512점), 네덜란드(5위, 7.415점) 등이 10위 안에 들었다. 동아시아
국가 중에서는 대만(6.512점)이 26위로 가장 높은 순위를 기록했다.

출처 「한겨레」 2022년 3월 19일 기사 중에서

오늘의 인터뷰 내용을 머릿속으로 정리하면서 범죄학자의
연구실에 들어갔다. 범죄학자는 의자에 앉아 책을 보고 있었
다. 이제 범죄학자는 나의 방문을 자연스럽게 생각하는 듯한
모습이었다.

사모님은 캔버스 앞에서 조용히 그림을 바라보고 있었다. 그
림에 문외한인 나는 사모님의 그림을 옆에서 지켜봤다. 그리고
사모님에게 이렇게 물었다.

"허락하시면 사진을 한 장 찍고 싶은데 괜찮을까요?"

잠시 소녀처럼 부끄러운 표정을 지으시던 사모님은 미소만
지으셨고, 나는 그것을 승낙으로 생각하고 사진을 찍었다. (완
성된 그림은 아니라고 조용히 말했다.)

박경배　　교수님! 지난주에 유엔 산하 자문기구인 지속가능발전

해법네트워크에서 「세계 행복보고서2022 World Happiness Report」를 공개했습니다. 이 보고서에 의하면 한국의 행복지수는, 전 세계 조사 대상 146개국 중 59번째인 것으로 나타났습니다. 교수님께서는 이 기사를 보셨나요?

이윤호   봤습니다.

박경배   저는 매년 「세계 행복보고서」를 모니터링하고 있는데 우리나라가 50위권을 벗어나지 못하고 있는 것 같습니다. 이는 우리나라의 경제력과 비교한다면 조금 초라한 순위라고 생각되는데 교수님 의견은 어떤지 궁금합니다.

이윤호   글쎄요. 저는 그 나라의 경제 수준과 행복지수라는 게 꼭 정비례한다고 할 수도 없고, 반비례한다고 할 수도 없는 게 아닌가 합니다. 다만 전 국민의 경제 수준이 똑같이 높아지면 행복지수도 함께 높아질 수 있다고 생각합니다. 자본주의라는 제도가 경제 수준이 높아지면 높아질수록 가진 자와 가지지 못한 자의 어떤 간극이 더 심화되는 문제를 안고 있는 것 같습니다. 그렇다 보니 국가의 경제력이 높다는 것은 절대적 빈곤을 해결할 수 있겠지만 안타깝게도 상대적 빈곤은 더 심화될 수 있다는 말이지요.

박경배   행복지수도 범죄와 관련이 있을 수 있을까요?

이윤호　당연합니다. 현대사회에서 빈번하게 발생하고 있는 새로운 유형의 범죄, 가해자와 피해자가 특별한 관계가 없고, 그래서 특별한 범행의 동기도 개입되지 않은 흔히 말하는 '무동기 범죄' 또는 '묻지 마 범죄'의 원인 중 하나로 빈부의 격차, 상대적 박탈감과 좌절 그리고 이어지는 사회적 분노와 증오를 들 수 있습니다. 범죄학에서는 주로 증오범죄로 이해하고 있는데, 그 증오가 개인을 향하면 치정이나 원한과 같은 전통적인 노상 범죄에 지나지 않지만 분노와 증오의 대상이 집단이나 사회로 향할 땐 증오범죄가 되고 '무동기 범죄'나 '묻지 마 범죄'로 나타날 수 있습니다.

　　여담입니다만, 제가 2020년에 펴낸 『영화 속 범죄 코드를 찾아라』라는 책에서 브라질 영화인 「시티 오브 갓City Of God, 2005」이라는 영화를 소개한 적이 있는데 그 영화가 바로 이런 문제를 다뤘다고 할 수 있습니다.

　　「시티 오브 갓」은 나도 본 영화다. 전형적으로 호불호가 갈릴 수 있지만 내게는 재밌었고 명작이었다. 우연인지는 모르겠지만 같은 해 미국 HBO에서 방영한 「더 와이어(The Wire) 시즌 1」은 미국판 「시티 오브 갓」이라고도

할 수 있었다. 「더 와이어」 시리즈는 오바마 전 미국 대통령이 "최고의 드라마"라고 극찬한 작품이며, 미국 대학에서 강의 자료로 사용될 정도로 계층 문제와 사회의 갈등 구조를 사실적으로 표현했다.

박경배 실례지만 교수님은 「더 와이어」라는 미국 드라마를 본 적 있으신가요?

이윤호 본 기억은 없지만 이야기는 들은 것 같습니다.

박경배 그렇다면 범죄학자가 생각하는 행복한 사회는 어떤 사회라고 할 수 있을까요?

이윤호 쉽게 대답하기 힘든 질문을 하는군요! '행복'이라는 것 자체가 상대적인 개념인 것 같습니다. 월세로 살아도 행복한 사람이 있고, 50억 원짜리 집에 살아도 불행한 사람이 있습니다. 소형차를 타고 다녀도 행복한 사람이 있고, 벤츠를 타고 다녀도 불행한 사람이 있다고 생각합니다. 그와 같이 행복의 척도를 단순히 현금이나 아파트 크기, 어떤 자동차를 몰고 다니는지 등 물질적인 것만 가지고 규정하기가 어렵다고 생각합니다.

박경배 그래도 저는 돈이 많아서 불행할 수는 있지만 돈이 없는데 행복할 수는 없다고 생각하는데요.

이윤호 (범죄학자는 말을 멈추고 잠시 나를 쳐다보며) 저는 모든 사람의 삶의 질이 공정하고 균형 있게 성장하는 공동체가 행복한 사회라고 생각합니다. 그러기 위해선 일단 절대적 빈곤의 문제가 해결돼야 합니다. 그다음은 두려움으로부터 안전한 사회를 만드는 것이 '행복'한 사회를 만드는 길이라고 생각합니다. 이번에 발표된 세계 행복지수 상위 10위권 안에 있는 국가들 대부분이 그런 나라들이라고 생각합니다.

박경배 두려움으로부터 안전한 사회는 어떤 사회를 말씀하시는 건가요?

이윤호 우리가 사는 사회는 불확실성의 연속이라고 생각합니다. 자연재해부터 시작해서 산업재해, 범죄 피해에 대해서 많은 두려움을 가지고 생활하고 있습니다. 하다못해 요즘은 여성들이 화장실도 편하게 다니지 못하고 있지 않습니까? (누군가가 카메라로 촬영하는 것은 아닌가 하는 두려움 때문에) 그런 두려움으로부터 사회가 자유로울 수 있어야 삶이 질이 높아지는데, 우리 사회가 아직 거기까지 도달하지는 못한 것 같습니다. 또한 요즘은 인간관계가 복잡해지면서 그 관계로 인해 발생하는 심리적인 두려움도 증가하고 있는 것으로 보입니다.

범죄학자의 설명은 공감가는 부분도 있고, 공감되지 않는 부분도 있었다. 범죄학자의 말대로 '행복'이라는 개념 자체가 간단하게 정의할 수 있는 문제는 아니라는 생각이 들었다.

이윤호　(잠시 나를 바라보더니) 저도 묻고 싶습니다. 박 경위가 생각하는 '행복'은 무엇이라고 생각하나요?

박경배　저는 개인적으로든 사회적으로든 '망각'의 능력을 인정하고 회복하는 길이 행복으로 나아가는 길이라고 생각합니다.

이윤호　'망각'이란? 어떤 사실을 잊어버린다는 말인가요?

박경배　그렇습니다. 저는, 인간의 뇌 구조가 필요한 것은 저장하지만, 필요 없는 내용은 모두 잊어버리는 것으로 알고 있습니다. 제가 집에서부터 교수님의 연구실까지 오는 동안 제 눈에는 수많은 정보가 들어왔지만 기억나는 것은 거의 없습니다. 컴퓨터 기록치로 비교하면 저의 뇌는 오늘 하루에만 테라바이트 이상의 정보를 처리했지만 기억에 남는 것은 킬로바이트도 되지 않을 겁니다.
인간은 아무리 고통스러운 기억이라고 하더라도 3개월 이상은 유지되지 않는 것으로 알고 있습니다. 하지만 우리 사회는 무슨 일만 생기면 '잊지' 않겠다고 주문을 외우는 것 같습니다. 물론 수사적인 표현이긴 하겠지만 그렇다고 자기 일도 아닌 문제를 '어떻게 그걸 잊을 수 있냐?'라는 표현까지 사용하며 '잊지 말자고' 서로에게 권유하고 강요하는 것은, 행복한 사회로 가는 게 아니라 모두가 불행한 사회로 가는 지름길이라고 생각합니다. 신이 인간에게 망각의 능력을 부여한 것은 다 이유가 있다고 생각합니다.

이윤호   일리 있는 말인 것 같군요. 박 경위 말을 듣고 보니 예전에 그런 케이스를 본 것 같습니다. 어떤 여성이 뇌 구조에 이상이 생겨서 '망각'하는 기능을 상실합니다. 그녀의 남편은 몇 년 전 사고로 죽었는데, 그녀의 뇌는 그것을 단 한 순간도 잊지 못하고 계속 기억하는 겁니다. 그녀는 매일 아침 눈을 뜨고 일어나면 사랑하던 남편이 죽었던 그날 아침과 똑같은 마음으로 하루를 시작합니다. 그렇게 살아가는 것이 어떤 기분인지 묻는 질문에 그녀는 짧게 대답했습니다. "죽고 싶은 마음밖에 없다고, 이 기억의 고통에서 벗어나고 싶다고." 그런 걸 보면 박 경위의 말도 충분히 공감할 수 있을 것 같습니다.

박경배   고맙습니다. 여기까지만 하고 오늘의 주제로 들어가보겠습니다.

이윤호   그렇게 하시죠.

박경배   교수님과 그동안 부부로 시작해서 가정 내에서 일어나는 범죄와 불안전한 가정에서 자란 청소년들의 피해와 범죄까지, 우리 사회 어두운 이면을 살펴봤습니다. 가벼운 주제라고 말하기는 뭐하지만 '음주운전'으로 인한 사고와 사건도 매일같이 발생하고 있습니다. 그래서 오늘은 '음주운전'과 관련된 이야기를 나눠보겠습니다.

이윤호   좋습니다.

법령은
국민을 보호하기 위해 존재하는 것이다

법령이 많으면 많아질수록
도둑과 범죄는 늘어난다.
|
노자(老子)

CASE 2

2020년 11월 11일 새벽 나는 음주운전 의심 신고를 받고 차량을 추적 중이었다. 지칠 줄 모르는 젊은 동료는 신고받은 차량을 끝까지 추적했고, 검거했다. 운전자를 상대로 음주 측정을 실시했고, 혈중 알코올 농도는 면허정지에 해당했다. 단속 과정에서도 끊임없이 범죄 신고가 이어졌다. 그러는 사이 승용차가 오토바이를 추돌하는 대형 교통사고가 발생했다는 급박한 무전이 들려왔다. 내가 근무하는 지구대 관내는 아니지만 우리 경찰서 관내였기 때문에 무전 내용은 상세히 들렸다. 승용차가 중앙선을 침범해 역주행하다가 마주 오던 오토바이를 추돌했으며, 운전자는 사고 장소에서 도주하다가 검거됐다는 무전이었다. 나는 오토바이 운전자의 안전이 걱정됐지만, 지구대 관내에서 발생하는 112 신고를 처리하는 데도 정신이 없을 지경이었다. 다음 날 출근해 어제 있었던 승용차와 오토바이 추돌 사고 결과를 확인했다. 이 사고로 배달 라이더 일을 하던 오토바이 운전자는 병원 응급실에서 다리를 절단했다. 운전자는 만취 상태로 중앙선을 넘어 마주 오던 오토바이를 추돌했으며, 현장에서 도주하다가 검거됐고, 과거에도 음주운전으로 벌금형을 선고받은 전력이 있었다.

그 주 평일 오전 9시에는 이런 신고도 있었다. 음주운전 차량을 발견했다고 112에 신고한 신고자는 차량번호를 알려주고 자신이 뒤에서 추적 중이라고 말했다. 그는 도에서 추적을 시작하여 시까지 거의 60km 가까운 거리를 혼자 추적해서 경찰에게 차량의 위치를 정확히 알려줬다. 그가 신고한 차량을 확인한 결과, 음주운전으로 확인됐다. 당사자는 점잖게 자신의 음주 측정 결과를 인정했다. 단지, 자기가 음주운전 한 사실을 경찰이 어떻게 알고 차량을 세웠는지 놀라워했다. (신고 내용은 기밀 엄수다.) 전날 과음은 했지만 집에서 회사까지 운전하는 데 어려움은 없었다고 했다. 멀리서 우리를 지켜보던 신고자는, 우리가 정확하게 일 처리를 하는지 확인한 후에야 바람처럼 사라졌다.

박경배 교수님! 실례되는 질문이지만 교수님께서는 음주운전을 해본 적이 있으신가요?

이윤호 부끄럽지만 있습니다.

박경배 의외의 답변인데요! 이야기를 부탁드려도 될까요?

이윤호 한국에서의 일은 아닙니다. 제가 미국에서 공부할 때 리셉션에 참석해 술을 좀 마셨습니다. 귀가하는 도중에 신호를 잘못 판단해서 교통법규를 위반했습니다. 늦은 시간이었는데 어디에서 나타났는지 경찰이 따라와 제 차를 세웠습니다. 경찰은 제가 술 마신 것을 확인하고, 차에서 내리도록 했습니다. 그리고 이렇게 말했습니다. "양팔을 정확히 벌리고 일자로 걸어보라고, 한 발을 들고 중심을 잡아보라고…" 저는 긴장했지만 경찰이 시키는 대로 했습니다. 경찰은 제 걸음걸이에 이상이 없는 것을 확인한 후, 안전하게 운전하라고 주의를 주고 보내줬습니다. 이게 제가 한 처음이자 마지막 음주운전 경험입니다.

박경배 마치 미국 드라마에 나오는 장면과 비슷하군요. 그렇다면 미국 경찰은 한국처럼 도로를 막고 단속하는 경우가 없나요?

이윤호 없습니다. 제가 미국에서 10년 정도 유학 생활을 했는데 한 번도 보지 못했습니다. 미국에서는 음주운전을 '드라이빙 언더 더 인플루엔스Driving under the influence'의 약자로 'DUI'로 표현합니다. 이 뜻을 의역하면 알코올이나 마약의 영향하에 운전했다는 뜻으로 해석할 수 있습니다. 조심스럽긴 합니다만 저는 미국의 이런 단속 방식이 매우 합리적이라고 생각합니다. 사람마다 주량이 모두 다릅니다. 어떤 사람은 소주 한 잔을 마셔도 만취되는 사람이 있고, 소주 한 병을 마셔도 일상생활에 전혀 지장을 받지 않는 사람도 있습니다. 그런데 이것을 모든 사람에게 똑같은 기준으로 적용하여 노로를 강제로 막고, 사고가 발생한 것도 아닌데 취한 정도나 운동 능력의 여부와 관계없이 음주 측정기에 일정한 수치가 나오면 그에 해당하는 벌금이나 형벌을 부과하는 것이 맞는지는 의문입니다.

박경배　그렇다면 교수님, '음주운전'은 범죄인가요? 아닌가요?

이윤호　짓궂은 질문이군요! 앞에서 저의 음주운전 경험을 이야기했는데 만약에 제가 한국에서 그런 음주운전을 했다면 어떻게 됐겠습니까?

박경배　일단 신호를 위반한 것으로 차량을 정지시킵니다. 그리고 운전석 창문을 내렸는데 술 냄새가 나면 바로 음주 감지 및 측정을 시작합니다. 그래서 단속 수치 이상이 나오면 음주운전으로 즉시 단속하고, 차량은 대리운전 기사나 가족을 불러 가져가도록 조치합니다.

이윤호　바로 그것입니다. 미국과 한국은 DUI에 대한 단속 방식 자체가 다릅니다. 미국 경찰은 제가 교통법규 위반한 것을 확인하던 과정에서 음주운전 사실까지 확인했습니다. 하지만 저를 단속한 경찰관은 외국인이 미국의 신호체계를 정확히 알지 못해 위반한 것으로 판단하고 교통법규 위반을 적용하지 않았습니다. 또한 음주운전을 했지만 단속 경찰관의 판단으로 사고의 위험성도 없고, 여러 운동신경을 간단하게 확인한 결과 운전하는 데 지장이 없는 것으로 판단했기 때문에, 주의만 주고 귀가시켰습니다.

이것은 범죄라고 할 수 없습니다. 하지만 우리나라는 음주운전이 의심되면 사고 결과와 관계없이 감지, 측정하고 측정기에 '0.03%' 이상의 숫자가 표시되면 즉시 단속되는 것으로 알고 있습니다. 이에 대한 처벌로 면허가 정지되거나 취소되고, 벌금을 내게 된다면 이것은 범죄라고도 할 수 있습니다.

박경배   그렇다면 교수님, 미국에서는 음주운전으로 단속될 일이 거의 없을 것 같은데요?

이윤호   그렇지는 않습니다. 오래전 한국인으로 미국 메이저리그에서 활동하는 유명 야구선수가 미국에서 음주운전으로 적발된 사실이 언론을 통해 보도됐습니다. 미국 경찰의 순찰차에 있는 카메라에 모든 상황이 녹화되어 방송됐습니다. 당시 영상을 보면 미국 경찰이 음주로 의심되는 차량을 정지시키고 여러 가지 운동 능력을 확인합니다. 양팔을 벌리고 도로의 실선을 걸어가게 하고, 한 발을 들고 중심을 잡을 수 있는지도 확인합니다. 영상에도 나오지만 그 야구선수는 누가 봐도 만취한 상태로 보일 정도로 말하고 행동했습니다. 제대로 걷지도 못하고, 중심도 잡지 못합니다. 그러다 갑자기 미국 경찰이 그 야구선수의 팔을 뒤로 돌려 수갑을 채웠어. 차량은 견인차가 와서 즉시 견인해갔지요.

제 생각은 이렇습니다. 현장에 있던 미국 경찰은 자신이 판단했을 때, 이 사람은 음주든 아니든 계속 운전하면 자신이나 타인에게 피해를 줄 수 있다는 판단을 내린 것이고, 즉시 현장에서 체포해 몸수색을 한 후 순찰차에 태웠던 것으로 보입니다.

범죄학자는 조금 고심하면서 말했지만 우리나라에서 그 영상은 보지 않은 사람보다 본 사람이 더 많을 것이다. 나도 그 영상을 봤다. 그 이후에 그 야구선수가 예능에 출연해 당시 상황을 설명한 방송도 본 적이 있다. 나는 그 야구선수가 예능에 나와 한 말 중에 아직도 기억나는 말이 있다. 그의 말을 빌리자면 이렇다.

"음주 단속이 되기 전에 이미 경찰의 검문을 받았다. 나는 술에 만취해 있었고, 집으로 가는 길도 알지 못한 상태였다. 내가 사정을 이야기하자 나를 검문했던 경찰은 내게 집으로 가는 길을 친절하게 알려주었고, 나는 다시 차량을 운전했다. 단속된 이후에 알았지만, 경찰은 나에게 길을 알려주고 뒤에서 조용히 내 차를 따라왔다. 아마 내가 제대로 운전하는지 안 하는지 확인하기 위해서였을 것이다. 하지만 내 차는 도로를 지그재그 하면서 정상적으로 주행하지 못했고, 뒤에서 따라오던 경찰은 '아, 이 사람에게 더 이상 운전을 시키는 것은 위험하다'라는 판단을 내린 것 같고, 다시 내 차량을 정지시키고 나에게 다시 한 번 운전이 가능한지 기본적인 운동 능력을 테스트하고…."

그 야구선수는 6개월 면허정지와 벌금을 물었으며, 음주운전 예방 교육까지 받았다고 했다. 그는 일대일 예방 교육은 매우 유익했으며, "다시는 같은 실수를 반복하지 않을 정도로 경 각심을 가질 수 있는 좋은 교육 프로그램이었다"라고 말했다.

이윤호 그런 것입니다. 미국 경찰은 술로 인한 만취 여부와 관계없이, 운전이 가능한지 가능하지 않은지를 판단한 것입니다. 미국 경찰이 그 야구선수 차량을 따라간 이유는 단속이나 체포를 위한 목적이 아니라 정상적으로 운전할 수 있는지 없는지를 확인한 것이며, 경찰의 판단으로 더 이상 운전은 힘든 것으로 판단했기 때문에 다시 차량을 정지시키고 운동 능력을 확인한 후, 마지막으로 체포를 결정한 것이라고 할 수 있습니다. 사실 결과론적인 말이지만, 그 야구선수에게는 단속된 것이 오히려 행운이라고도 할 수 있습니다.

박경배 경찰에게 음주로 단속된 것이 행운이라고요?

이윤호 그렇습니다. 그렇게 만취한 상태에서 계속 운전하다가 사고를 냈다면 어떻게 됐겠습니까? 면허정지나 벌금으로 끝낼 수 있었을까요? 제가 보기에 미국은 우리처럼 사전 예방 차원에서 무차별적인 단속을 하지 않습니다. 하지만 음주운전으로 사고를 발생시켜 다른 누군가에게 피해를 줬을 때, 그 결과에 대한 처벌은 우리가 상상할 수 없을 정도로 가혹한 것으로 알고 있습니다. 그런 면에서 집으로 가는 길도 모를 정도로 만취했고, 운전도 불가능한 상태에서 경찰에 체포되어 벌금과 면허정지로 끝났다는 것은 대단한 행운이라고 할 수 있습니다.

범죄학자의 말을 듣고 보니 그럴 수 있겠다는 생각이 들었다. 미국에서는 유명인이 사소한 실수로 소송에 휘말려, 끝이 없는 나락으로 추락하는 일이 흔하게 접할 수 있는 뉴스거리였다. 범죄학자는 잠시 차를 마신 후 계속해서 말했다.

이윤호 이 이야기는 매우 오래전 일이지만 미국에서는 음주운전으로 인해 유명한 연쇄살인마가 검거된 사례도 있습니다.

박경배 음주운전으로 연쇄살인범이 검거됐다는 말인가요? 흥미로운 내용인 것 같은데 자세한 설명 부탁드립니다.

이윤호 좋습니다.

두려움으로부터 해방되지 않으면
우리는 행복해질 수 없다

두려움 외에 두려워할 것이 없다.

프랭클린 루스벨트

CASE 3

랜디 스티븐 크래프트(Randy Steven Kraft, 1945~)는 캘리포니아 주 롱 비치에서 태어났다. 그는 경제적으로 풍요롭지 않은 가정에서 자랐지만 그의 어머니는 생활비를 벌기 위해 여러 일들을 했고, 그 와중에도 남편과 아이들에게 헌신했다. 반면 아버지는 사교 모임에는 참석하지 않았으며 훗날 가족들과도 거리를 두었던 것으로 알려져 있다. 초등학교 때는 그의 지능이 반의 또래 아이들보다 높아 주목을 받았고, 중학교 수업을 들을 수 있을 정도로 똑똑했다고 한다.

그는 평범하게 학창 시절을 보냈으나 고등학교 때부터 소녀에게 흥미를 잃었기 때문에 훗날 그는 자신이 동성애자라고 알고 있었다고 진술했다. 1964년 그는 가든 그로브 칵테일 라운지에서 바텐더로 일하기 시작하면서 본격적으로 동성 관계를 맺기 시작했다. 그 후 그는 51명의 젊은이와 소년들을 강간하고 살해하면서 연쇄살인을 하기 시작했다. 1983년 5월에 체포되어 1989년 사형을 선고받고

현재 캘리포니아 마리카운티에 있는 샌 쿠엔틴 주립교도소에 수감되어 사형수로 수형 생활을 하고 있다.[■]

이윤호 랜디 크래프트는 살의로 가득찬 사람이었어요. 그는 최소한 51명을 살해한 혐의를 받았지요. 크래프트는 호감형으로 저녁이 되면 피해자가 될 성인이나 청소년들과 어울려 술을 마시며 드라이브를 즐겼습니다. 그다음 술에 마취제를 섞어 마시게 한 후, 피해자들이 약에 취하면 그들을 고문하고 강간한 뒤, 살해하고 차 밖으로 떨어뜨렸습니다. 어떤 피해자는 목을 졸라 죽이고, 어떤 피해자는 총으로 쏴 죽이기도 했는데, 모든 피해자는 청소년 혹은 젊은 성인 남성이었습니다. 운만 좋았다면 크래프트는 지금까지도 계속 살인을 하고 있었을지도 모릅니다.

박경배 말씀 중에 죄송한데 그럼 운이 나빠서 잡혔다는 말인가요?

이윤호 좀 더 들어보세요. 1983년 5월 14일 새벽 1시 크래프트는 술을 마신 채, 도요타 셀리카를 타고 로스앤젤레스 남부 샌디에이고 5번 고속도로를 시속 70㎞ 정도로 꾸준하게 달리며 좋은 시

■ 이윤호, 『연쇄살인범, 그들은 누구인가』, 퍼시픽도도, 2017
https://en.wikipedia.org/wiki/Randy_Kraft

간을 보내고 있었습니다. 크래프트는 속도위반을 하지 않았지만, 도로를 지그재그로 운전하는 바람에 그의 연쇄살인은 막을 내립니다.

캘리포니아 고속도로 순찰대는 지그재그로 운전하는 크래프트를 이상하게 여겨 추격을 시작했습니다. 순찰대는 크래프트에게 라이트를 비추며 차를 세우라고 신호했고, 크래프트는 자신의 차량을 순찰차 바로 앞에 세웠지요. 크래프트는 경찰이 다가오기 전에 먼저 맥주 한 병을 들고 경찰에게 다가갔지만 그는 경찰의 음주 검사를 통과하지 못했고, 현장에서 체포됐어요. 여기서 체포는 크래프트를 경찰서로 데려오는 것이고, 그의 차는 견인한다는 것을 의미합니다.

이 시점에서 마이클 하워드라는 경사는 크래프트의 차 앞으로 걸어갔어요. 거기서 하워드 경사는 뭔가 의심스러운 점을 발견했는데 누군가가 뒷좌석에 누워 있었던 것입니다. 사람이 자는 줄 알고 하워드 경사는 정중하게 창문을 노크했어요. 그러나 아무 반응이 없었고, 뭔가 이상함을 느낀 경찰은 차문을 열고 흔들어 깨워보았지만, 역시 반응이 없었습니다. 하워드 경사는 누워 있던 사람의 점퍼를 들췄는데 그는 바지가 벗겨진 상태에서 성기가 그대로 노출된 채, 손목이 묶여 있음을 확인했지요.

응급차가 바로 현상에 오기는 했지만 이미 늦은 상태였습니다. 이 시체는 미 해병대의 25세 테리 갬브럴이었습니다. 그는 맥주 두 병을 마신 후, 아티반을 몇 알 먹었는데 죽을 만한 정도의 양은 아니었습니다. 그가 죽은 이유는 크래프트가 목을 졸랐기 때문이었어요.

"고속도로 살인자" 또는 "숫자 카드 살인자"라고도 불리는 연쇄살인범 랜디 크래프트의 살인은 이로써 마침표를 찍게 됩니다. 랜디 크래프트는 대부분 남성 피해자들과 성관계를 하고 나서 잔인하게 죽였어요. 그는 자신의 이런 살인을 기록으로 남겼는데 1971년부터 1983년까지 12년 동안 자그마치 51명을 살해했습니다. 음주운전으로 차선을 위반하기 전까지 크래프트는 잡히지 않고 살아왔던 것입니다. 이렇게 오랫동안 연쇄살인을 저지른 사람으로서는 사소한 실수였다고 할 수 있지요.

박경배   놀라운데요. 단순 음주운전으로 미국 범죄 역사에 남을 연쇄살인마가 검거됐다는 사실은 범죄학적인 측면에서 봐도 매우 아이러니한 결과라는 생각도 드는군요.

이윤호   박 경위가 미국의 음주운전 사례를 질문하자 생각난 사건입니다. 어쨌든 미국과 우리의 음주운전 단속 방식에는 분명 차이가 있는데 어느 방식이 더 좋다 혹은 나쁘다고 구분 짓기는 어려울 것 같습니다.

박경배   그래도 교수님 말을 듣고 보니, 역시 미국이 합리적이라는 생각이 드는데요!

이윤호　저도 그렇게는 생각하지만 우리 사회에 적용하기에는 어려운 점이 있다고 생각합니다.

박경배　저는 직업이 경찰이고 음주운전은 옳은 행동이 아니라고 생각합니다. 하지만 결과와 관계없이 예방 차원에서 한다는 단속은 큰 효과가 없는 것 같습니다. 그렇게 효과가 좋았다면 단속한 횟수만큼 음주운전으로 인한 사고가 줄어야 하는데 그것을 만족시킬 만한 통계가 있는지도 의문입니다.

한 예로 현장에서 이 사람은 분명 취한 것으로 보이고, 운전도 힘든 것으로 판단되는데 측정기는 저의 판단과는 다른 결과를 보여줍니다. 측정 결과가 0.02%로 나오는데 이는 음주운전에 해당되지 않습니다.

운전자는 "그럼 계속 운전해도 돼요? 고맙습니다"하고 가버립니다. 또 어떤 경우는 정말 술 냄새도 나지 않고, 운전하는 데 전혀 문제가 없어 보이는데도 음주 측정기는 0.03%로 표시되며, 음주운전으로 단속해야 한다고 알려줍니다. 이렇게 기계에 의존해서 미래에 발생할 수 있는 음주운전 사고를 예방한다는 발상이 옳은지는 의문입니다.

이윤호　좋은 시작입니다. 사실 음주 자체는 범죄라고 할 수 없습니다. 문제는 음주로 만취한 상태에서 운전하고, 그로 인한 결과로 안타까운 사망사고가 발생하는 경우가 있습니다. 그래서 우리 사회가 음주운전을 심각한 범죄로 받아들이는 것이지요.

박경배 교수님! 외국과 비교해서 우리 사회의 술 문화와 음주운전이 연관이 있을 것 같다는 생각도 드는데요.

이윤호 그렇습니다. 사실 우리나라가 외국과 비교해 음주운전에 대해 매우 엄격한 편인데 그 이유는 우리의 독특한 술 문화 때문이라고 생각합니다. 서양도 그 정도는 아닌데 우리는 술에 대해 지나치게 관대합니다. 그 결과 음주운전의 개연성이 그만큼 높아질 수밖에 없는 게 현실입니다. 하물며 과거에는 술에 취해 한 범죄에 대해서는 아무리 끔찍한 범죄를 저질렀어도 감경 요인으로 정상을 참작해줬을 정도이니 말할 것도 없습니다. 나영이를 강간한 조두순에 대해 검사의 실수는 차치하고, 판사가 조두순이 당시 술에 만취해 있었다는 것을 감경 사유로 판단했을 정도입니다. 이건 말도 안 되는 이야기지요.

범죄학자는 조두순을 언급할 때마다 목소리가 높아졌다.

박경배 그럼 사례를 통해 좀더 깊이 들여다보겠습니다. 음주운전과 관련해서는 2018년 9월에 발생한 윤창호 군 교통 사망사고를 들 수 있을 것 같습니다. 카투사로 복무 중에 휴가를 나왔다가 건널목에 서 있던 윤창호 군이 만취 상태의 BMW 차량에 받혀 안타깝게 사망한 사고였는데 이로 인해 '윤창호법'[■]이 제정된 사실은 교수님도 잘 아실 겁니다. 이 법으로 음주운전 단속 기준이 기존의 '0.05%에서 0.03%'로 낮춰지는 계기가 됐습니다.

코로나-19가 유행하던 2020년 9월에는 인천 중구 을왕동에서 치킨 배달 중이던 오토바이 운전자가 만취한 상태에서 중앙선을 침범해 주행해오던 벤츠 승용차와 추돌하여 50대 가장이 사망하는 안타까운 사고도 발생했습니다. 이 사고는 50대 가장의 안타까운 죽음으로 인해 전 국민의 공분을 샀으며, 윤창호법이 적용된 첫 번째 사건이기도 합니다. 이때 경찰도 많은 비난을 받았습니다.

교수님, 우리 사회는 끔찍한 범죄나 사건이 발생하면, 국민적 공분이 생기면서 자연스럽게 특별법이 만들어지는 일이 많은 것 같습니다. 이런 현상을 교수님은 어떻게 생각하는지 의견을 듣고 싶습니다.

이윤호   저는 개인적으로 특별법을 계속해서 만든다고 해서 범

■   2018년 발생한 '윤창호 사건'을 계기로 제정된 음주 운전자에 대한 처벌 기준을 강화하는 법안이다. 음주운전으로 인명 피해를 낸 운전자의 처벌을 높이는 '특정범죄 가중처벌 등에 관한 법률 개정안'과 음주운전 기준을 강화하는 '도로교통법 개정안'을 모두 포함한다. 윤창호법은 음주운전 초범 기준을 기존 2회에서 1회로 낮추고 적발시 면허취소 기준도 3회에서 2회로 강화했다. 음무 기준도 혈중 알코올 농도가 0.05~0.2% 이상에서 0.03~0.13% 이상으로 강화 기준을 높였다. 또한 음주 운전자가 피해자를 사망에 이르게 한 경우 법정형을 '1년 이상 유기징역'에서 '무기 또는 3년 이상의 징역'으로 처벌 수위를 강화했다.

죄예방학 측면에 긍정적인 영향을 미친다고 생각하지 않습니다. 우리나라가 '특별법 공화국'이라는 말이 있는데 그만큼 특별법을 자주 만들기 때문이겠지요. 하지만 범죄는 그렇게 특별법을 제정한다고 예방되는 것이 아닙니다.

박 경위가 사례로 말한 사건은 저도 알고 있습니다. 윤창호 군의 안타까운 죽음과 가족의 생계를 위해 치킨 배달을 하던 50대 가장의 죽음은 누가 생각해도 슬픔을 금할 수 없는 일입니다. 더구나 2건 모두 만취 운전자에 의한 교통사고라는 공통점도 있습니다. 하지만 냉정하게 생각했을 때, 윤창호법이 제정됐다고 음주운전이나 그로 인한 사고가 줄었을까요? 제 생각은 회의적입니다. 그렇다면 국민적 공분으로 새로운 특별법이 만들어졌는데 실질적으로 그 법을 알고 실천하는 사람은 아무도 없다는 의미겠지요. 지금 윤창호법에 대해 우리 국민 중 자세히 알고 있는 사람이 몇 사람이나 되겠습니까?

또한 음주운전 단속 기준이 기존의 '0.05%에서 0.03%'로 낮춰졌지만, 이로 인해 누가 가장 이득을 봤을까요? 저는 국가라고 생각합니다. 기존에는 0.05% 미만은 단속되지 않았는데 이제는 단속됩니다. 단순 음주운전(사고가 일어나지 않은 경우)의 벌금이 300만 원에서 800만 원 안팎으로 알고 있는데, 단속 기준이 낮아짐으로써 벌금으로 인한 국가 세금은 어마어마하게 증가했을 것입니다. 음주운전이나 음주운전으로 인한 사고를 예방하기 위해 특별법을 제정했는데 그 법으로 인해 국가가 가장 큰 이득을 본다는 사실은 난센스라고 생각합니다.

그리고 제가 계속 이야기하고 있지만, 우리의 형사정책이나 법이 지나치게 가해자에 대한 처벌 위주로 흘러가는 게 문제입니다. 가족의 생계를 위해 오토바이로 치킨 배달을 하다가 부의 상징인 벤츠 승용차에 아무런 잘못 없이 받혀서 사망한 피해자에게 국가는 무엇을 해줬습니까? 그는 코로나-19로 힘든 시기에도 세금을 다 내면서 자신이 안전하게 생업을 할 수 있도록 국가에 바랐지만 국가는 그를 지켜주지 못했습니다. 또한 남은 가족의 생계는 누가 책임지겠습니까? 윤창호법을 적용해 가해자에게 형사처벌 수위를 높이다고 해서 고인이 되신 50대 가장이 살아 돌아오는 것도 아닙니다.

음주운전 단속 기준을 낮춘 결과 엄청난 벌금이 국고로 들어갔을 것입니다. 그러면 그런 돈으로 이런 안타까운 피해를 당한 유가족에게 국가가 먼저 충분한 지원을 해주는 게 옳다고 생각합니다. 가해자에 대해서는 그가 저지른 잘못에 대한 형사처벌과 민형사상 책임을 가혹하리만치 엄정하게 물어야 합니다. 그래야 유가족도 '우리 가족에게 이런 불행한 일이 일어났는데 그래도 국가가 직접 나서서 우리 가족의 피해가 회복되고, 다시 살아갈 수 있도록 국가가 최선을 다해 도와줬다'라는 생각이 들 것이고, 그것이야말로 성의로운 시회라고 할 수 있지 않을까요?

범죄학자는 무분별하고 감정적인 특별법 제정에 회의적인

모습이었고, 현장에서 실질적으로 법 집행을 하는 경찰관으로서도 범죄학자의 말은 공감되는 부분이 많았다. (요즘은 정말 특별법이 너무 많아서 젊고 똑똑한 경찰관들도 실수하는 경우가 많았다.)

범죄학자의 판단을 근거로 코로나-19가 우리 사회를 본격적으로 공격하기 시작했던 2020년 음주운전 교통사고 현황을 조사했다. 그 결과 2020년에만 1만 7,247건의 음주운전 교통사고가 발생했으며, 287명이 사망한 것으로 확인됐다.

또한 2020년 한 해 사고가 아닌 단순 음주운전 단속 현황은 11만 7,549건으로 확인됐다. 단순 음주운전이 측정 결과(정지, 취소)에 따라 300만 원에서 800만 원의 벌금이 나오는 게 요즘 추세다. 평균 400만 원으로 11만 7,549건을 곱해보니 4,701억 9,600만 원이라는 결과가 나왔다. 단순하게 건수를 확인할 때는 큰 의미를 느끼지 못했는데 벌금으로 계산해보니 천문학적인 금액이었다.

이윤호　2020년 한 해만 음주운전 교통사고로 인해 287명이 사망했다는 통계는 음주운전이 얼마나 위험한 행동인지 충분히 경각심을 느낄 수 있는 통계인 것 같습니다.

박경배　사실 벌금은 제가 통계를 찾을 수 없어 평균적인 금액으로 계산한 것이기 때문에 정확하진 않습니다.

이윤호 그건 크게 중요한 건 아니라고 생각합니다. 벌금을 어떤 기준으로 산정하든 천문학적인 금액은 틀림없는 것 같습니다. 또한 코로나-19로 인해 음주운전이나 그로 인한 사고는 오히려 증가하고 있다고 보는 게 맞을 것 같습니다.

박경배 교수님은 무슨 근거로 그렇게 말씀하시는 거죠? 어디서 통계를 확인하신 건가요?

이윤호 (잠시 미소를 지으며) 그런 건 아닙니다. 제가 코로나 팬데믹 기간 동안, 우리 국민의 주류 소비 현황을 언론을 통해 본 적이 있습니다. 제 기억으로 술집의 영업시간은 단축됐지만 술의 소비량은 줄지 않았고 오히려 더 늘었다는 통계를 봤습니다. 이는 어딘가에서 어떻게든 술을 마신다는 의미입니다. 또한 코로나-19로 인해 경찰의 음주운전 집중 단속도 요즘은 거의 하지 않는 것으로 알고 있습니다. 그렇다 보니 음주운전이나 음주운전으로 인한 교통사고는 증가하면 증가했지 감소하기는 힘든 상황이라고 판단됩니다. 결론은 술이 문제인데 이에 대한 해결책을 쉽게 찾기는 힘들 것 같습니다.

박경배 그렇다면 음주운전이나 음주운전 교통사고를 예방하기 위해서는 앞으로 어떤 방식으로 접근해야 해결할 수 있을까요?

이윤호   글쎄요…. 이 부분은 제 전문 분야가 아니라서 책임 있는 답변을 할 자신이 없습니다. 우리 사회에는 각계각층에 관련 분야 전문가들이 많이 있다고 생각합니다. 그분들이 앞으로 좋은 정책을 내놓길 기대해봅니다.

박경배   교수님, 오늘은 음주운전과 관련된 여러 이야기를 나눠 봤습니다. 금방 끝날 것으로 생각했는데 이야기가 생각보다 길어진 것 같네요. 정리해서 한 말씀 부탁드립니다.

이윤호   (미소를 지으며) 나이가 많아지면 말이 많아지는 것 같습니다. 얼마 전 대통령 선거가 끝나고 언론에 기고한 적이 있습니다. 제목이 '새 대통령에게 바란다 – 두려움으로부터 자유로운 안전한 세상'이라는 제목입니다. 내용을 정리하면 이렇습니다.

미국의 심리학자 매슬로Maslow, A H.는 인간의 욕구 단계 이론을 피라미드 방식으로 표현했는데 '생리적 욕구 → 안전의 욕구 → 사회적 욕구 → 존경의 욕구 → 자아실현 욕구' 5단계로 나눴습니다. 매슬로는 안전의 욕구를 하위 단계로 두었지만, 저는 이 부분에서 동의하기 어렵습니다. 인간이란 '안전'하지 못하면 어떠한 욕구도 실현하기 힘들다고 생각합니다. 안전이 보장된 후에야 생리적 욕구부터 자아실현의 욕구까지 추구할 수 있는 것입니다. 그렇다면 안전이란 무엇일까? 저는 그것을 '두려움으로부터의 자유이자 해방Freedom from Fear'이라고 생각합니다.

인간을 불안하게 만드는 원천은 다양하지만 두 가지로 나눠서 생각해보겠습니다. 하나는 자연Mother nature이 주는 불안이고, 다른 하나는 사람으로 인한 불안이 있을 수 있습니다. 자연으로 인한 불안 요인에는 자연재해와 재난이 있고, 사람으로 인한 불안 요인에는 범죄에 대한 불안과 두려움이 있습니다.

저는 범죄학자로서 범죄의 두려움으로부터 해방되지 못한다면, 우리 사회는 결코 행복해질 수 없다고 생각합니다. 범죄에 대한 두려움으로, 사람들이 가고 싶은 장소에 가지 못하고, 하고 싶은 일을 하지 못한다면 삶의 질은 형편없이 떨어지고 말 것입니다.

또한 사회적 약자와 여성을 대상으로 하는 각종 성범죄가 지금과 같이 계속해서 발생한다면 모든 여성은 불안해질 수밖에 없습니다. 이런 문제는 다시 모든 남성을 의심하게 되고, 이는 또 다른 갈등을 불러올 수 있습니다. 물론 범죄 없는 사회는 있을 수 없습니다. 하지만 정부와 경찰이 합리적인 방법으로, 우리 사회와 구성원들의 안전을 위해 좀더 적극적으로 노력한다면, 지금보다는 더 안전한 사회를 만들 수 있을 거라는 희망을 품어보고 싶습니다. 오늘은 이것으로 마무리하면 좋겠습니다. 고맙습니다.

코로나-19가 우리 사회를 본격적으로 공격하던 2020년에만 음주운전 교통사고로 인해 287명이 사망했다. 이 통계에는 2020년 9월 9일 새벽 인천 중구 을왕동에서 발생한 50대 가장

의 사망사고도 포함된 통계
다. 가족의 생계를 위해 새벽
까지 오토바이를 이용해 치
킨 배달을 하던 50대 가장의
안타까운 죽음은 많은 사람
들의 마음을 아프게 했다.

1건의 음주운전 사망사고
에도 이런 안타까운 사연이
숨어 있는데 다른 286명의 사연을 생각하자 마음이 무거워졌
다. 어떤 죽음이라도 무게로 저울질할 수 없다. 더구나 그 죽음
이 자신이 전혀 예상하지 못한 일로 발생한다면, 그 억울함은
무엇으로도 보상할 수 없을 거라는 생각이 들었다.

코로나 팬데믹의 두려움과 불안은 어느 누구도 안전할 수 없다는
사실에서 기반된 것이었다. 그래서 우리는 우왕좌왕하면서 알게 모르
게 서로를 의심하면서 살았다. 이는 안전에 대한 욕구가 이뤄지지 않
았기 때문이다. 그래서 불안하고 두려웠던 것이다. 이는 음주운선노
마찬가지다. 불시에 일어난 교통사고의 피해자가 나는 예외일 수 없다
는 생각이 들면 안전에 대한 위협으로 다가온다.

마이너리티 리포트
(Minority Report)

2022년 4월 12일 화요일 14:00_ 범죄학자 연구실
경찰과 범죄학자의 다섯 번째 만남

연관 없는 하나의 법령이, 장기미제사건을 해결하다

설사 당신이 아주 중대한 실수를 저질렀다 하더라도
당신에게는 반드시 또 다른 기회가 있다.
실패는 추락하는 것이 아니라 추락한 채로 있는 것이다.

메릭 픽포드

CASE 1

시골에서 홀로 살아가는 80대 후반의 할머니에게는 통장에 들어 있는 900만 원이 전 재산이었다. 큰돈은 아니었지만 매달 나오는 노령연금을 아껴 쓰면, 자신의 노후는 충분하다고 생각했다. 코로나-19 백신도 3차까지 맞았고, 큰 이상이 없었다. 할머니가 손자뻘인 보이스피싱 현금 수거책에게 가진 돈 전부를 전달하기 전까지는 그랬다. 할머니는 집으로 돌아온 후에야 자신이 전화 사기에 속은 것을 알게 되었다. 그 사실을 알게 된 후, 할머니는 창고에 들어가 박카스 병에 농약을 가득 채우고 동네에 있는 뒷산으로 힘없이 걸어 올라갔다. 그 모습은 CCTV에 그대로 찍혔다. 2021년 보이스피싱 범죄는 3만 982건(피해액은 7,744억 원)이 발생했다. 할머니의 경우는 3만 982건 중 1건의 피해였으며, 피해액은 900만 원이었다.

이번 주제는 준비하는 내내 고통스러웠다. 앞에서 다뤄왔던 주제도 그렇게 가벼운 것은 아니었지만, 오늘은 더욱 무거운 마음으로 범죄학자를 찾아갈 수밖에 없었다. 상아탑 안에서 평생 범죄학을 연구한 범죄학자는 가정과 은행(현금 인출기), 스마트폰과 인터넷을 통해 전국에 걸쳐 발생하고 있는 보이스피싱 범죄에 대해 어떤 생각을 하고 있는지 궁금했다.

박경배 교수님 안녕하세요! 먼저 지난번 주제인 '음주운전'에 관해 조금만 더 이야기하고 넘어가겠습니다. 2주 사이에 윤창호법과 관련해서 재판 결과가 나온 게 있어서 짚어보고 가겠습니다.

이윤호 그렇게 하시죠!

박경배 저는 몰랐는데 헌법재판소는 지난해 11월 25일 재판관 7대 2의 의견으로 윤창호법의 일부 법률이 헌법에 위반된다고 결정했습니다. 이로 인해 요즘 1심 형사단독 사건 재심이 크게 늘고 있다고 하는데요. 특별법을 만들자마자 헌법재판소에서 위헌결정이 나왔다는 것은 그만큼 졸속(감정적)으로 법을 제정했다고밖에 볼 수 없을 것 같습니다.

이윤호 그렇습니다. 제가 2주 전에도 지적했지만 특별법을 계속해서 만드는 게 해결책은 아니라고 생각합니다. 이와 관련해 2020년 11월 강남의 한 도로에서 음주운전 차량에 치여 안타깝게 사망한 대만 유학생 사망사고 가해자에 대한 판결은 많은 것을 시사하고 있다고 생각됩니다.

박경배 그 기사는 저도 봤습니다. 가해자는 음주운전으로 2회 이상 벌금형을 선고받은 전력이 있어, 음주운전 재범을 가중 처벌하는 이른바 '윤창호법' 적용을 받은 것으로 알고 있는데요.

이윤호 그렇습니다. 그래서 검찰이 윤창호법을 적용하여 징역 6년을 구형했는데 법원은 8년을 선고했습니다. 지난해 헌재에서 윤창호법 조항을 두고 위헌결정을 내렸지만, 파기환송심 재판부 또한 징역 8년을 선고했습니다. 이 판결은 대만에 있는 피해자의 부모까지 법원에 감사 인사를 했을 정도로 의미 있는 선고였다고 생각합니다.

다시 말하지만, 특별법이라는 게 많으면 많을수록 좋은 게 아닙니다. 특별법을 만드는 이유는 우리나라 형사법 체계가 기본부터 잘못된 부분이 있어 그렇습니다. 지금 우리나라는 음주운전 관련 처벌 형량이 결코 가벼운 나라가 아닙니다. 중요한 점은 그 법이 제대로 지켜지는지 또는 집행되는지의 문제이지 양형의 문제는 아닌 것 같습니다.

음주운전으로 인해 발생할 수 있는 미래의 범죄를 예방하고자 음주 운전자에 대한 처벌을 강화하는 특별법을 제정했다. 법을 만들 당시에는 앞으로 이 법만 시행되면 다시는 음주운전으로 인한 안타까운 사고가 일어나지 않을 것처럼 홍보하고 떠들어댔지만, 결국 바뀐 것은 아무것도 없다는 생각이 들었다.

박경배 그럼 오늘은 보이스피싱Voice Phishing, 전기통신금융사기 범죄에 관해 이야기를 나눠보겠습니다.

이윤호 그렇게 하시죠!

박경배 교수님은 우리나라의 대표적인 미제 사건인 '화성연쇄살인사건'의 범인 이춘재가 어떻게 검거됐는지 알고 계신가요?

이윤호 다른 사건을 조사하다가 국과수 유전자 데이터베이스에 보관돼 있던 화성연쇄살인사건의 용의자와 유전자가 일치하는 사람을 찾았고, 그 용의자는 처제를 강간 살해한 범죄로 교도소에 수감돼 있던 이춘재로 밝혀져 해결된 것으로 알고 있는데 아닌가요?

박경배 틀리지는 않습니다.

이윤호　　중간에 끊어서 미안한데 보이스피싱 범죄와 화성연쇄살인사건의 진범으로 밝혀진 이춘재가 무슨 관계가 있는지 궁금하네요?

박경배　　관계가 있습니다. 화성연쇄살인사건의 진범이 이춘재라는 사실이 밝혀지게 된 결정적인 계기는, 2010년에 'DNA 신원확인 정보의 이용 및 보호에 관한 법률(이하 DNA법)'을 제정했기 때문에, 20년 가까이 교도소에 수감돼 있던 이춘재를 검거할 수 있었던 것입니다.

　DNA법은 조두순처럼 교도소에서 형을 마치고 출소한 사람들이 미래에도 같은 범죄를 저지를 가능성이 '무조건' 있다고 판단하고 사전에 예방 차원에서 그들의 DNA 정보를 국가가 강제로 채취해서 보관하겠다는 법률이었습니다.

　또한 이 법이 시행되기 전에 범죄를 저지른 범죄자(교도소에 수감돼 있는 수형자)들의 DNA 감식 시료를 채취할 수 있도록 했습니다. 그 결과 우리나라의 대표적인 미제 사건인 화성연쇄살인사건의 진범 이춘재를 검거할 수 있게 된 것입니다.

　문제는 이 법률 또한 헌법재판소에서 '헌법불합치' 결정을 내렸다는 사실입니다. 헌법재판소는 DNA법이 개인의 유전자 프라이버시권을 지나치게 침해할 우려가 있다고 판단해서 헌법불합치 결정을 내렸습니다. 현재 이 법은 인권 침해적 요소를 개정하여 지금도 시행되고 있습니다.

저는 DNA법을 읽어보면서 이 법률은 미래에 일어날 범죄를 사전에 예방하고, 과거에 있었던 범죄까지 해결하는 매우 대단한 (혹은 재밌으면서 무서운) 법률이라는 생각이 들었습니다. 또한 주관적인 생각으로는 코로나-19보다 더 심각한 보이스피싱 범죄를 예방하는 데 이 법이 많은 참고가 될 수 있을 거라는 생각이 들었습니다.

이윤호　　으음, 박 경위가 무슨 말을 하고 싶은 건지 대충 감이 잡히는 것 같습니다.

박경배　　그럼 주제로 돌아와서 이야기를 시작해보겠습니다. 먼저 보이스피싱 피해 중 현금 대면 편취 사례를 하나 말씀드리겠습니다. 이 사례는 보이스피싱 범죄와 관련해 피해자, 은행, 경찰이 현장에서 어떤 상황에 처해 있는지 사실적으로 보여주는 경우입니다. 참고로, 이 사례는 현장에 출동했던 제가 당시의 일을 회상하는 방식으로 진행해보겠습니다.

이윤호　　무슨 말인지 알겠습니다.

누구의 탓을 하기 보단,
예방 차원의 법령을 만드는 것이 우선이다

그들은 도둑질보다 사기를 더욱 무서운 범죄로 취급했다.
사기죄는 무조건 '사형'으로 처벌했다.
그 이유는, 평범하고 착한 사람은
사기꾼의 간교함을 막아낼 수 없다고 생각했기 때문이었다.

조너선 스위프트 『걸리버 여행기』 중에서

CASE 2

코로나-19가 한창 유행하던 초기 마스크를 구하기도 힘든 어느 날 낮에 있었던 일이다. '현금 3,000만 원 인출'이라는 은행의 112 신고를 접수하고 현장으로 출동했다. 은행 창구 앞에는 노인(남성) 한 명이 앉아 있었다. 은행 직원은 눈짓으로 내게 '이 영감님이 현금 인출을 요구하고 있다'라고 알려줬다. 나는 여든이 넘어 보이는 어르신에게 다가가 현금 인출 사유를 물었다.

"어르신! 어디에 쓰시려고 이렇게 많은 현금을 찾으시는 거예요?"

어르신은 나를 한 번 쳐다보고 부드럽게 말했다.

"집수리를 했는데 업자가 현금으로 주었으면 좋겠다고 말해서…."

"그러면 수리업자 연락처 좀 알려주실 수 있으세요?"

"수리업자 연락처는 지금 없는데."

이건 말이 안 된다.

"그럼 집에 가족은 있으세요?"

"할멈이 있지."

"그럼 할머니한테 사실인지 확인해봐도 될까요?"

순간 어르신은 처음과 다르게 경계하는 눈빛으로 나를 쳐다봤다.

"이봐요! 경찰 양반. 아니 내 돈 내가 찾는데 뭐가 이렇게 복잡해!"

"죄송한데요. 요즘 보이스피싱 범죄가 하도 증가해서 500만 원 이상 현금을 인출하면 경찰이 출동해서 확인하고 있어요. 좀 도와주세요."

"허~ 참. 그럼 확인해봐요!"

"할머니 휴대폰 번호 좀 알려주세요! 할머니에게 전화해서 사실인 지 물어보고, 사실이면 저희가 안전하게 찾을 수 있도록 도와드릴 게요."

어르신이 알려준 번호로 전화를 걸어 확인했다. 할머니는 영감님 이 은행에 돈을 찾으러 간 사실을 알고 있었다. 할머니에게 현금을 어디에 쓰려고 그렇게 많이 인출하는지 조심스럽게 물었다. 할머 니는 이렇게 대답했다.

"우리 아들이 사업 자금으로 급히 현금이 필요하다고 해서 영감님 이 은행에 돈을 찾으러 갔어요."

"혹시 최근에 집을 수리한 사실이 있으세요?"

"아니, 노인네 둘이 사는데 무슨 집수리를 해!"

나는 전화를 끊고 어르신에게 물었다.

"어르신! 할머니는 집수리 비용이 아니고, 아들 사업 자금에 보태주 기 위해 은행에 갔다며 집수리는 한 적도 없다고 말씀하시는데요."

순간 어르신은 시험을 보던 중, 부정행위를 하다가 적발된 학생처 럼 잠시 당황한 모습을 보였다. 하지만 어르신은 자신이 당황해야 할 이유가 전혀 없다는 것을 깨닫고, 오히려 역정을 내셨다.

"아니, 내가 내 돈을 찾겠다는데 당신들이 무슨 상관이야? 내가 집 수리를 하든, 아들 사업 자금을 빌려주든 그게 당신들과 무슨 상관 이냐. 여기가 북한도 아니고, 공산당도 아니고, 이건 너무하는 거 아니야! 그리고 설사 내가 보이스피싱 사기를 당해도 내가 피해를 부지 당신이 피해 보는 것도 아닌데."

영감님은 순간 귀까지 빨개셨나. 그리면서 은행 창구직원에게 쓸 데없는 소리 하지 말고, 내가 은행에 맡긴 돈을 당장 인출해달라고 요구했다.

"어르신 죄송한데요! 여기 경찰 분이 돈을 인출해주지 말라고 하면 저희는 인출해드릴 수가 없어요."

은행원은 이 상황을 어떻게든 빠져나가겠다는 생각으로 경찰을 핑계 삼아 돈을 인출해주지 않으려고 했다. 어르신은 은행원에게 떨리는 목소리로 다시 물었다.

"그럼, 내가 은행에 맡긴 돈인데 찾지도 못한다는 말이오?"

"(은행원은 난처한 표정으로) 죄송해요! 저희도 경찰이 저렇게 인출을 막으면…."

이제 은행에는 팀장과 지구대장까지 도착했다. 네 명의 경찰관들이 나이 드신 어르신을 에워쌌다. 아무것도 모르는 사람이 그 모습을 옆에서 지켜봤다면, 큰 범죄를 저지른 사람을 경찰이 잡아서 추궁하는 모습으로 보였을 것이다.

이제 어르신은 자신이 은행에 맡긴 돈을 찾을 수 없다는 사실을 받아들이는 모습이었다. 은행 직원은 경찰을 핑계 대며 돈을 인출해주지 않았고, 은행 안의 분위기는 어르신에게 불리한 쪽으로 흘러가고 있었다. 이때 옆에서 은행 업무를 보기 위해 방문한 것으로 보이는 중년의 여성 한 분이 짜증스럽게 말하며 끼어들었다.

"아니, 내 일은 아니지만 이건 너무하는 거 아니에요. 사기를 당해도 내가 당하는 건데, 내가 필요할 때 찾기 위해서 은행에 돈을 맡겼는데, 이렇게 경찰이 떼로 몰려와서 돈을 인출하지 못하도록 막는 게 말이 되는 소리냐고요! 옆에서 지켜보기만 해도 불쾌해서 말이 안 나오네! 정말…."

신고 현장에는 항상 여러 의견들이 쏟아져 나온다. 어르신은 내게 현금 3,000만 원의 인출 용도가 집수리를 위한 비용이라고 분명하게 말했지만 할머니에게 확인한 결과 거짓말이었다. 문제는 어르신이 은행을 방문할 때 그렇게 말하라고 누군가가 알려줬을 텐데 어르신은 우리에게 협조하지 않았다. 오히려 "여기가 대한민국이 맞냐?", "민주주의 국가에서 이럴 수가 있느냐?", "북한도 아니고 공산당도 이렇게는 못 할 거야"라고 화를 내면서 은행을 나가셨다. 분노를 삭이지 못하고 뒤돌아시 나가는 어르신을 붙잡고 어떻게든 우리 경찰의 진심을 전해드리고 싶었지만, 어르신은 어떠한 말도 들으려고 하지 않았다.

만약 어르신이 보이스피싱 전화를 받고, 현금을 인출하러 온 것이라면 어르신은 집으로 돌아가 다시 보이스피싱 사기범의 전화를 받을 것이다. 할머니와 말을 잘못 맞춰서 돈을 찾지 못했다는 것을 후회하고 다른 작전을 짤 것이다. (경찰에게 연락을 주지 않고 현금을 인출해주는 은행은 많다.) 어르신은 통장에 잔액이 하나도 남지 않을 때까지 보이스피싱 사기범의 손에서 벗어나지 못할 것이라는 생각이 들었다. 하지만 우리가 어르신을 도와드릴 수 있는 방법은 여기까지밖에 없었다. 어르신이 치매에 걸린 것도 아니고, 정신적으로 문제도 없어 보였다. 어르신이 자신의 '자유의지'로 어떤 선택을 하든, 그에 대한 책임은 자신이 질 수밖에 없다. 평일 낮 은행에서 500만 원 이상의 현금 인출을 시도한다는 신고는 멈추지 않고 계속 지령됐다. 은행이 문을 닫을 때까지 계속….

결국 다음날 어르신은 자신의 노후 자금(은행 예금) 전부를 인출해 보이스피싱 현금 수거책에게 전달해줬다.

박경배　　교수님, 경찰청 통계에 따르면 보이스피싱 피해는 2019년 3만 7,667건(피해액 6,398억 원), 2020년 3만 1,681건(피해액 7,000억 원), 2021년 3만 982건(피해액 7,744억 원)이 발생했습니다. 제가 사례로 든 어르신은 2020년 12월에 9,000만 원 가까운 피해를 당했습니다. 2020년 한 해 보이스피싱 피해는 3만 1,681건, 피해액은 7,000억 원이었습니다. 어르신의 사연은 3만 1,681건의 피해 사례 중 1건에 불과합니다. 이런 보이스피싱 범죄를 교수님은 어떻게 생각하는지 의견을 듣고 싶습니다.

이윤호　　일단 다시 한 번 확인하겠습니다. 그렇다면 박 경위가 사례로 말한 어르신이 결국 다른 은행에 방문해 현금을 인출했고, 그 돈을 보이스피싱 현금 수거책에게 전달했다는 말인가요?

박경배 그렇습니다. 보이스피싱과 관련해 경찰에 협조적인 은행도 있지만, 적대적인 은행도 많습니다. 특히 메이저급 은행은 고객이 불편해하고, 은행 업무에 방해된다는 이유로 보이스피싱 범죄가 의심되는데도 경찰에 신고하지 않습니다. 이렇게 표현하면 지나칠지는 모르겠지만, 보이스피싱 조직에도 길드guild, 동업자 모임가 있다면, 일부 메이저급 은행은 보이스피싱 조직에서 감사장을 주고 싶어할지도 모른다는 생각이 들 정도입니다.

이윤호 그 정도인가요? 저도 보이스피싱 범죄가 심각하다는 것을 알고 있었는데 경찰이나 은행도 참 답답한 상황이 많겠네요.

박경배 사실 은행도 난처하기는 경찰과 마찬가지입니다. 고객이, 내가 맡긴 돈을 필요한 일이 있어서 찾겠다고 하는데 그때마다 경찰에 신고하는 것도 쉬운 일은 아니라고 생각합니다.

이윤호 저도 보이스피싱 범죄의 심각성에 대해 개인적으로 많이 고민해봤습니다. 박 경위는 어떤 것 같습니까? 보이스피싱 범죄가 유독 우리나라만의 문제라는 생각이 들지 않나요?

　　나는 대답하지 않고 범죄학자의 말을 기다렸다.

이윤호 보이스피싱 범죄는 사실 국민성과 금융거래 방식의 문제라고 할 수 있습니다. 신용사회라고 할 수 있는 미국은 이런 범죄가 파고들 여지가 없습니다. 그런데 유독 우리나라와 일본이 가장 피해가 심각한 것을 보면, 현금거래가 많은 나라일수록 보이스피싱 범죄가 파고들 여지가 많다고 생각되는데, 그런 면에서 일본과 우리나라가 유독 현금거래가 많은 편이고, 그런 이유로 보이스피싱 범죄도 증가하고 있는 게 아닌가 생각합니다.

결국 이 얘기는 우리나라가 그만큼 신용거래라든가 금융거래 방식이 아직까지는 보이스피싱 범죄로부터 보호받을 수 있을 정도까지 발전되지 않았거나, 금융 서비스를 이용하는 사람들이 그만큼 덜 깨우쳤거나 여러 가지 이유가 있을 수 있다고 생각합니다.

범죄학자는 길게 설명했지만, 결론은 자신도 잘 모르겠다는 소리로 들렸다. 어떻게 보면 그게 가장 솔직한 대답이라고도 할 수 있었다. 누군가 보이스피싱 범죄에 관해 확실한 해결책을 가지고 있었다면, 이렇게 오랫동안 보이스피싱 범죄의 피해자나 피해액이 계속해서 증가하는 것을, 두고 보지는 않았을 테니까.

박경배　　그렇다면 교수님, 일단 보이스피싱 피해자의 심리에 대해 한번 고민해보겠습니다. 제가 현장에서 만난 수많은 보이스피싱 피해자의 공통된 모습은 한마디로 표현하면, 종교적으로 완전히 세뇌된 모습이었습니다. 부모, 형제, 친구, 은행, 경찰까지 모두 진심 어리게 관심을 가지고 도와주려고 하는데 그것을 거부하고, 오로지 보이스피싱 전화의 목소리를, 모세가 시나이산에서 여호와의 목소리를 듣고 그의 말에 복종하는 것처럼, 누구의 말도 듣지 않습니다. 이런 모습은 보이스피싱 범죄 피해가 종료될 때까지 계속됩니다. 도저히 논리적으로 설명되지 않는 이런 피해자의 행동을 어떻게 봐야 할지 모르겠습니다.

이윤호　글쎄요…, 사기라는 것이 대부분 피해자의 절박한 마음을 악용하는 범죄라고 할 수 있습니다. 마음이 안정되고 경제적으로 여유가 있는 사람은 매력적인 표적이 될 수 없습니다. 하지만 경제적으로 절박한 상황에 몰린 사람들은 그들에게 좋은 먹잇감이 될 수밖에 없습니다. 그렇다 보니 코로나-19 장기화로 경제적으로 궁박한 처지에 몰린 사람들이 너무나 쉽게 보이스피싱 조직의 표적이 되는 게 아닌가 생각합니다.

　범죄학자는 '사기(보이스피싱)'는 피해자의 절박한 마음을 악용하는 범죄라고 말했고 나는 그 말에 공감했다. 현재 가장 많이 발생하고 있는 보이스피싱 범죄도 '대환대출'을 미끼로 한, 현금 대면 편취와 대포통장으로의 이체를 유도하는 방식이다.

박경배　　그러면 교수님은 어떤 방식으로 접근해야 보이스피싱 범죄를 예방할 수 있다고 생각하는지 의견을 듣고 싶습니다.

이윤호　　일단 보이스피싱 범죄의 경우 가해자(범죄자)를 검거해서 예방하겠다는 방식은 어려울 것으로 보입니다. 그 이유는 보이스피싱 조직이 대부분 중국에 있고, 그곳은 우리나라 법이 적용될 수 없습니다. 우리나라 법이 적용되지 않는 장소에서, 우리나라 법이 적용될 수 없는 방식으로, 범죄가 이뤄지고 있습니다. 이런 경우 가해자(범죄자) 중심의 정책은 아무 소용이 없습니다. 그러면 유일한 방법은 뭘까요? 보이스피싱의 잠재적 피해자인 우리 국민이 피해를 당하지 않도록 사전에 예방할 수 있는 방법을 찾아야 한다는 말입니다.

박경배　　교수님이 생각하는 '우리가 피해당하지 않을 수 있는 방법'을 듣고 싶습니다.

이윤호　　(그는 잠시 고개를 숙이고 생각하는 모습을 보이며) 짧은 시간 안에 해결하기는 어려울 것으로 보입니다. 이런 예가 적절할지는 모르겠지만 현재 아동학대의 경우 학교나 병원, 어린이집 등의 책임자는 아동학대가 의심될 때 반드시 신고하도록 의무화되어 있습니다. 이처럼 보이스피싱 범죄도 경찰 혼자서 예방하는 데는 한계가 있기 때문에, 은행으로 하여금 신고를 의무화하는 제도적인 장치를 마련하는 것도 좋은 방법이 되지 않을까 생각합니다. 어쨌든 보이스피싱 피해를 당하는 사람은, 은행에서 돈을 인출해서 수거책에게 전달해야 하는데(대면 편취의 경우) 이때, 은행에서 한 번 더 확인하는 절차를 거친다면 그래도 피해를 예방하는 데 조금은 도움이 되지 않을까요?

박경배 하지만 교수님, 보이스피싱과 아동학대는 비교하기가 좀 그렇다는 생각이 드는데요. 아동학대의 경우는 아동이 스스로 자신의 피해를 적극적으로 진술하기도 어렵고, 누군가의 도움이 있어야만 피해를 확인하고 사후에 조치도 가능하지만 보이스피싱의 피해자는 대부분 성인입니다. 스스로는 합리적인 판단이라고 생각하고 결정함으로써 발생하는 문제인데 그렇게 간단하게 해결할 수가 있을까요?

이윤호 (목소리가 고조되며) 박 경위는 그게 왜 간단한 방법이라고 생각하시죠? 아동학대의 경우도 처음에는 신고 의무를 강제하는 것이 불편했지만 학교나 병원 등에 아동학대로 의심되면 반드시 신고하도록 의무를 부여하니까, 책임감으로 인해 좀더 관심을 두게 되고, 그로 인한 예방의 효과도 커진 것으로 알고 있습니다. 그렇듯이 보이스피싱 범죄도 은행에 신고 의무를 법률적으로 강제한다면 현장 경찰관들의 어려움이나 불법의 소지도 해소될 수 있을 것 같습니다.

사실 박 경위가 말한 사례도 경찰관이 보이스피싱이 의심된다는 이유로 개인이 은행에 맡긴 돈을 아무런 법적 근거 없이 인출하지 못하게 하고, 은행 직원에게 고객이 돈을 찾지 못하도록 강제한다는 것은, 사실 경찰관으로서 위법행위에 해당하는데 이는 명백한 범죄입니다. 아직 발생하지도 않은 미래의 범죄를 예방하기 위해 경찰관이 불법을 저지른다는 것은 있을 수 없는 일 아닌가요?

박경배　제가 답답한 부분이 바로 그것입니다. 일단 은행의 신고 문제는 차치하고 아직 발생하지 않은 미래의 보이스피싱 범죄를 예방하기 위해 전국에 있는 모든 지구대, 파출소에 근무하는 경찰관들이 위법행위를 저지르고 있는 게 현실입니다. 문제는 그렇게라도 하고 있기 때문에 그나마 이 정도 피해를 유지하고 있습니다. 그렇지 않으면 보이스피싱 피해액이 조兆 단위를 넘는 것은 한순간이 될 것입니다.

이윤호　그러니까 그런 것도 사회적 필요성에 따라서 법률적으로 근거를 마련하는 게 필요하다는 얘깁니다. 아동학대의 경우도 신고가 제때 이뤄지면 아동학대로 인한 극단적인 상황을 사전에 예방할 수 있듯이, 은행에도 한 번 더 확인하는 의무를 부여하면 그래도 보이스피싱 예방에 도움이 되지 않겠어요?

박경배　교수님 말씀이 그럴듯하기는 하지만, 문제는 예금 자체가 개인의 사유 재산이고 이에 대한 처분도 원칙적으로 개인의 자유의사에 의해 사용할 수 있습니다. 이를 법률적으로 제재하는 것은 쉬운 일이 아닐 것 같은데요.

이윤호　박 경위의 말도 틀린 말은 아닙니다. 하지만 보이스피싱 범죄가 계속 증가하고 있는 상황에서 이제는 특단의 대책이 필요한 때가 왔다고 생각하지는 않나요? 처음에는 당연히 불편하고 힘들 거라고 생각됩니다. 모든 법률이 그렇습니다. 하지만 우리가 코로나 팬데믹 사태에서 경험했듯이 남의 일이 아니라, 내 일처럼 느껴진다면 처음에는 불편할지 모르겠지만, 그게 전혀 불편하지 않을 수 있다고 생각합니다. 그래서 제가 얘기하고 싶은 게 절차적 정당성을 확보하기 위한 최소한의 수단이나 도구로서의 특별법이 필요하다는 것이지요.

　아동학대와 보이스피싱을 연결해서 설명하는 범죄학자의 말이 처음에는 그렇게 현실적으로 들리지 않았다. 하지만 그가 보이스피싱 범죄의 심각성과 지금 우리가 겪고 있는 코로나 팬데믹을 연결해서 이야기하자 그렇게 허황되게 들리지는 않았다.

박경배　그렇다면 교수님은 아동학대처럼 보이스피싱 범죄도 필요한 경우 은행이 경찰에 반드시 신고할 수 있도록 법적인 장치를 마련하는 게, 보이스피싱 범죄 예방에 도움이 될 수 있다는 말인가요?

이윤호　그렇습니다. 보이스피싱 범죄도 경찰 혼자서 예방하고, 검거하는 등 모든 것을 다 할 수는 없습니다. 그건 현장에서 근무하는 박 경위도 충분히 공감하리라 생각합니다. 경찰이 열심히 일하고도 항상 욕을 먹는 이유는 모든 것을 혼자서 다 해결하려는 방식입니다. 하지만 통계에 나와 있듯이 그렇게 경찰이 노력했지만, 조금이라도 변하거나 개선된 것이 하나라도 있습니까? 제가 봐서는 아무것도 없습니다. 그러니까 이런 현실을 경찰도 솔직히 인정하고 금융감독원과 은행, 통신사, 검찰과 경찰이 힘을 합쳐서 종합적인 대책을 만들어 보이스피싱 범죄에 대응해야지, 경찰 혼자서 백날 뛰어봤자 고생만 하고 마지막에 비난만 받는 이런 악순환은 결코 개선되기도 어렵고 해결책도 될 수 없다고 생각합니다. 또한 저는 보이스피싱 범죄에 있어서는 경찰보다는 금융당국의 역할이 더 중요하다고 생각합니다. 보이스피싱 범죄의 증가 요인이 우리의 금융거래 방식의 문제인지, 현금 선호의 문제인지, 만약 금융거래 방식에 문제점이 있다면 이는 금융당국이 책임감을 느끼고 대책을 제시할 필요가 있다고 생각합니다.

　범죄학자의 지적은 충분히 공감되는 말이었다. 보이스피싱 범죄와 관련해 금융감독원과 은행이 특별한 노력을 하고 있지 않다는 건, 현장에서 매일같이 느끼는 일이었다. (보이스피싱 범죄 현장에서 은행이 경찰의 협조에 신속히 대응만 해줬어도 피해를 막을 수 있는 경우는 많이 있었지만, 그때 은행은 경찰을 도와주지 않았다. 법적 근거가 없다는 이유로.)

경찰 지휘부는 현장의 사정을 아무것도 모르면서 '수단과 방법을 가리지 말고 보이스피싱을 막아라!'라는 지시 외에는 아무것도 하는 것이 없었다. 현장의 경찰관들은 어떻게든 보이스피싱을 예방하기 위해 피해자들을 설득했지만 피해자들은 경찰보다 보이스피싱 전화 속 목소리를 더 신뢰했다. 그 절박하고 긴급한 상황에서 피해자들은 경찰을 믿지 않고, 보이스피싱 사기범의 지시를 따랐다.

내가 잠시 침묵을 지키며 이런저런 생각을 하자 범죄학자가 말했다.

이윤호　요즘 코로나-19는 우리 국민 3명 중 1명이 걸리고 있는 현실입니다. 이런 상황이 되면 전 국민이 예방에 대한 공감대가 생길 수밖에 없습니다. 하지만 보이스피싱 피해는 2021년 기준 3만 982건입니다. 사실 이러면 내 일처럼 느껴지기는 어렵습니다. 또 한 사람들은 모두 자기가 세상에서 가장 똑똑하다고 생각하는 경향이 있습니다. 그렇다 보니 보이스피싱 피해를 당하는 사람을 대할 때, '바보 아냐! 왜 그런 피해를 당하지?'라는 냉소적인 반응도 충분히 나올 수 있습니다. 그래서 그런 간극을 좁히는 게 중요한

데 그럼 그걸 누가 해야 하겠습니까? 금융당국과 은행, 경찰이나 언론이 나서서 그 역할을 해줘야 합니다.

사실 전통적인 범죄는 옛날보다 개선된 게 거의 없습니다. 이유는 모든 형사정책이 전부 가해자 중심이었기 때문입니다. 어떻게 하면 범죄를 저지른 범죄자를 검거할 수 있을까? 즉 가해자 중심의 형사정책이었다는 말입니다. 하지만 그 정책은 실패했습니다. 왜? 범죄자는 아무리 검거해도 또 나옵니다. 범죄자는 줄지어 서 있습니다. 그걸 우리는 '범죄자 대체'라고 합니다.

중국에 가서 보이스피싱 범죄 조직을 전부 소탕한다고 해도 또다시 보이스피싱 범죄자가 나오고, 그러면 일정 수준의 범죄는 반드시 일어나게 돼 있다는 말입니다. 그렇다면 어떻게 해야 할까요? 그래서 제가 강조하고 있는 게 피해자 예방입니다. 전문용어로 설명하면 '상황적 범죄 예방'이라고 하는데, 그런 범죄가 일어날 수 있는 상황에 빠지지 말고, 그럴 수 있는 경우를 피해야 한다는 얘깁니다.

범죄의 필요 충분 조건 중 하나가 기회입니다. 기회를 주지 않으면 범죄가 일어날 수 없습니다. 그래서 가해자 중심의 범죄 억제를 통한 예방이 아니라 피해자가 사전에 주의하고 조심해서 피해를 예방하는 것이 미국도 그렇고 요즘 형사정책의 주류라고 할 수 있습니다. 그런 의미에서 보이스피싱 범죄도 잠재적 피해자인 우리 국민이 피해당할 수 있는 상황에 놓이지 않도록 필요한 대책을 세워야 한다고 봅니다.

박경배　　그렇군요. 교수님 말씀은 충분히 이해했습니다. 지금까지 보이스피싱 범죄와 관련하여 피해자와 은행, 경찰의 현실과 앞으로의 대책에 관해 이야기를 나눠봤습니다. 일단 여기까지 마무리하고, 다른 주제로 넘어가보겠습니다. 앞에서도 보이스피싱 조직을 검거하거나 소탕하는 데는 여러 가지 어려움이 많다는 이야기를 나눴습니다. 우리나라 법이 미치지 않는 장소에서, 우리나라 법이 적용될 수 없는 방식으로 이뤄지기 때문에…. 교수님! 그렇다면 현재 우리나라 안에서 '현금 대면 편취 수거책' 일을 하는 사람들에 대해 잠시 얘기를 나눠보겠습니다.

이윤호　　그렇게 하시죠!

박경배　　작년에 보이스피싱 범죄 수거책에 대한 1건의 재판이 있었는데, 당시 판사님은 수거책에게 이런 말을 했습니다. "당신도 보이스피싱 범죄의 피해자다." 일반 사람들이 들으면 이해가 되지 않는 말이라고 할 수 있는데, 저는 그 판사님이 왜 그런 말을 했는지 이해할 수 있었습니다. 그럼 이번에도 제가 현장에서 직접 경험한 사례를 회상하는 방식으로 진행해보겠습니다.

이윤호　　알겠습니다.

어느 누구도 자유로울 수 없는 보이스피싱 범죄의 함정

그런 법이 있는지도 모르고 범죄를 저질렀다고 해도,
법률의 무지는 용서받지 못한다.
|
법률에 관한 격언

CASE 3

보이스피싱 현금 수거책을 검거했다. 그는 피해자가 현금을 전달하는 현장에서 검거됐다. 그가 한 행동은 법적으로 용서받을 수 없는 범죄. 하지만 나는 젊은 그가 '왜' 그런 선택을 했는지가 궁금했다. 수갑을 차고 힘없이 앉아 있는 그의 옆에 앉아 조심스럽게 물었고, 그는 나의 질문에 솔직히(적어도 내 생각에는) 설명했다.

대학을 졸업하고, 군대도 다녀왔다. 학자금 대출도 남아 있는 상태에서 취업은 되지 않았다. 생활비를 마련하기 위해 구인광고를 보고 전화했다. 그곳에서는 면접도 필요 없고, 신분증과 통장 사본을 보내달라고 요구했다. 별생각 없이 필요한 서류로 생각해서 우편으로 보냈다. 다음날 집 앞으로 등기가 왔다. 명함이 들어 있었고, 업무가 적혀 있었다.

어느 장소에 가면 누가 기다리고 있을 것이고, 그에게 명함을 건네고 돈이 들어 있는 봉투를 받으면 된다. 그 봉투를 가지고 알려주는 장소로 이동해 기다리고 있는 사람에게 전달하면 된다는 것이다.

때론 자신의 통장에 입금된 돈을 다른 계좌로 이체하는 일도 했다. 어려운 일은 없었다. 수당도 괜찮았다. 15만 원에서 20만 원의 현금을 받았다. 하루에 잠깐 일하고 40만 원 이상 수당을 받은 적도 있었다. 어떤 날은 통장에 입금된 돈을 인출해, 주변에서 기다리고 있던 남성(여성)에게 전달한 적도 있었다. 자신이 하는 일이 '그렇게 좋은 일은 아니다'라는 생각은 들었지만, 선택의 여지는 없었다. 일은 단순했고, 수입은 괜찮았다. 자신에겐 돈이 필요했지만 일할 자리가 없었다.

현금 수거책 대부분은 짧은 시간 안에 검거된다. 어떤 젊은이는 일을 시작한 지 하루 만에 검거되는 일도 있었다. 그가 경솔하게 신분증과 통장 사본을 보내고 시작한 일은 자신이 생각한 것보다 매우 큰 범죄다. 하지만 그는 성인이고 스스로 자유의지를 가지고 선택한 행동에 대한 책임에서 벗어날 순 없다. 법률의 무지를 변명하고 싶겠지만 그건 변명이 되지 않는다. 스스로는 작은 실수라고 생각하고 싶겠지만, 그의 실수는 이제 그의 인생 전체에 영향을 미친다. 회복할 수 있는 길은 없고, 그는 나락으로 떨어진다.

보이스피싱 범죄 조직은 이런 방식으로 자신들의 리스크를 줄인다. 구인광고만 내고 아르바이트생을 모집하는 일은 어렵지 않다. 필요한 만큼 이용하고, 그가 붙잡히면 가위로 실을 끊듯이 끊어버리면 그만이다.

극단으로 몰린 평범한 젊은 남녀가 보이스피싱 범죄의 꼭두각시가 되어 자신들이 무슨 짓을 하는지도 모르고 범죄의 수렁에 빠지는 것을 보면서 나는 마음이 편치 않았다. (물론 변명의 여지가 없는 나쁜 사람도 있었다.) 하지만 보이스피싱 인출책과 수거책은 대부분 평범한 사람들이었다.

성실하게 학창 시절을 보내며 대학을 졸업했다. 남자인 경우 군대도 다녀왔다. 지금까지 살아오면서 범죄를 저지른 경력도 없다. 취업은 되지 않았고, 돈은 필요했다. 자신이 할 수 있는 일을 열심히 찾았지만 찾을 수 없었다. 힘든 일은 하고 싶지 않았다. 구인광고를 보고 전화했고, 시키는 일은 단순했다. 수당도 생각보다 짭짤했다. 1건, 2건, 3건 별다른 생각 없이 일하던 어느 날 경찰에 검거되고, 차가운 수갑을 차고 교도소로 직행한다. 그리고 자신이 사랑하는 가족을 철창을 앞에 두고 마주해야 하는 처지에 빠지고 만다.

스스로는 다른 사람의 단순한 심부름을 한 것뿐이라고 합리화하고 싶겠지만, 삶과 인생이 그렇게 만만하지는 않다. 온종일 뼈가 빠지게 일해도 10만 원 벌기가 쉬운 일이 아니라는 사실은 누구나 알고 있다. 봉투 하나 받아서 다른 사람에게 건네주고 15만 원, 20만 원의 수당을 받을 수 있는 일은 이 세상에 없다. 범죄 외에는.

박경배 교수님! 보이스피싱 현금 수거책 중 그가 한 범죄는 용서받을 수 없지만, 이렇게 안타까운 사정이 있는 경우도 많이 있습니다. 보이스피싱 조직을 소탕해서 이런 현금 수거책이 나오지 않도록 하는 것이 중요한데 주범은 검거하지 못하고, 결국 피라미(현금 수거책)만 잡아서 처벌을 받게 하는 결과가 반복되고 있습니다. 어떻게 해야 할까요?

이윤호 안타까운 일이군요! 제가 자주 표현하는 말이지만 가해자이면서 어떻게 보면 피해자가 될 수 있는 사람이 보이스피싱 범죄의 현금 수거책인 것 같습니다. 하지만 이 부분은 일단 냉정하게 판단할 필요도 있다고 생각합니다.

사실 현재 최저임금 시급이 1만 원이 안 되는 걸로 알고 있습니다. 그런데 서류 봉투 하나 전달하고, 15만 원이나 20만 원을 받는다는 것은 상식에 맞지 않는 일입니다. 한마디로 변명의 여지가 없다는 말입니다. 또한 우리 형법은 결과에 상응한 처벌을 하게되어 있는데 보이스피싱 범죄의 피해가 너무 크다 보니까, 비록 피해자에게 현금을 전달받기만 했다고 할지라도 피해 결과에 상응한 처벌을 받는 것은 불가피한 일이라고 생각합니다.

박경배 그래도 단순 현금 수거책이 보이스피싱 범죄로 실형을 선고받고 교도소까지 가는 것은 너무 가혹하다는 생각도 드는데요! 또한 더 큰 문제는 예를 들어 20대 젊은 남성 혹은 여성이 현금 수거책 일을 하면서 1억 원 가까운 현금을 피해자에게 전달받아 보이스피싱 조직에 넘겨줬다고 했을 때, 이 피해액에 대한 합의나 피해보상은 현금 수거책 가족이 짊어져야 하는 일도 있습니다. 피해보상을 하지 못하면 실형을 살아야 합니다. 그렇다 보니 젊은이의 가족들은 자식을 대학까지 보내 공부를 시켰는데 그것도 모자라 자식의 잘못된 행동에 대한 대가로 교도소에 가는 것을 막기 위해 집을 담보로 잡아 피해를 보상해주는 경우가 있습니다. 한 마디로 피해의 악순환이 반복되는 것입니다. 정작 그 범죄로 인해 생긴 이익은 돈세탁이 돼 중국이나 외국으로 빠져나가지요.

이윤호 그렇군요! 과거에도 대학생들이 한창 다단계에 빠져서 사회적으로 큰 문제가 된 적이 있습니다. 지금도 가끔 발생하지만 마약 운반책이 되어 돌이킬 수 없는 범죄의 늪에 빠지는 경우도 있었습니다. 우리는 일단 과거에 있었던 이런 일들을 한번 돌아볼 필요가 있을 것 같습니다. 과거에도 젊은이들이 자신의 실수로 범죄의 늪에 빠지는 그런 일이 있었는데, 지금은 돈을 벌기 위해 다단계나 마약을 운반하는 젊은이는 거의 없는 것 같습니다.

그럼 '왜 없어졌냐?' 그런 일들이 자칫하면 범죄가 될 수 있고, 마약 운반의 경우 공짜로 여행 한 번 가려다가 우리나라도 아니고, 외국의 교도소에서 평생 수형 생활을 할 수 있다는 사실이 언론을 통해 알게 되고, 교육이니 홍보를 통해 절대 해서는 안 되는 일이라는 걸 이제는 누구나 알고 있습니다. 그렇듯이 젊은이들이 현금 수거책이라는 범죄의 유혹에 잘못 빠지면 어떻게 된다는 것을 적극적으로 알리고, 일찍부터 범죄 예방에 관한 교육을 하는 것이 중요하다고 봅니다.

교육 문제는 말하고 싶지 않지만, 우리 교육에는 정작 중요한 게 너무 많이 빠져 있습니다. 중고등학교 때부터 이런 범죄 예방 교육을 적극적으로 실시해서 나 자신의 인생만 망치는 게 아니라 부모와 가족 모두의 인생이 한순간에 붕괴할 수 있다는 심각성을 제대로 교육한다면 이런 일도 앞으로는 예방할 수 있지 않을까 생각됩니다. 물론 쉽지는 않겠지만 말입니다.

보이스피싱 범죄와 관련해 웃지 못할 사건도 있었다. 서울 홍대 거리에서 여중생 한 명이 납치됐다가 풀려났다. 여중생 A 양은 현금 수천만 원을 빼앗겼다고 진술했는데 알고 보니 그녀는 보이스피싱 인출책이었다. 그 여중생은 피해자들로부터 받은 돈을 보이스피싱 조직에 전달하지 않고, 본인이 직접 현금을 사용하던 중 납치됐던 것이었고 풀려나자마자 경찰에 피해 신고를 했다. 신고 내용은 '불상의 남성들에게 납치됐다 풀려났으며, 그들에게 수천만 원을 빼앗겼다'라는 신고였다. 현금 인출책인 여중생은 마치 자신의 돈을 빼앗긴 것처럼 경찰의 도움을 요청했다.

박경배 교수님! 그런 면에서 언론이나 방송의 역할도 중요할 것 같은데요?

이윤호　　좋은 지적입니다. 적절한 예가 될지는 모르겠지만 영화로도 제작된 '조디악 연쇄살인사건'은 미국의 대표적인 미제 사건입니다. 「조디악」이라는 영화를 보면 경찰과 언론의 관계가 어때야 하는지를 잘 보여주고 있습니다.

영화를 보면 언론인의 집념으로 유력 용의자를 확인하는 장면이 나옵니다. 하지만 경찰이 자기만의 독자적인 수사를 고집했다면 불가능했을 것입니다. 조디악 사건은 언론과의 정보 교류와 협력이 있었기에 용의자 추적이 가능했던 것이지요. 그렇듯이 보이스피싱 문제도 경찰과 언론이 상호 협조를 하면서 정보를 공유하는 것이 중요하다고 봅니다.

박경배　　구체적으로 경찰과 언론이 어떻게 서로 협조를 할 수 있을까요? 경찰과 언론은 긴장 관계를 유지하고 있다는 생각이 드는데….

이윤호　　예를 들어 경찰이 금융감독원, 은행, 통신사 등을 상대로 보이스피싱 범죄 하나만 가지고 쫓아다니면서 이런저런 협조를 구하는 일은 쉽지 않을 겁니다. 하지만 언론은 경찰보다 그런 기관에 접근하기가 더 쉽고, 취재 과정에서 얻은 좋은 정보와 아이디어를 경찰과 공유한다면 생각보다 큰 시너지를 발휘할 수도 있다고 생각합니다. 다른 범죄는 몰라도 보이스피싱과 관련해선 언론이나 방송이 경찰을 도와줄 수 있는 일이 많다고 생각합니다. 다시 말하지만, 현대사회의 범죄는 경찰 혼자서 예방할 수 있는 게 아무것도 없습니다. 앞으로 경찰은 지역사회와의 관계, 시민과의 관계, 언론과의 관계 등 입체적인 방식으로 범죄 예방을 위한 대책을 마련해야 할 필요성이 있다고 봅니다.

나 또한 언론에 대해서는 회의적인 생각이 많았지만, 범죄학자의 말을 듣고 보니 적어도 보이스피싱 문제에 있어서는 금융당국과 은행, 통신사, 언론(방송)의 도움도 절실히 필요하다는 생각이 들었다.

박경배 교수님! 오늘은 우리 사회의 가장 심각하고, (코로나-19보다 더) 무서운 범죄이지만, 이에 대한 일반 시민의 관심은 의외로 적은 보이스피싱 범죄에 관한 이야기를 나눠봤습니다. 끝으로 정리해서 한 말씀해주시기를 바랍니다.

이윤호 저는 우리 방송이 너무 센세이셔널Sensational한 내용에 치우치는 경향이 있다고 봅니다. (특히 요즘은 더) 하지만 미국에는 크라임 독Crime Dog, 크라임 스토퍼스Crime Stoppers 등 범죄 예방에 관한 많은 공익 방송이 있습니다. 이런 방송은 시민들에게 범죄에 대한 경각심을 심어주고, 예방에도 크게 기여하고 있습니다. 그런 식으로 우리 방송도 보이스피싱 같은 심각한 범죄, 오랫동안 근절되지 않고 계속 증가하는 이런 범죄에 대한 예방과 홍보에 지금부터라도 관심을 가져야 한다고 봅니다.

코로나 팬데믹 기간에 정부와 시민, 언론과 방송이 함께 노력하면 어떠한 위기도 극복할 수 있다는 것을 우리는 많은 경험을 통해 깨달았습니다. 그렇듯이 보이스피싱 범죄도 이제는 '나하고는 관계없어'가 아니라 '나와 내 가족도 어떤 식으로든 피해의 당사자가 될 수 있다'라는 공감대를 형성하는 것이 중요한데, 그 역할을 언론이나 방송이 나서서 해줄 때가 된 것 같습니다.

한 가지 더 얘기하자면 특별법에 관한 문제입니다. 사람들에게 경종을 울리기 쉽기 때문에 이름을 붙여서 특별법을 만드는 경우가 많은데, 잘 활용하면 좋은 점도 많습니다. 예를 들어 미국의 메건법Megan's law, 미국의 성범죄자 신상 공개제도이나 앰버 경고Amber Alert, 납치나 실종된 어린이의 인상착의 등 관련 정보를 매체, 전광판 등에 공개해 신고와 제보를 독려하는 시스템가 좋은 예라고 할 수 있습니다.

이처럼, 사회적으로 심각한 보이스피싱 범죄에 대해선 미국의 이런 제도를 도입하는 것도 나쁘지 않다고 생각합니다. 그러기 위해선 사회적 인식의 공감대가 형성되어야 하고, 그 공감대를 바탕으로 절차적 정당성을 확보할 수 있는 특별법을 제정하는 것입니다. 어떤 법이든 새로운 법은 불편할 수밖에 없습니다. 하지만 장기적으로 그 법으로 인해 우리 국민의 생명과 재산을 보호할 수 있다면 작은 불편은 충분히 감수할 수 있다고 봅니다. 그래서 저는 기존 법률로도 충분한 범죄는 굳이 특별법을 만들 필요가 없다고 보지만, 보이스피싱처럼 오랜 기간 피해자와 피해액이 증가하고 있는 이런 범죄는 사회 경제적인 손실이 너무 크다고 생각합니다. 그렇다고 하면 이런 심각한 범죄를 예방하기 위한 특별법다운 특별법을 만드는 일에 사회적인 인식의 공감대가 형성돼야 하지 않을까 생각해봅니다. 그런 절차적 정당성이 확보된다면 은행이나 경찰도 좀더 적극적으로 보이스피싱 범죄 예방에 노력할 수 있는 길이 열릴 것이고, 그 혜택은 보이스피싱의 잠재적 피해자인 우리 국민이 미래에 그런 위험한 상황에 놓였을 때, 은행과 경찰의 도움을 받아 사전에 피해가 예방되는 결과로 돌아올 수 있다고 생각합니다. 오늘도 수고 많았습니다.

2020년 1월 20일 취업준비생 20대 A 씨는 서울중앙지검 김민수 검사라는 보이스피싱 사기범의 전화를 받고, 지방에서 서울까지 올라와 현금 420만 원을 편취당한 사건이 있었다. A 씨는 이 일로 신변을 비관하다 끝내 극단적 선택을 했다.

2022년 4월 5일 부산에서 40대 남성이 승용차 안에서 사망한 채 발견되는 사건이 있었다. 그는 기존 대출보다 저렴한 대환대출을 해주겠다는 보이스피싱 조직원의 전화를 받고, 사흘에 걸쳐 1억 6,000만 원의 현금을 수거책에게 전달했다. 그는 자신이 '보이스피싱 범죄'에 당했다는 사실을 알고 나서 승용차 안에서 극단적 선택을 했고…. 경찰은 이 사건과 관련해 현금 수거책인 30대 여성 등 2명을 검거해서 구속했다고 발표했다.

2022년 4월 6일 오후에는 배우를 꿈꾸던 20대 B 씨가 극단적 선택으로 생을 마감했다. 그는 전날 편의점에서 아르바이트하다가 보이스피싱 전화를 받았고, 상품권의 핀 번호를 보이스피싱 조직에 전송했으며, 피해액은 200만 원이었다. 이는 편의점 아르바이트생을 표적으로 하는 신종 보이스피싱 수법이다.

2020년 보이스피싱 범죄는 3만 1,681건(피해액은 7,000억 원)이 발생했다. 취업준비생이었던 A 씨의 경우는 3만 1,681건 중 1건의 피해였으며, 피해액은 420만 원이었다.

2019년부터 2021년까지 3년간 보이스피싱 범죄는 10만 330건이 발생했고, 피해액은 2조 1,142억 원이었다. 피해액 2조 1,142억 원의 손해를 입은 피해자들에게는 얼마나 가슴 아픈 사연이 있을지 생각하자 더는 떠올리기가 힘들어졌다.

보이스피싱 범죄는, 피해를 당한 사람의 인생도 지옥의 나락으로 떨어지고, 그와 관계된 사람들의 삶까지도 연쇄적으로 붕괴하는 경우가 많았다. 피해자는 보통 피해액의 50% 정도를 친구나 지인들에게 급히 빌리는 경우가 많았다.

현금 수거책의 문제도 앞에서 다뤘지만, 보이스피싱으로 인한 범죄의 피해는 열거하기가 힘들 정도다. 이런 범죄가 2006년부터 시작해서 현재까지 17년 이상 우리 사회를 무차별 공격하고 있는데도 이에 대해 정부와 금융기관, 언론이나 방송, 통신사와 일반 시민까지 이렇게 무관심할 수 있다는 게 신기하다는 생각이 들었다.

'아들이 보이스피싱 피해를 당한 것 같다'라는 신고를 접수하고 현장으로 출동했다. 신고자는 피해당한 아들의 엄마였다. 엄마는 이렇게 진술했다.

"아들이 오늘 쉬는 날인데 '검사'라고 말하는 사람의 전화를 받았어요. 그때부터 애가 정신을 차리지 못했어요. 내가 옆에서 봐도 이해가 안 되서 '보이스피싱 전화 같으니까 끊고 경찰에 신고하자'라고 말했는데도 듣지 않았어요. 아들은 '아니야! 지금 검사님이 내 계좌가 범죄에 연루됐다고 연락을 주신 거야'라고 말하면서 내 말을 듣지 않았어요."

엄마의 진술에 의하면, 전화 통화 중 아들이 갑자기 방에서 짐을 챙겨 밖으로 나갔다고 한다. 어떻게 말릴 수 있는 상황이 아니었다고 했다. 그렇게 나간 아들은, 자신이 그동안 회사를 다니며 저축한 돈 3,500만 원과 급하게 대출받은 3,000만 원을 포함하여 총 6,500만 원의 현금을 보이스피싱 현금 수거책에게 전달하고 집으로 돌아왔다. 아들은 집에 돌아온 후에야 자신이 보이스피싱 범죄에 당한 것을 알아차렸다는 내용이었다.

엄마는 자신의 아들에 대해 "대학을 졸업하고 군대 갔다 와서, 회사에 취업해 4년 정도 회사 생활을 한 평범한 직장인이었어요. 그런 전화에 속을 정도로 어리석은 애가 아니었어요"라고 말했다.

신고자인 엄마는 돈을 되찾는 것이 불가능하다는 사실을 잘 알고 있었다. 그래도 신고를 한 것은 너무 큰돈이라 돈도 걱정이지만 넋이 빠진 아들을 바라보며 혹시라도 극단적 선택이라도 하면 어떻게 할지 그게 더 걱정되서 신고한 것이라고 설명했다.

나는 현장에서 보이스피싱 피해를 당한 젊은 남성과 그의 엄마에게 경찰인 내가 무엇을 어떻게 도와줘야 할지 아무것도 생각나지 않았다. 이런 보이스피싱 범죄는 강원도에서 제주도까지 매일 단 하루도 빠짐없이, 전국에 걸쳐 발생하고 있었다. 지금도, 작년에도, 재작년에도 재재작년에도… 계속해서, 계속해서, 끊임없이, 끊임없이 발생하고 있었으며, 피해자(10대에서 80대까지)와 피해액도 계속해서 증가하고 있었다.

코로나-19는 숨쉴 틈도 주지 않고 우리 사회를 공격하고 있었고, 그 와중에 보이스피싱 범죄 조직도 코로나-19와 함께 우리 사회를 쉬지 않고 공격하고 있었다. 이것이 2022년 4월 현재(오늘)의 우리 사회 모습이다.

범죄학자의 연구실과 박진숙 화백의 그림들

코로나 팬데믹
30개월의 기록 Ⅱ

2022년 5월 11일 ~
2022년 8월 18일 까지의
대담일지

CHAPTER 2

경찰의 마음건강

2022년 5월 11일 수요일 14:00_ 범죄학자 연구실
경찰과 범죄학자의 여섯 번째 만남

혼돈이 주는 고통은
가끔 극단적인 선택을 강요하기도

사람은 누구나 한번은 죽지만
어떤 죽음은 태산보다 크고 무거우며,
어떤 죽음은 깃털이나 먼지보다 가볍다.
죽음을 지향하는 방향이 다르기 때문이다.
|
사마천, 『보임안서』 중에서

CASE 1

2022년 2월 젊은 동료와 함께 점심으로 부대찌개를 먹었다. 젊은 동료는 맛있는 점심을 사줬으니 커피는 자신이 사겠다고 했다. 날씨는 좋았고, 배도 부르고, 아이스커피는 시원했다. 지구대로 복귀하기 직전에 태블릿에 신고가 떨어졌다. '세입자가 3개월째 연락이 되고 있지 않다. 열쇠업자를 불렀으니 경찰이 함께 출동해서 확인해달라'는 신고였다. 순간 아이스커피를 조금 빨아들여 목으로 넘겼을 때, 커피는 매우 차가운 느낌이었다.

오피스텔 입구에는 열쇠업자가 먼저 와서 기다리고 있었다. 열쇠업자는 나의 사인을 기다리고 있었고, 나는 허락했다. 열쇠업자는 기술자답게 문짝에 아무 손상을 주지 않고 간단하게 현관문을 열었다. 그는 궁금증을 참지 못하고 문을 열자마자 현관문 안으로 얼굴을 들이밀다가 깜짝 놀라며 뒤로 물러섰다.

나는 젊은 동료와 함께 현관문을 열고 안으로 들어갔다. 원룸 바닥에는 미라가 된 채 한 남성이 죽어 있었다. TV에서는 동계올림픽 경기 방송이 나오고 있었지만, 죽어 있는 남성은 다시는 방송을 볼 수도, 들을 수도 없는 상태였다. 젊은 동료는 형사과와 감식반에 연락하겠다고 말하며 밖으로 나갔다.

죽은 지 3개월 이상 돼 보이는 시체를 조용히 내려다봤다. 그의 얼굴은 불에 탄 것처럼 시커먼 모습이었다. 그가 언제까지 살아 숨쉬고 있었는지는 모르겠지만, 지금의 모습은 그가 전에 인간이었다는 사실이 믿겨지지 않을 정도였다. 시체 옆에는 구더기나 파리 한 마리도 보이지 않았다. 냄새도 나지 않았다. 현장에서 유일하게 확인된 생활 반응은 TV 소리뿐이었다.

젊은 동료는 형사과 직원들이 지금 점심을 먹고 있다고…, 조금 늦는다고 내게 말했다. 집주인과 열쇠업자도 이런 일에 익숙한 모습이었다. 집주인은 현관문과 전자키가 아무런 손상 없이 문이 열린 것에 만족한 듯했고, 시체는 언제쯤 치울 수 있는지 물었다. 열쇠업자는 요즘 이런 집이 많다고 말하며, 자신은 이제 가도 되는지 내게 허락을 구했다. 나는 문을 여는 것을 허락한 것처럼, 그가 현장에서 떠나는 것을 허락했다.

변사체가 발견된 옆집에서 문이 열렸다. 아주머니 한 분이 개를 끌어안고 나오셨다. 내게 무슨 일이 있는지 물었지만 알려주지 않았다. 아주머니는 옆집에 사는 사람이 누군지는 모르겠지만, TV를 얼마나 좋아하는지 온종일 켜놓고 생활해서 자신이 조금 불편했다고 말했다. 그 순간에도 거실에서는 동계올림픽 방송이 계속 나오고 있었으며, 아나운서의 목소리는 오피스텔 입구에서도 작지만 선명하게 들렸다. 이제 아주머니는 더는 옆집의 TV 소리 때문에 불편하지는 않을 것이다.

한참 후, 젊은 형사 두 명이 미안한 표정을 지으며 현장에 도착했다. 그들은 점심 식사 중이어서 바로 올 수 없었다고 말하며, 내게 양해를 구하는 모습이었다. 그들은 누워 있는 시체를 한번 보고, "고독사네요!"라고 말하며, 이제 나머지 일들은 자신들이 알아서 할 테니 철수하셔도 된다고 예의 있게 말했다. 나와 젊은 동료는 현장에서 철수해 지구대로 복귀했고, 나는 바로 이를 닦았다.

오랜만에 범죄학자의 연구실을 방문했다. 잠시 휴식 시간이 있었고, 인터뷰는 거의 한 달 만에 다시 시작했다. 하지만 범죄학자의 연구실은 처음과 달리 그렇게 긴장되거나 낯설지 않았다. 초심을 잃지 않겠다는 마음으로 문을 열고 들어갔다. 범죄학자와 사모님은 변함없이 나를 맞아줬다. 우리는 항상 그렇듯 별다른 인사말 없이 바로 인터뷰에 들어갔고, 사모님은 날씨에 맞게 시원한 음료수를 조용히 놓아두고 자신의 작업실로 들어갔다.

박경배　　교수님! 오늘은 맑고 청정한데 '자살'이라는 어두운 주제를 가지고 이야기하는 것이 그렇게 유쾌한 일은 아니라고 생각합니다. 하지만 교수님과 제가 이야기하는 이 시간에도 두 명 가까운 사람이 자살하는 게 우리 사회 현실입니다. 일단 통계를 한번 살펴보겠습니다.

이윤호　　그렇게 하시죠!

박경배　　2019년 자살 사망자 수는 1만 3,799명입니다. 전년 대비 129명(0.9%)이 증가했고, 1일 평균 자살 사망자 수는 37.8명입니다. 인구 10만 명당 26.9명입니다. 2020년 자살사망자 수는 1만 3,195명입니다. 1일 평균 사살사망자 수는 36.1명입니다. 인구 10만 명당 24.6명입니다. 2019년 OECD 국가 평균 자살률 통계를 보면 인구 10만 명당 11.0명입니다.

한국은 OECD 회원국 중 17년째 자살률 1위 국가이며, 인구 10만 명당 자살률은 OECD 평균보다 2배 이상 높습니다. 또한 자살하는 나이도 10대에서 70대까지 전 연령이 자살의 위험에 노출돼 있는 것이 현실입니다. 이렇게 오랫동안 자살이 증가하는 원인을 범죄학자인 교수님께서는 어떻게 생각하는지 의견을 듣고 싶습니다.

이윤호 어려운 질문입니다. 일단 이론적으로 먼저 설명한다면, 프랑스의 사회학자 뒤르켐Emile Durkheim이 주장한 '아노미 현상'을 들 수 있을 것 같습니다. '아노미 현상'이란 무규범 상태를 말하고, 그런 무규범 상태에서 범죄나 자살이 가장 높았다고 말하고 있습니다. 그런 측면에서 보자면 지금 우리 사회는 전통적인 규범이 붕괴하고 있는데 새로운 가치관은 아직 정립되지 않고 있는 것으로 보입니다. 가치관의 혼란과 그로 인한 일탈 행동이 개인에게는 자살이라는 극단적 선택으로 나타나고 있는 게 아닌가 생각됩니다.

또한 제가 앞에서도 언급했지만 앞으로 정신질환 문제로 인해 발생하는 범죄는 점점 증가할 것으로 보입니다. 자살도 마찬가지입니다. 현재 우리나라 자살 원인 중 정신과적 문제가 가장 크며, 두 번째가 경제적 문제인 것으로 알고 있습니다.

범죄학자는 짧게 대답했지만 아직 끝나지 않은 것 같았다. 나는 질문을 하지 않고 조용히 기다렸다.

이윤호　… 이건 제 개인적인 생각입니다만, 우리 사회는 외형적으로 선진국에 접어들었다고 하지만 개인 삶의 질이나 국가의 사회복지 시스템은 선진국 문턱을 넘지 못한 것으로 보입니다. 선진국의 경우는 사회적인 갈등의 문제나 우울증 등 정신건강의 문제와 관련해서도 사회가 자정 능력을 가지고 있습니다. 하지만 우리 사회는 아직 그런 자정 능력이 부족하다고 생각합니다. 예를 들어 한국은 세계에서 갈등이 가장 심한 나라입니다. 세계에서 고소나 고발이 가장 많은 나라가 한국입니다. 이 말은 우리 사회가 갈등의 문제를 스스로 해결할 능력이 없다는 증거입니다. 사회에 그런 건전한 자정 능력이 없으면 상황은 극단으로 치달을 수밖에 없습니다.

우울증이나 정신건강의 문제도 마찬가지입니다. 똑같은 우울증에 걸려도 선진국과 비교해서 자살률이 더 높은 이유는 무엇이라고 생각합니까? 사실 우울증 같은 건 마음의 감기일 뿐입니다. 치료받으면 얼마든지 완치되고 문제가 해결될 수 있습니다. 하지만 우리 사회는, 정신건강에 대한 매우 잘못된 편견과 선입견을 가지고 있습니다. 한마디로 우울증이나 정신과 치료를 받으면, 미친 사람 취급을 받기 때문에 극도로 치료를 피하는 경향이 있습니다. 결혼이나 취업은 말할 것도 없습니다. 이렇게 되면 결국 상황은 극단으로 치닫고, 그것이 자살률이 증가하는 원인으로 나타나는 게 아닌가 조심스럽게 생각하고 있습니다.

박경배 교수님, 그렇다면 우울증이 범죄와도 관련이 있을 수 있을까요?

이윤호 글쎄요…. 우울증과 범죄의 관계를 설정하는 데도 어려움은 있습니다. 범죄자가 우울했기 때문에 범행했을 수도 있으며, 범죄자가 범행 후에 죄책감으로 인하여 우울해졌을 수도 있습니다. 한마디로 범죄자가 범행시 우울했을 수도 있지만 그렇다고 우울증이 범죄 유발의 원인인시는 아직 알 수 없습니다.

범죄학자는 쉽게 설명하려고 신경쓰는 모습이었지만, 설명이 복잡해지는 느낌이 들었다. 이쯤하고 화제를 바꿔야겠다고 생각했다.

박경배 교수님께서는 범죄학을 평생 연구해오신 걸로 알고 있습니다. 질문을 한정해서 드려보겠습니다. 그렇다면 자살은 범죄인가요? 아닌가요?

이윤호 답변하기 정말 어려운 질문을 하는군요! 박 경위도 잘 알겠지만 범죄가 될 수도 있고, 안 될 수도 있습니다. 하지만 저는

'범죄'라고 생각합니다.

박경배 자살이 범죄라고 법에 나와 있지도 않은데 범죄라고 할수 있을까요?

이윤호 (진지한 표정으로) 그렇습니다. 그건 저도 알고 있습니다. 더 확실하게 자살을 방조하는 것은 범죄입니다. 사례를 가지고 한번 이야기해보겠습니다. 우리는 흔히 동반자살이라는 말을 사용하는데 자살하기 전에 자신의 아이들이나 가족을 살해하고 자살하는 경우가 있습니다. 혹은 동의하에 함께 자살하는 경우도 요즘은 많이 발생하고 있는 것 같습니다. 저는 '상대방을 먼저 죽인 후 자살하는 방식'에 대해선 범죄라고 생각합니다.

부모들이 그런 경우가 많은데 자식은 부모의 소유물이 아닙니다. 자신의 인생이 실패했다고, 아이들의 미래까지 실패하는 경우는 없다고 생각합니다. 그런데도 남은 가족을 위한다는 명목으로 무책임하게 살해한 후 자신들이 자살하는 사건이 자주 발생하는데 저는 이런 사건을 당연히 범죄로 취급해야 한다고 생각합니다. 제 생각에 아이들은 죽고 싶은 마음이 조금도 없었을 겁니다. 또한 이런 경우에 동반자살이라는 말을 사용해서도 안 됩니다. 가족을 살해한 후 자살한 것이지 그게 어떻게 동반자살이라고 할수 있겠습니까?

범죄학자는 부모가 자녀를 살해한 후 자살하는 문제에 대해 매우 비판적인 시각을 가지고 있는 듯 보였다.

박경배 그렇다면 교수님! 부모들의 그런 극단적인 선택 방식도 우울증과 관련이 있을 수 있을까요?

이윤호 물론입니다. 살인한 후 자살한 살인범의 대다수가 범행 당시 우울했다는 연구 결과도 있습니다. 또한 우울증은 가족이나 친척을 대상으로 행해지는 폭력 범죄와도 관련이 있는 것으로 나와 있습니다. 그렇게 본다면 우울증은 심각한 질병으로 숨기지 말고 치료를 받는 것이 중요하다고 생각합니다.

범죄학자가 동반자살과 우울증으로 인한 범죄와 관련해 목소리 높여 이야기할 때 머릿속에서 한 가지 사건이 떠올랐다. 이 사건은 2017년 일본 가나가와 현에서 발생했다. 시라이시 다카히로(남 30세)는 2017년 8월부터 9월까지 2개월 동안 사회관계망서비스(SNS) 중 트위터에 함께 자살하자는 메시지를 보내 이에 동조하는 15세에서 26세 사이의 남녀 아홉 명을 자신의 집으로 유인했다. 그리고 그는 그들을 강간하고, 돈을 빼앗고, 마지막에는 살해했으며, 시신은 토막 내어 아이스박스에 담아두었다.

시라이시 다카히로는 2021년 1월 사형이 확정되었다. 그는 자신의 혐의를 인정했으나 마지막까지 피해자나 유족들에게 사과하거나 자신의 범죄에 대해 반성하는 모습을 보이지 않았다. 내가 알기론 이 범죄 행각은 21세기에 일어난 매우 잔혹한 연쇄살인 사건이다. 특이한 점은 시라이시 다카히로가 연쇄살인의 수단으로 이용한 것이 '사회관계망서비스'였다는 사실이다.

이 사건으로 인해 트위터 일본법인에서는 운영 규칙에 새로운 조항(자살이나 자해를 암시하는 게시물을 홍보 선동하는 것이 금지)을 추가했다.

박경배　그렇다면 교수님은 스스로 목숨을 끊는 행위에 대해 이유 여하를 막론하고 해서는 안 될 행동이라고 생각하시나요?

이윤호　그렇습니다. 저는 '자살'이라는 행위에 대해선 반대하는 입장입니다. 삶은 신이 준 선물이라고 생각합니다. 또 태어나면 살아야 할 의무가 있는 것이지 죽고 싶다고 마음대로 죽어서는 안 된다고 생각합니다.

법률적인 문제를 떠나서 자살이라는 것 자체가 부도덕하고 비윤리적인 행위라는 것은, 어느 사회나 공통으로 가지고 있는 관념이라고 생각합니다. 그런 의미에서 저는 '자살'이라는 행위가 결코 옳은 행동이라고 생각하지 않습니다. 그렇지 않은가요?

범죄학자는 확신에 찬 목소리로 말했지만, 나는 그의 말에 동의할 수 없었다.

박경배 저는 그렇지 않다고 생각합니다. 삶은 자신의 선택과 무관하게 주어졌지만, 제가 이런 인생을 신에게 선물해달라고 부탁한 것도 아니고 그 삶을 끝내는 방식은 자신이 선택할 수 있다고 생각합니다. 단, 조건은 있습니다. 그 죽음이 범죄와 관련돼서는 안 되고, 무엇보다 다른 사람에게 피해를 주는, 그런 추한 수단이나 방법으로 스스로 목숨을 끊는 행위는 옳지 않다고 생각합니다.

이윤호 그렇군요. 사실 이 문제는 가치관의 문제이니 누구 생각이 옳다거나 그르다고 말하기는 어려울 것 같습니다. 박 경위가 말하는 죽음이 범죄와 관련된다는 것은 어떤 것을 말하는지 궁금하군요?

박경배 예를 들어 자신의 인생이 더는 희망이 보이지 않고, 자살 이외에 다른 선택의 여지가 없는 사람이 있다고 가정했을 때, 그 사람이 남은 가족을 위한다는 명목으로 생명보험에 가입하고 교통사고를 가장한 자살을 시도한다고 하면, (혹은 그런 목적으로 누군가를 살해한다면) 저는 그런 행동은 범죄라고 생각합니다.

본인의 의도는 좋을지 몰라도, 사고 운전자 처지에서 생각하면 자신의 차량으로 한 사람의 생명을 빼앗았다는 죄책감을 가지고 평생 살아가야 하는데, 그게 자신의 잘못이 아닌 누군가 의도한 결과라고 한다면 그런 행동은 너무 무책임한 행동이 될 수 있다고 생각합니다. 자신의 생명을 마감하는 것은 본인의 자유지만, 그 수단이나 방법도 중요하다고 생각합니다.

이윤호 무슨 말인지 알 것 같습니다.

범죄학자는 우리가 흔히 생각하는 '자살'이라는 문제 자체에 대해서는 부정적인 모습을 보였다. 하지만 범죄학자도 자신의 존엄을 지키기 위한 죽음, 즉 안락사나 불필요한 연명치료를 거부하는 방법으로 생을 마감하는 것에 대해서는 존중하는 태도를 분명히 밝혔다.

평생을 범죄학을 연구한 그가 세상은 충분히 살 만한 가치가 있다는 무한 긍정의 생각을 가지고 있는 모습이 내게는 조금 어색해 보였지만, (당연히) 내가 관여할 수 있는 부분은 아니라고 생각했다. 어쨌든 나는 범죄학자와는 다른 생각을 하고 있었다.

박경배 교수님! 자살 문제는 굉장히 심각하고 사회적인 손실도 크다고 할 수 있는데, 의외로 사람들은 이에 대해 무관심한 것으로 보입니다.

이윤호　　그건 어쩔 수 없습니다. 우리가 앞에서 '보이스피싱' 문제를 다뤘는데 그것과 같이 생각해볼 필요가 있습니다. 보이스피싱 피해가 심각한 건 사실이지만 대부분의 사람들은 자신과 엮이지 않는다면 자신과 관계없는 일이라고 생각합니다. 자살 문제도 마찬가지입니다. 자살이 심각한 사회문제이긴 하지만 사람들은 자신과는 관계없는 일이라고 생각합니다. 자신이 그런 상황에 빠지지 않았기 때문이지요. 하지만 교통사고로 사망자가 발생했다는 뉴스를 보면 사람들은 그렇게 생각하지 않습니다. 그런 뉴스를 보면 '아! 나도 재수 없으면 저런 피해를 당할 수 있겠구나'라는 생각을 가집니다. 그렇기에 사건이나 사고, 범죄에 대한 인식의 차이가 있을 수밖에 없습니다.

　　범죄학자의 설명은 공감이 되는 말이었다. 2020년 자살 사망자 수는 1만 3,195명이었다. 2021년 보이스피싱 피해는 3만 982건(피해액 7,744억 원)이 발생했다. 또한 이런 보이스피싱 피해로 인해 얼마나 많은 사람이 자살이라는 극단적 선택을 했는지는 아무도 모른다. 그렇지만 이런 피해 통계에 관심을 가지는 사람은 아무도 없는 것 같았다.

　　2022년 5월 경기 안성의 터널 인에서 교통사고가 발생해 부부가 사망하는 안타까운 사고가 있었다. 사고 영상을 보면 부부가 탄 차량은 아무 잘못도 하지 않았다. 사고는 언론과 방송을 통해 끊임없이 보도됐다. 나 또한 뉴스와 영상을 봤지만 자살이나 보이스피싱 뉴스보다는 교통사고가 더 위험하다는 생각이 들었다. 내가 자살이나 보이스피싱 피해의 당사자가 될 수 있다는 생각은 들지 않았지만, 교통사고의 피해자가 될 수는 있겠다는 생각이 (무심코) 들었다.

'우리 대(對) 그들'이 아니라
그저 우리로서 이해할 수 있기를

비웃지 말라,
한탄하지 말라,
미워하지 말라,
오직 이해하라.

스피노자

CASE 2

코로나-19가 한창 기승을 부리던 어느 날 아침 지구대에 119구급대 공조 건이 접수됐다. 공원 안에서 사람이 자살했다는 신고였고, 신고자는 목격자였다. 현장에 도착했을 때, (보통 이런 경우가 거의 없는데) 벌써 119구급대가 자살한 사람을 병원으로 이송한 상태였다. 목격자이자 신고인인 할머니에게 신고 경위를 물었다. 할머니는 떨리는 목소리로 두서없이 이렇게 말했다.

"아침을 먹고 운동하기 위해 집을 나왔어요. 공원 안에는 걷기 좋은 트랙이 있어서 자주 이용하는 장소예요. 운동기구와 배드민턴을 할 수 있는 장소도 있어서…, 트랙을 2바퀴 정도 돌고 잠시 의자에 앉아 쉬고 있었어요. 그런데 어떤 아주머니 한 명이 자신에게 다가와 공원 위에 있는 경사로 숲을 가리키며 누가 서 있는 것 같다고…, 이상하다고 말하면서 급히 공원을 떠났어요. 아주머니가 가리키는 곳을 바라보니, 사람이 나무에 목을 매고 매달려 있는 모습이 보였어요. 하지만 공원 안에서 운동하던 사람들은 하나둘 어디론가 사라지더니 저 혼자만 남았더라고요."

그러면서 할머니는 자신이 나이가 많아 휴대전화는 받을 줄만 알았지 거는 방법은 몰라서 신고를 어떻게 해야 할지 알 수 없었다고 했다. 그래서 출근하는 것으로 보이는 젊은 여성을 붙잡고 사정을 이야기한 후, 경찰이든 119든 신고를 해달라고 부탁했다는 것이다. 젊은 여성은 할머니의 휴대전화로 119에 신고했고 바로 구급차가 와서 나무에 매달려 있던 할머니를 내려서 병원으로 데려갔다고 말했다. 신고자인 할머니는 목을 매고 자살한 할머니와는 친하진 않았지만 그래도 오다가다 얼굴은 알고 있는 사이라고 설명했다. 서울에서 내려온 지 얼마 되지 않아서 이곳에 적응하는 것이 많이 힘들어 보였다고, 진술했다.

나는 걸어서 현장으로 올라갔다. 할머니가 자살한 장소는 공원 위에 있는 산책로였다. 울타리가 쳐져 있어서 넘어가기도 싶지 않았고, 젊은 사람이 중심을 잡기도 힘든 45도 경사로의 중간에 있는 나무에, 할머니는 플라스틱 의자를 놓아 그것을 밟고 올라가 목을 매는 방법으로 자살을 시도했다. 나는 울타리를 넘어 나무가 있는 곳으로 가보았다. 그곳에서는 공원 안이 전부 눈에 들어왔다. 트랙을 구분 짓는 흰색 실선과 운동기구, 의자에 앉아 있는 신고자인 할머니까지 공원 전체가 매우 선명하게, 그리고 한눈에 들어왔다.

이후 최초 현장에 출동한 119구급대원에게도 사고 경위를 확인했지만 범죄가 의심되는 점은 없었다고 했다. 나무에 매달려 있는 할머니를 내려서 심폐소생술을 실시하며 가장 가까운 병원으로 이송했지만, 할머니는 돌아가셨다.

할머니 집을 찾아가봤지만 집에는 아무도 없었다. 할머니는 혼자 거주하고 있었던 모양이다. 지방으로 내려온 지도 얼마 되지 않았다는 이웃의 진술도 있었기에 병원에 가서 의사를 만나 다시 한 번 사망 원인을 확인했다. 서울에 거주하는 가족에게 사망 사실을 연락하고 경찰서 형사과와 감식반에도 필요한 연락을 취했다.

가끔 이렇게 미스터리 한 사건과 신고가 발생한다. 현장은 팔십 대 중반의 할머니가 자살하기에는 쉽지 않은 징소였다. 할머니가 왜 그 장소를 선택했는지는 아무도 모른다. 젊은 사람도 쉽게 들어가기 힘든 장소에 할머니가 플라스틱 의자를 들고 어떻게 울타리를 넘어 들어갔는지 한참을 생각해봤지만, 쉽게 이해되지 않았다.

또한 할머니가 그런 선택을 하는 순간에도 공원 안에는 여러 사람이 자신의 건강을 위해 운동을 하고 있었다는 사실이다. 하지만 할머니의 자살 시도를 발견하고 신고한 사람은 아무도 없었다. 공원 안에 있던 사람들은 어느 순간 한 사람씩 사라졌으며 마지막으로 공원을 떠나던 사람만이 의자에 앉아 있던 할머니에게 자신이 목격한 사실을 전달했고, 혼자 남은 할머니가 또 다른 사람에게 부탁을 해서 신고를 한 것이다.

박경배 교수님! 대화 주제를 좀 바꿔보겠습니다.

이윤호 저는 괜찮습니다.

박경배 교수님도 잘 아시겠지만 자살이 발생하면 현장에 가장 먼저 도착하는 사람은 지구대나 파출소 경찰관입니다. 물론 119 구급대도 출동은 하지만, 자살한 사람이 이미 죽어 있으면 구급대는 바로 철수합니다. 남은 일은 경찰이 범죄와 연관이 있는지 없는지를 확인하고, 신고와 사건을 처리하게 됩니다. 저는 여기서 자살이나 사건 현장에 가장 먼저 도착해 마지막까지 모든 일을 처리하는 우리나라 경찰관들의 마음건강 문제를 한번 살펴보고자 합니다.

현재 우리나라 경찰의 자살률은 매우 심각한 수준입니다. 하지만 아는 사람도, 관심을 두는 사람도 없습니다. 경찰의 자살 통계를 보면 2019년 20명, 2020년 24명, 2021년 24명으로 계속해서 증가하는 모습을 보이고 있습니다(경찰의 자살률은 전체 공무원 자살률보다 평균 2배 이상 더 높다).

경찰은 국민의 생명과 재산을 보호하기 위해 권총을 휴대한 채 일을 하는 직업입니다. 하지만 현재 우리나라 경찰은 권총을 사용해 범인을 검거하기보다는 자신이 소지한 권총을 이용해 자살을 선택하는 일이 더 많습니다. 국민의 생명과 재산을 최전선에서 지켜야 하는 경찰관들이 실질적으로는 가장 먼저 치료와 보호를 받아야 할 정도로 마음건강이 심각하다는 것은, 매우 아이러니한 일이 아닐 수 없다고 생각합니다.

교수님께서는 경찰학에 대해서도 깊이 있는 연구를 해오신 것으로 알고 있습니다. 우리나라 경찰이 이렇게 자살을 많이 하는 이유는 무엇이라고 생각하는지 의견을 듣고 싶습니다.

이윤호 오늘 주제는 정말 어렵고 힘든 주제라는 생각이 드는군요···. 질문한 내용에 대해서 저는, 경찰 채용 과정에서부터 문제점을 안고 있다고 생각합니다. 우리나라는 경찰관을 뽑을 때, 경찰 직무에 맞는 사람을 채용하는 것이 아니라 시험 성적을 보고 선발하고 있습니다.

박경배 말씀 중에 죄송하지만 시험 성적으로 결정되지 않는 직장은 없을 것 같습니다. 적어도 우리나라 취업이나 채용 현실에서는.

이윤호　　그렇습니다. 그게 우리 사회 현실인 것은 저도 알고 있습니다. 그렇지만 미국 경찰은 그렇지 않습니다. 미국 경찰은 폴리스아카데미를 수료한 자만이 순경 시험에 응시할 수 있습니다. 그러니까 선훈련, 후임용입니다. 그래서 경찰이 되기 전에 경찰이 어떤 일을 하는지 경찰 업무에 대해 모든 걸 다, 교육과 훈련을 통해 체험합니다. 그리고 나서 이게 정말 내 일이라는 생각이 들면 순경 시험에 지원하고, 그렇지 않으면 포기하고 다른 직업을 찾습니다. 이는 우리나라의 경찰 채용 과정과는 반대라고 할 수 있습니다.

한 가지 예를 들자면 미국에서는 보통, 15%의 지원자가 인성 평가에 걸려서 제외되는 것으로 알려져 있습니다. 인성 평가를 통과한 사람을 골라 뽑는 것screen in보다 부적합한 지원자를 제외하는screen out 결정에 더 성공적이었다는 평가도 있습니다. 이런 사례만 봐도 미국의 경찰 채용 과정이 얼마나 합리적인지 알 수 있습니다.

박 경위는 시험 성적으로 결정되지 않는 직장이 없을 것 같다고 말했는데, 저도 그 말에는 동의합니다. 하지만 저는 경찰관을 선발하는 데 시험 성적보다 적성이 더 중요할 수도 있다고 생각합니다. 그래서 미국과 같이 경찰관의 힘이 강한 나라에서도 시험보다는 교육과 훈련을 통해 적성에 맞는 사람을 뽑기 위해 노력하는 것입니다.

박경배　교수님 말씀은 충분히 이해했습니다. 하지만 제가 질문하는 건 현재 경찰 자살률이 높다는 문제이며, 특히 경찰 생활을 어느 정도 경험했다고 할 수 있는, 20년 이내의 경찰관 자살률이 가장 높다는 것입니다. 채용 과정의 문제도 있겠지만 경찰 업무를 수행하면서 누적된 스트레스 등이 원인이 될 수도 있다는 생각이 드는데요?

이윤호　물론입니다. 이 문제는 제가 앞에서도 계속 말했던 것 같은데요. 경찰이라는 직업은 세계 어느 나라든 가장 힘들고, 스트레스가 심한 직업 중 하나입니다. 그래서 미국에서도 경찰을 위해 심리학자들을 현장에 배치해, 수시로 심리 검사 및 상담 치료를 해주고 있습니다. 하지만 한국 경찰은 어떻습니까? 미국이나 영국처럼 경찰관이 힘이 있는 것도 아니고, 자긍심도 없습니다. 술 취한 사람에게 뺨을 맞아도 그냥 넘어가야 할 때도 있습니다. 경찰이라는 직업이 적성에 맞는지 또는 맞지 않는지도 모르는데 이런 과정을 오랫동안 겪다 보면 스트레스는 누적될 것이고, 업무 중에 겪은 트라우마PTSD 등으로 인해 어느 순간 번 아웃에 빠지고, 그 위기를 극복하지 못하면 위험한 상황에 빠지는 건 한순간이 될 수도 있습니다. 경찰관 자살 중, 40대에서 50대가 가장 많이 차지하는 이유도 그런 영향이 있을 수 있지 않을까 생각합니다.

　　범죄학자는 경찰의 채용부터 현장의 어려움까지 경찰 업무

전반에 대한 현황과 문제점을 생각보다 깊이 있게 알고 있다는 느낌을 받았다.

박경배   교수님, 제가 경찰의 자살 문제와 관련해 한 가지 특징을 분석한 게 있는데 이와 관련해 말씀드려보겠습니다.

이윤호   알겠습니다.

박경배   일반인의 자살과 경찰관의 자살 중 가장 큰 차이는 자살 요인인 것 같습니다. 심리 부검 결과를 보면 일반인의 자살은 정신과적 문제(우울증 등)와 경제적인 문제가 가장 큰 원인으로 나타났습니다. 하지만 경찰의 자살 요인 중 가장 큰 요인은 직장 문제로 밝혀졌습니다. 이는 경찰의 경우 직장 문제에서 오는 스트레스로 인해 정신건강에 문제가 오고, 이런 원인이 쌓여 극단적 선택을 하는 경찰관들이 증가하고 있는 것으로 보입니다.

이윤호   저는 경찰이 아니지만 충분히 공감할 수 있을 것 같습니다. 먼저 저는 범죄학자로서 경찰에 우호적인 시각을 가지고 있습니다. 제가 문제점을 지적하는 것은 애정을 표현하는 것이지, 비난이나 비판을 하기 위한 것이 아니라는 사실을 이해해주기 바랍니다.

박경배 교수님께서 경찰에 가지고 있는 애정이 어떤지는 충분히 알고 있습니다.

이윤호 현재 우리나라 경찰 조직은 많은 문제점을 안고 있습니다. 채용 과정의 문제점은 위에서 이미 지적했지만, 이런 문제점은 선발된 경찰관의 배치에도 영향을 미칩니다.

한국 경찰은 세계에서 학력이 가장 높을 것입니다. 대학을 졸업한 경찰이 가장 많을 것이라는 말입니다. 이런 우수한 인재들을 적재적소에 배치하지 못해 부적응 문제가 발생하고, 그로 인해 자살률이 증가한다면 이건 개인의 문제가 아니라 경찰 조직의 문제라고 할 수 있습니다. 또한 다른 공무원도 마찬가지겠지만, 경찰도 한 번 임용되면 자신이 선택한 직업이 적성에 맞는지 안 맞는지는 생각하지 않고, 직업에 대한 사명감 없이 그냥 그렇게 근무하는 사람도 많은 것으로 보입니다. 제 생각에 이건 경찰 조직이나 개인 모두에게 좋은 일은 아니라고 생각합니다.

비싼 돈을 주고 옷을 샀다고 해도 자신의 몸에 맞지 않는 옷을 평생 입고 다녀야 한다면 그건 좀 다시 생각해볼 필요가 있지 않을까요?

범죄학자의 차분한 이야기를 듣는 동안 후배 한 명이 내게 하소연한 말이 생각났다. 후배는 이렇게 말했다. "4년 가까운 시간과 돈, 노력을 투자해서 경찰에 들어왔습니다. 경찰학교에서 지구대로 실습을 나와 생활하면서, 3개월도 되지 않아 자신에게 경찰이라는 직업이 적성에 맞지 않다는 사실을 알게 되었어요. 하지만 부모님은 어렵게 경찰이 된 저를 보고 기뻐하셨어요. 이 상황에서 경찰이라는 직업은 적성에 맞고 안 맞고의 문제가 아닌 것 같아요."

후배는 나를 믿고 솔직하게 자신의 어려움을 말해줬지만, 나는 그에게 어떠한 위로의 말도 해줄 수 없었다.

박경배 교수님 말씀은 잘 들었습니다. 그 외 경찰의 다른 스트레스 요인도 있을까요?

이윤호 많다고 생각합니다. 그중에 하나를 말한다면 저는 우리 경찰관들이 직면하는 어려움 중의 하나로 '어항 속의 삶life in a fishbowl'의 현상을 말하고 싶습니다. 이는 경찰관들이 어항 속의 물고기처럼 항상 끊임없이 대중의 눈에 노출되고, 경찰의 일거수일투족이 평가된다는 것을 깨닫고 있다는 사실인 것 같습니다. 이로 인해 때로는 대중이 원하는 모습과 다르게 업무를 수행하면 그로 인해 대중의 비난과 원성을 듣게 됩니다. 이처럼 경찰은 대중적 비판에 민감하기 때문에 이런 일들이 쌓이면 경찰관에게는 큰 스트레스 요인으로 작용할 수 있습니다. 지구대나 파출소, 교통경찰관 등 제복을 입고 현장에서 근무하는 경찰이 이런 스트레스를 가장 많이 받는 것으로 알고 있습니다.

박경배   정확한 지적인 것 같습니다. 요즘은 순찰차 안에서 스마트폰만 봐도 경찰이 근무에 태만하다는 민원이 들어오는 일도 있으며, 커피숍에서 커피 한 잔 테이크아웃 하는데도, 일 안 하고 커피나 마신다는 민원이 들어오는 일도 있습니다. 이런 민원을 받게 되면 허탈감이나 무력감으로 인해 직업 자체에 대한 냉소적인 생각이 들 때도 있습니다.

이윤호   그런 생각이 드는 건 당연한 일입니다. 그래서 전형적인 경찰관은 시민에 대하여 비뚤어진 편견을 가지고 있으며, 직업의 고립성과 격리감이 '우리 대 그들us versus them'이라는 정신세계를 갖도록 한다는 말도 있습니다. 사실 이런 상황도 한국 경찰만의 문제는 아닙니다.

박경배   그렇군요. 지금까지 우리나라 경찰의 심각한 자살 문제에 대해 많은 말씀을 해주셨는데 정리해서 한 말씀 부탁드립니다.

이윤호   반복해서 하는 말이지만 경찰관의 스트레스 문제는 미국이나 다른 나라에서도 공통으로 보이는 모습입니다. 그런데도 우리나라 경찰이 다른 나라에 비해 자살률이 매우 높다는 것은 심각한 문제라고 할 수 있습니다. 이에 대한 경찰 조직 차원의 관심과 대책이 필요할 것으로 보입니다.

코로나-19가 지독하게 우리 사회를 공격하던 2년간 일반인의 자살률은 말할 것도 없고, 국민의 생명과 재산을 최전선에서 지켜야 하는 경찰의 자살률이 가장 높았다는 서글픈 현실은 우리 사회의 어둡고, 그늘지고, 모순된 모습을 그대로 보여주는 듯했다.

옳고 그름을 판단하는 기준은
사람마다 제각각이다

우리는 죽음에 대한 근심으로 삶을 엉망으로 만들고,
삶에 대한 걱정 때문에 죽음을 망쳐버리고 있다.
|
몽테뉴

CASE 3

'여자친구와 연락이 안 되는데 무슨 일이 생겼을까 걱정된다'라는
112 신고가 접수됐다. 신고자는 남자친구로 지방에 거주 중이었다.
여자친구가 서울에 있는 클럽에서 놀고 있다는 통화와 문자를 주고
받은 후 연락이 안 된다는 것이다. 신고 내용으로 봐서는 스마트폰
위치추적을 할 내용은 아니었다. 하지만 신고자는 여자친구에게 무
슨 일이 생기면 가만있지 않겠다고 경찰(나)을 협박하며, 스마트폰
위치추적을 요구했다. (신고자가 이렇게 경찰을 협박하면 법으로
는 안 되는 사안이라도 위치추적을 실시한다.)
신고자 여자친구 스마트폰 와이파이 값이 잡힌 곳은 유명한 클럽이
었다. 클럽 안에 들어가 10분 만에 신고자의 여자친구를 찾았다. 그
녀는 클럽 안에서 술을 마시며 친구들과 행복한 시간을 보내고 있
었다. 그녀는 너무 즐거운 시간을 보내고 있어서 남자친구의 전화
를 받지 못했던 것이다. 그녀는 경찰이 자신을 왜, 어떻게 찾았는지
궁금해했다. 그래서 신고 경위와 위치추적 과정을 설명했다. 순간

그녀는 잠시 혼란스러운 모습이었다. 남자친구의 지나친 관심을 기뻐해야 할지 불쾌하게 생각해야 할지 모르는 표정이었다. 또한 남자친구의(보호자도 아닌데) 신고만으로 성인인 자신의 스마트폰을 경찰이 위치추적을 실시해 클럽까지 찾아와 자신을 찾았다는 사실에 대해서도 어떻게 받아들여야 할지 모르는 표정이었다. 나는 일단 그 여성에게 남자친구와 전화 통화를 하도록 조치했다. 그리고 그녀는 남자친구에게 "네가 뭔데?"라며 경찰의 위치추적 요청을 따졌다. 경찰은 바로 현장에서 철수했다.

박경배　교수님! 케이스 3은 제가 서울에서 근무할 당시 있었던 신고를 정리한 내용입니다. 요즘은 실종(자살, 가출 등) 신고가 접수되면 가장 먼저 스마트폰 위치추적을 하고 있습니다. 문제는 개인 위치추적은 매우 중요한 사생활 정보라고 할 수 있습니다. 제가 현장 근무를 하면서 느끼는 거지만, 스마트폰 위치추적이 너무 무분별하게 실시되고 있다는 생각이 들 때가 많았습니다. 이런 무분별한 위치추적 문제에 대해 교수님은 어떤 의견을 갖고 있는지 듣고 싶습니다.

이윤호　글쎄요…, 이 질문도 매우 답변하기 어려운 질문이군요. 박 경위가 말한 것처럼 무분별한 위치추적은 당연히 해서는 안 되겠지만, 우리 사회나 국민 정서상 빠른 시간 안에 문제를 해결할 수 있는 방법이 있는데, 그런 방법을 사용하지 않는다면 법적인 문제를 떠나서 (경찰로서는) 민원의 소지도 있고, 어려운 짐이 많을 것 같습니다.

저는 두 가지로 생각해볼 수 있다고 생각합니다. 하나는, 사람의 생명이나 위험과 관련된 일이기 때문에 위치추적을 실시해서 접수된 신고를 신속하게 처리할 수 있다면 경찰로서는 그렇게 나쁠 건 없다고 생각합니다. 다른 하나는 우리 사회가 미국처럼 공사 구분이 그렇게 명확한 사회는 아닌 것 같습니다. 그렇다 보니 스마트폰 위치추적을 악용하는 사례도 충분히 있을 수 있다고 생각합니다. 개인적인 목적으로 허위신고를 통해 타인의 위치 정보를 추적할 수 있는 허점이 있을 수 있다는 말입니다. 물론 이 부분은 경찰이 충분히 고려해서 위치추적을 실시하고 그 결과를 신고자에게 통보하겠지만 말입니다. 문제는 스마트폰 위치추적이 이미 일상화되어 있고, 그로 인해 경찰 업무에 지장을 초래하지 않는다면 큰 문제가 되지 않을 것으로 보입니다. 개인적으로 스마트폰 위치추적으로 인해 어떤 문제가 발생했다는 말은 들어보지 못한 것 같습니다. 그렇지 않은가요?

나는 무분별한 스마트폰 위치추적이 마치 조지 오엘의 디스토피아 소설 『1984』처럼 암울하고 비관적으로 생각됐는데, '내가 너무 심각하게 생각했나?'라는 생각이 들었다. 물론 경찰 입장에서는 스마트폰 위치추적을 실시하면 신고 처리하는 데 편한 부분이 분명 존재한다. 하지만 국가가 개인의 사생활 정보에 쉽게 접근할 수 있다는 것은 그리 가볍게 볼 일이 아니라고 생각한다. 현재 CCTV로 인해 사생활 침해의 논란은 다소 있을지라도 범죄의 사각지대는 줄어들고 있는 실정이다. 경찰은 신고자가 강력히 요청하면, 스마트폰 위치추적으로 개인의 위치 정보를 언제든 확인할 수 있다. 요즘 새 아파트는 월 패드wall pad가 장착되는 경우가 많은데, 이로 인한 사생활 침해는 이미 드러나고 있다. 이런 식이라면 조지 오엘의 『1984』는 소설이 아니라 지금 우리 사회 현실이라고 해도 이상하지 않을 것이라는 생각이 들었다.

스마트폰 위치추적과 CCTV 문제에 대해 좀더 이야기하려고 했지만, 시간도 많이 지났고, 범죄학자의 말처럼 스마트폰 위치추적과 CCTV가 우리 사회와 국민의 정서에 맞아떨어져서 아무런 불만 없이 운용되고 있다면, 이 문제와 관련해 더 이야기를 하는 것은 큰 의미가 없다는 생각이 들어 마지막으로 질문했다.

박경배 마지막으로 이 질문은 할까 말까 고민했는데…, 교수님은 지금까지 살아오면서 한 번이라도 자살을 생각해본 적이 있으신가요?

이윤호 없습니다.

범죄학자는 생각할 것도 없는 문제라는 듯이 말했다.

박경배 그래도 사람은 살아가면서 한 번 정도는 죽고 싶을 정도로 힘든 위기에 빠지는 일이 있다고 생각합니다. 그런데도 교수님은 정말 한 번도 그런 적이 없다는 말씀인가요?

이윤호　그렇습니다. 저는 없었던 것 같습니다.

여기서 범죄학자는 자신이 68년 동안 살아오면서 기억에 남는, 아쉬웠던 혹은 미련과 원망이 남아 있다는 세 가지 일을 내게 말해줬다. 그러면서도 한 번도 스스로 생을 마감하려는 생각은 하지 않았다고 한다.

박경배　교수님! 오늘은 날씨도 좋았고, 오랜만에 만나 인터뷰를 해서 즐거운 시간이었지만 주제가 너무 무거워서 그런지 조금 힘들었던 것 같습니다. 그래도 제가 생각하지 못했던 교수님의 솔직하고 인간적인 모습을 본 것 같아 의미 있는 시간이었습니다. 정리해서 한 말씀 부탁드립니다.

이윤호　오늘 인터뷰는 저도 많이 힘들었던 것 같습니다. 박 경위에게는 제가 어떻게 보일지 모르겠지만 저는 매우 긍정적인 사람입니다. 또 뒤끝도 거의 없는 성격입니다. 지나간 일은 지나간일이고, 앞으로의 일은 아직 오지 않은 일이라고 생각하며 살아가고 있습니다. 그래서 제가 늘 이야기합니다. "걱정한다고 걱정이 없어지면 걱정도 없겠다." 수고하셨습니다.

코로나-19가 가장 심하게 창궐했던 어느 날 새벽에 '아내가 조금 전에 죽었다'라는 112 신고를 받고 현장으로 출동했다. 아파트 안에는 가족들이 모여 있었다. 신고자인 남편은 사고 경위를 이렇게 설명했다.

아내는 오랫동안 암 투병 중이었는데 자신이 시한부 삶이라는 것을 어느 정도는 알고 있었다고 한다. 그런데 금일 호흡이 너무 어려워 병원 응급실로 갔는데 코로나-19로 병원 응급실은 흡사 전쟁터 같았고, 주치의는 더는 손쓸 방법이 없다고 말하며 마음의 준비를 하라고 전했다고 한다.

그때 아내가 남편에게 "여보! 이런 데서 죽고 싶지는 않아요! 이렇게 어수선한 병원 응급실에서는 죽고 싶지 않아요!"라고 부탁했다. 그래서 주치의에게 전했더니 반대했다고 한다. 그래도 남편은 아이들과 상의한 후, 아내의 의견을 존중하기로 마음먹고 아내를 집으로 데려왔다. 병원에선 무슨 일이 생겨도 병원에 책임을 묻지 않겠다는 각서를 쓰고 퇴원하라고 해서 그것에 서명하고 응급실에서 나올 수 있었다고 한다.

그리고 남편과 아내는 집으로 돌아와 온 가족이 함께 모여 식사를 했다. 아내는 맛있게 식사를 한 후 딸과 아들, 사위와 며느리, 손자와 손녀들에게 일일이 인사했다. 그리고 침대에 누워 함께 예배드려달라고 부탁해서 찬송가를 부르고 기도를 마치는 과정에서 아내는 죽었다.

남편의 말대로라면 이제 갓 환갑을 넘긴 아주머니의 죽음은 내가 그동안 보고 들었던 죽음 가운데 가장 성스러운 죽음같이 느껴졌다.

돌아가신 분이 누워 있다는 안방으로 들어가 확인했다. 딸로 보이는 여성 한 명이 돌아가신 엄마의 몸을 주무르며 고맙다는 말과 함께 눈물을 흘리고 있었다. 거실에는 자식과 손자손녀가 모여 있었지만, 힘들고 괴로워하는 사람은 보이지 않았다. 거실의 분위기도 어둡고 슬픈 기운이 느껴지지 않았다. 하지만 그 분위기는 경박하거나 무관심이 아니라 너무나 편안하고 안정된 모습이었다.

몇 시간 안에 자신이 죽을 것이라는 확실한 예감을 한 상태에서 불필요한 모든 연명치료를 거부하고, 병원 응급실보다는 자신의 집에서, 가족과 마지막을 함께 하기로 선택한 아주머니의 죽음은, 내게 많은 생각을 하게 만들었다. 함께 출동을 나갔던 젊은 동료도 너무 일찍 돌아가셔서 안 됐기는 하지만 아주머니의 용기와 그 선택을 존중해준 가족의 모습을 보면서, 슬픔보다는 표현할 수 없는 뭔가가 느껴졌다고 한다.

사람은 모두 어항 속의 삶을 산다. 이 세상에 태어난 이상 세상 사람들의 시선에서 자유로울 수가 없다. 그리고 그 시선이 부담스럽다고 생각하는 사람들도 다른 사람들을 그 시선으로 바라보기도 한다.

로맨스가?
SCAM!

2022년 6월 7일 화요일 14:00_ 범죄학자 연구실
경찰과 범죄학자의 일곱 번째 만남

썩은 사과 하나의 문제가 아니라
사과가 담겨 있는 통 전체가 썩었다는 것을 인식해야

비밀스런 범죄는 신들이 그 증인이다.
|
볼테르

CASE 1

일요일 낮이었다. 현장 근무를 마치고 지구대로 복귀했을 때, 한 남성이 왼손에 수갑을 차고 피의자석에 앉아 있었다. 주로 현행범으로 체포한 피의자를 앉히는 의자에 앉아, 그는 괴로워하고 있었다. 그를 체포한 젊은 경찰관은 컴퓨터 앞에 앉아서 열심히 보고서를 작성하고 있었다. 그가 작성한 범죄 사실을 눈으로 천천히 훑어봤다. 범죄 사실은 이랬다.

'피의자는 ○○앞 거리에 차량을 세우고, 고가의 미러리스 카메라를 사용하여 짧은 치마를 입은 여성과 레깅스 스타일의 옷을 입은 여성을 대상으로 망원렌즈를 부착한 카메라를 이용, 불특정 다수의 여성이 성적 수치심을 느낄 수 있는 사진을 촬영했다.'

그의 죄명은 '성폭력범죄의처벌등에관한특례법위반(카메라등이용촬영)'이었다. 범죄를 저지른 사람은 죄명과 전혀 어울려 보이지 않았다. 카메라등이용촬영범죄를 저지른 사람들의 특징이다. 그의 직업은 성직자였다.

박경배　교수님 안녕하세요! 지난주 금요일 '가평계곡 살인사건'으로 구속된 이은해 씨와 조현수 씨의 첫 재판 분위기에 관한 언론 기사가 있었습니다. 두 사람은 검찰이 20여 분에 걸쳐 공소사실을 전하는 와중에도 미동도 없이 몸을 세우고 얼굴을 든 채 공소사실을 들었으며, 반성하는 모습은 전혀 보이지 않았다고 하는데요. 요즘은 범죄를 저지르고도 자신의 행위에 대해 반성하는 사람이 별로 없는 것 같습니다. 사실 이런 모습은 미국 재판에서 많이 보던 모습인 것 같은데요(살인범이 재판정에 양복을 입고 나와 태연하게 변호사와 얘기하며, 재판에 임하는 모습이). 계곡 살인사건은 지금 우리 사회 어두운 이면을 적나라하게 보여주는 사건이라고 생각합니다. 교수님 의견은 어떤지 궁금합니다.

이윤호　저도 박 경위 말에 공감합니다. 우리는 앞에서 불안정한 가정에서 태어나고 성장한 아이들이 학교와 가정, 사회 밖에서 어떻게 방황하고 범죄의 유혹에 빠지는지 이야기했습니다. '가평계곡 살인사건'의 피고인 이은해 씨는 그런 면에서 하나의 전범이 되기에 충분해 보입니다.

박경배　교수님! 이 정도면 거의 범죄자로 태어났다고 봐도 되지 않을까요?

이윤호　그건 너무 비약적인 표현인 것 같습니다. 제가 앞에서도 말했지만, 범죄와 관련하여 가장 최악의 상황은 태어날 때부터 유전적으로 범죄성을 가진 사람이 범죄를 조장하거나 유발할 수 있는 범죄적 환경에 빠졌을 때라고 할 수 있습니다. 그런 면에서 이은해 씨는 범죄적 기질과 범죄를 유발할 수 있는 환경에서 성장하며 자연스럽게 범죄자의 길로 빠진 것으로 보입니다.

또한 재판정에서 죄의식 없이 당당하게 재판에 임했다는 것은, 피고인들이 자신들의 혐의에 대한 물적 증거가 전혀 없으며, 정황 증거밖에 없다는 사실을 누구보다 잘 알고 있기 때문에 나오는 모습인 것 같습니다. 한마디로 그 모습은 재판에서도 혐의에서 벗어날 수 있다는 자신감의 표현이기 때문에 재판에서 자신들의 무죄를 주장하려면 잘못했다는 죄의식이나 반성의 모습을 보일 수는 없었다고 생각합니다. 그런 이유로 당당하고 떳떳하게 재판에 임한 것으로 보이지만 사랑하는 가족을 잃은 유족으로선 그런 모습을 보면 분노할 수밖에 없다고 생각합니다.

나는 이은해 씨가 딸을 한 명 낳았고, 마지막으로 죽은 남편의 호적에 입적시켰다는 인터넷 기사를 본 적이 있다. 그녀는 갓 20살이 넘어 딸을 한 명 낳았고, 그 과정에서도 계속 범죄를 저지르며 생활했다. 그녀가 자신의 딸을 위해 엄마로서 어떤 역할을 했을지, 또는 했는지를 생각하자 마음이 무거워졌다.

박경배　그렇겠군요. 그럼 이 정도로 마무리하고 다음 주제로 들어가보겠습니다. 이번 주제는 카메라 촬영 이용범죄와 몸캠피싱, 로맨스 스캠 범죄에 대해 인터뷰를 진행해보겠습니다.

이윤호　그렇게 하시죠!

박경배　그동안 교수님과 여러 범죄에 대해 인터뷰를 진행하면서 교수님께서는 그래도 '교육'이 가장 중요하다는 말씀을 많이 하신 것 같습니다. 하지만 요즘 발생하는 카메라 촬영 이용범죄는, 의외로 교육시설이 많은 것 같습니다. 학교는 말할 것도 없고, 공부방이나 독서실까지 안전한 곳이 하나도 없는 현실입니다.

　또한 카메라 촬영 이용범죄를 저지르는 사람들은 성직자, 검사, 경찰대학생, 아나운서, (교장)선생님, 학생, 개그맨까지 직업을 열거하기 힘들 정도로 다양합니다. 요즘은 길거리와 지하철(버스)에서 가정의 화장실까지, 극단적으로 표현하면 안전한 장소도, 믿을 사람도 없는 것 같습니다. 우리 사회의 이런 현상을 교수님은 어떻게 바라보고 생각하는지 궁금합니다.

이윤호　글쎄요. 먼저 박 경위는 특정한 범죄 현상이나 범죄자에 관하여 우리 사회만의 문제라는 인식을 하는 것 같은데, 저는 그렇게 생각하지 않습니다. 예를 들어 성직자나 사회 지도층들의 성범죄만 해도 과거부터 현재까지 외국에서도 계속해서 발생하고 있는 사건들입니다. 특별히 우리만의 문제는 아니라는 말입니다.

　범죄학자의 지적에 나는 잠시 당황했다. 하지만 내색하지 않
고 질문했다.

박경배　그런가요⋯? 적당한 사건이 있다면 예를 들어서 설명 부
탁드립니다.

이윤호　제가 2020년 출간한 『영화 속 범죄 코드를 찾아라』라는
책에서 「스포트라이트Spotlight, 2015」라는 영화를 소개한 적이 있습
니다. 2015년 토마스 맥카시Thomas McCarthy가 실화를 바탕으로 만
든 이 영화는, 제88회 아카데미시상식에서 작품상과 각본상을 받
은 훌륭한 작품입니다.

　영화 내용을 간략하게 설명하자면, 미국에서 가장 오래된 그리
고 현재도 활동 중인 「보스턴 글로브」의 스포트라이트 팀이, 당
시 보스턴 지역 천주교 신부들에 의해 광범위하고 체계적으로 행
해졌던, 아동 성학대 사건에 대한 탐사보도를 그리고 있습니다.
영화를 보면, 아동에 대한 이상성욕을 가진 신부들을 재활시키는
노력을 하던 전직 신부 리처드 사이프는 신부의 50%가 종교적 독
신이 아니라는 사실을 털어놓습니다. 또한 보스턴 지역에만 전체
신부 약 1,500명의 6%에 해당하는 90여 명의 신부가 아동을 성
적으로 학대하고 있다는 사실을 말합니다. 신부들의 일탈은 그냥

'썩은 사과' 하나의 문제가 아니라 사과가 담겨 있는 통 전체가 썩었다는 불편한 진실도 보여주고 있습니다.

박경배　놀랍군요! 저는 아직 그 영화를 보지 못했지만 흥미가 느껴지는 내용인데요.

이윤호　제가 박 경위에게 '꼭' 추천하고 싶은 영화입니다. 이 영화는 언론과 언론인의 역할이 어때야 하는지도 잘 보여주고 있습니다. 우리가 그동안 여러 주제를 다루면서 언론에 관한 이야기도 한 것 같은데, 그런 점에서 이 영화는 범죄와 언론의 관계, 그 한 단면을 잘 보여주고 있다고 생각합니다.

한 가지 덧붙이자면 그동안 피해자에 대한 보호와 지원이 처음에는 종교시설에서 여성단체나 사회단체로 옮겨가면서 피해자들의 쉼터요 피난처를 제공했는데, 이 영화에서는 종교시설이 피해자를 위한 보호와 지원보다는 가해자로 부각되는 불편한 진실을 보여주고 있습니다.

범죄학자의 설명을 듣다 보니, 우리 사회도 종교시설이나 아동청소년 쉼터 등에서 피해자가 오히려 보호를 받지 못하고, 2차 피해를 당해 고통을 받았다는 뉴스를 본 기억이 떠올랐다. 이제는 정말 안전한 곳이 있기나 한지 의문이 들었다.

박경배　교수님, 그래도 카메라 촬영 이용범죄는 외국과 비교해서 우리만의 특이한 현상이라는 생각도 드는데요. 과거에는 일본에서 이런 문제가 많이 부각된 것 같은데, 요즘은 우리 사회가 점점 더 심해지는 느낌입니다. 교수님 의견은 어떤지 궁금합니다.

이윤호　저도 카메라 촬영 이용범죄가 유독 우리나라만의 독특한 사회현상이라는 생각을 하고 있습니다. 사실 우리는 그동안 성문화에 대한 억제가 굉장히 심했던 폐쇄적인 사회였습니다. 그런데 그것이 아무런 준비 없이 한순간에 개방됐어요. 그렇게 되면 사람들은 충동과 호기심이 커질 수밖에 없습니다. 문제는 그 충동을 충족시킬 수 있는 방법이 전혀 없다는 것입니다. 예전과 똑같다는 말이지요. 거기서 문제가 발생하는 것 같습니다.

　예를 들어 미국 사회를 보면 어릴 때부터 매우 개방적인 환경에서 성장합니다. 성적인 개방이 아니라 남녀를 그렇게 구분하지 않는단 말입니다. 하지만 우리는 '남녀칠세부동석'이라는 유교의 옛 가르침에 따라 오래전부터 남녀를 구분했습니다. 사실 옛날에는 차별과 구별을 동시에 적용했지만 다행히 요즘은 차별이 많이 없어졌어요. 그래도 아직까지 구별은 많이 하고 있는 게 현실인 것 같습니다. 이런 사회에서는 반대의 성에 대한 호기심이나 궁금증이 많아질 수밖에 없습니다. 그런 호기심이나 궁금증이 성적인 일탈행위로 카메라 촬영 이용범죄를 저지르는 것이 아닌가 생각하고 있습니다.

박경배 그럴 수도 있겠군요. 그러면 좀더 깊이 들어가서 그런 범죄를 저지르는 사람들의 심리는 어떻게 볼 수 있을까요? 개인의 일탈도 있고, 'N번방을 만든 문형욱이나 박사방을 만든 조주빈'과 같이 돈벌이의 수단으로 이용하는 일도 발생하고 있는데요.

이윤호 그렇습니다. 박 경위 말대로 두 가지로 나눠볼 수 있을 것 같습니다. 하나는 개인의 병리 현상 중 하나인 '관음증'으로 볼 수 있습니다. 다른 하나는 경제적 이득을 추구하는 일탈적 경제 활동이라고 할 수 있을 것 같은데, 예를 들어 'N번방이나 박사방' 같은 게 경제적 이득을 추구하는 것이라고 할 수 있습니다.

박경배 그럼 하나하나 나눠서 구체적으로 설명을 부탁드립니다.

이윤호 사실 제가 그 분야 전문가는 아니라서 개인의 병리 현상을 정확히 판단하기는 어렵습니다. 다만 언론에 보도된 카메라 촬영 이용범죄를 저지른 사람들을 보면 저도 쉽게 이해가 되지 않습니다. 그래도 우리 사회에서 어느 정도 성공이나 성취를 이뤘다고 하는 사람들의 일탈행위를 어떻게 판단해야 할지….

제 생각입니다만, 이런 사람들은 억제가 안 되는 성적 충동을 가지고 있는데 그것을 충족시킬 수 있는 방법이 없습니다. 왜냐? 사회적 위치나 위신, 체면, 명예 이런 것 때문에…. 그렇다 보니 그런 일탈적인 행동을 통해서 대리로 만족하거나 충족시키는 행동을 하는 게 아닌가 생각합니다.

다른 하나는 이런 사람들이 여성에 대한 혐오 또는 여성에 대한 어떤 피해의식이 있는 사람일 수도 있다고 봅니다. 성적인 문제로 어린 시절 여성에게 피해를 당했거나 자존심에 상처를 입은 사람들이 개인의 병리적인 이유로, 카메라 촬영 이용범죄에 집착할 수도 있겠지요. 그 외에 다양한 많은 이유가 있을 수 있다고 생각합니다.

범죄학자는 확신에 차서 말하진 못했지만, 그의 말을 들으면서 현장에서 카메라 촬영 이용범죄를 저지르고 검거된 사람들이, 범죄를 저지른 이유(변명)가 생각났다. 그들은 대체로 "말로 표현할 수 없는 어떤 충동을 억제할 수 없었다"라고 말했다.

횡단보도에서 미니스커트를 입고 서 있는 여성을 보고, 충동을 억제할 수 없어서 스마트폰으로 엉덩이와 다리 사진을 찍었다는 남성도 있었고, 1년 넘게 독서실이나 공부방에서 공부하다가 순간적으로 혹은 계획적으로 카메라 촬영 이용범죄를 저지른 고등학생도 "여성을 보면 충동을 참을 수 없었다"라고 말했다.

지하철 내에서 앞자리에 앉아 있는 여성의 다리 사이를 촬영하다가 뒤에 있는 유리에 촬영하는 모습이 반사되어 검거된 남성도, 순간적으로 맨살의 다리를 보고 충동을 참을 수 없었다고 했다. 성소수자가 만나 모텔에서 성관계를 맺다가 촬영의 충동을 억제하기 힘들어 카메라 촬영 이용범죄를 저질렀다고 말한 사람도 있다. 그 외에도 수많은 사건들이 있었다.

그들의 공통점은 한 번 혹은 두 번 이상 검거된 경험이 있는 경우가 많았으며, 또한 조사나 재판을 받고 있는 도중에도 계속해서 카메라 촬영 이용범죄를 저지르고 있었다. 그들은 대부분 "충동을 도저히 억제할(참을) 수 없었다"라고 변명했다.

박경배 교수님! 그러면 경제적 이득을 추구하는 부분에 대한 설명도 부탁드립니다.

이윤호 저는 사실 이 부분이 더 심각하고 중요한 문제라고 생각합니다. 불법 촬영을 하는 사람은 당연히 나쁘지만 우리가 간과하고 죄악시하지 않는 부분이 있는데 그것은 바로 불법 촬영물을 소비하는 사람들입니다. 아동, 청소년을 대상으로 한 성 착취 음란물, 누드 사진, 여러 가지 불법 촬영물과 포르노 등은 소비자가 있기 때문에 공급이 이뤄지는 것입니다. 반대로 생각하면 포르노나 불법 촬영물을 소비하는 사람이 없으면 그런 범죄가 일어나지 않는다는 말입니다.

예를 들자면, 우리는 그동안 마약 범죄와 관련하여 공급을 차단하는 데 치중해왔습니다. 마약을 제조, 판매, 거래하는 조직을 중심으로 전쟁을 벌여왔시요. 그린데 실패했습니다. 왜냐, 공급을 차단하니까 수요와 공급이 맞지 않게 되고, 공급이 수요를 따라가지 못하니까 가격이 올라갑니다. 그렇게 되면 경제적 이익이 더욱 커지니까 마약을 판매하는 조직이 없어질 수가 없는 것입니다. 마찬가지로 성 착취 음란물이나 불법 촬영물도 소비하는 사람이 없으면 돈이 안 될 것입니다. 그러면 이것을 공급하는 조직이나 사람도 없어질 수밖에 없다고 생각합니다. 하지만 우리는 '박사방'처럼 제작, 유포, 판매하는 사람에게만 관심을 집중하고, 그것을 소비하는 사람에 대해서는 관심을 두지 않습니다. 이렇게 되면, '박사방'을 만든 조주빈이 교도소에 들어갔다고 해도 제2, 제3의 조주빈은 언제든지 새로 나올 수 있습니다. 소비하는 사람들이 없어진 것은 아니기 때문입니다.

범죄학자의 말을 들으면서 마약이 근절되지 않고 오히려 마약 범죄가 증가하는 것처럼, 성 착취 음란물이나 불법 촬영물 또한 그것을 소비하는 수요가 사라지지 않는 한 제작, 판매, 유포하는 범죄도 근절되기는 힘들겠다는 생각이 들었다.

박사방의 조주빈은 징역 42년형을 선고받았고, N번방을 만든 문형욱은 징역 34년형을 선고받았다. 그리고 둘 다 현재 교도소에서 복역 중이다. 우리 사회에서 이 사실을 모르는 사람은 별로 없을 것이다. 하지만 성 착취 음란물이나 불법 촬영물을 제작, 판매, 유포, 소비하는 범죄기 줄고 있다는 뉴스는 듣지도, 부지도 못했다.

박경배 교수님, 그러면 돌발적인 질문을 하나 드리고 싶은데요. 교수님은 성매매가 이뤄지는 집창촌이 필요하다고 보십니까? 아니면 불법으로 단속해야 한다고 생각하십니까?

이윤호 또, 짓궂은 질문을 하는군요! 사실 이런 질문은 답변하기 매우 난처합니다. 우선 이런 문제는 형사정책으로 다뤄야 하는 것이 옳은가부터 생각해봐야 합니다. 왜? 성인이라면 스스로 성적인 문제에도 자기 결정권을 가지고 있습니다. 그것은 성을 사는 사람이든, 파는 사람이든 같다고 할 수 있습니다. 참고로 여기서 한 가지 짚고 넘어갈 것은 과거에는 여성 인신매매를 통해 성매매를 강제로 시키고 포주가 돈을 착취한 시절도 있었는데 이것은 분명 반사회적이고, 반인륜적인 범죄입니다. 하지만 지금은 그렇지 않은 것으로 보입니다. 성매매 여성들이 자신들의 직업을 합법화해달라고 시위를 벌이는 세상입니다. 그렇다면 이런 현실에서 우리는 어떤 선택을 할 수 있을까요? 그것은 형사정책의 문제로 접근해서도 안 되고 해결책도 찾을 수 없다고 생각합니다.

박경배 교수님은 제가 선택을 요구할 때마다 설명이 길어지시는 것 같습니다.

이윤호 어쩔 수 없습니다. 이건 제가 범죄학을 평생 연구한 학자로서 필요하다라거나 필요하지 않다라거나 간단하게 답변할 수 없는 문제입니다. 그런 결론을 내리기 위해서는 우리의 전통적인 문화, 성 윤리, 우리 시민과 사회의 여론, 여성의 인권, 법 감정 등 많은 토론을 거친 후에 합리적인 결과를 도출해야 합니다. 제가 그래도 범죄학 교수인데 박 경위의 질문에 예스나 노로 대답할 수는 없습니다.

박경배 무슨 말씀인지 알겠습니다. 저도 질문하긴 했지만 교수님이 예스나 노로 간단하게 답하리라고는 생각하지 않았습니다. 그렇다면 주제를 바꿔서 얘기해보겠습니다. 코로나-19가 장기화하면서 갑자기 '몸캠피싱' 피해가 급증하고 있습니다. 먼저 '몸캠피싱'이 어떻게 이뤄지는지 제가 먼저 설명하고, 교수님 의견을 듣겠습니다.

이윤호 알겠습니다.

비난을 받는 피해자,
그것은 때론 선택의 문제일 수 있다

몇몇 범죄가 큰 범죄에 늘 선행한다.
|
라신

코로나-19로 인해 저녁 9시 이후에는 술도 먹기 힘든 시절에 있었던 일이다. 신고자는 '페이스톡으로 채팅을 했는데 협박을 받고 있다'며 112에 신고했다. 신고자는 처음에는 신고 내용을 설명하기 어려워했지만, 우리가 이미 다 알고 있다는 사실을 깨닫고는 자연스럽게 신고 내용을 설명했다.

퇴근 후, 저녁을 겸해서 동료들과 간단하게 술을 마셨다. 집에 들어와 TV를 보고 게임을 하던 중, 채팅 어플을 통해 상대방 여성을 알게 됐고, 이후 메신저로 대화를 나누었다. 상대방은 자신을 필라테스 강사라고 소개했다. 이 과정에서 상대방 여성이 메신저로 보내준 파일을 하나 설치했다. 그 후 메신저 페이스톡으로 얼굴을 보면서 서로 음란행위를 한 후 5분 정도 시간이 지났을 때였다.

스마트폰으로 형싱 파일과 힘께 이런 문지기 도착했다. '현금 70만 원을 송금하지 않으면 (해킹한) 메신저에 저장된 지인들에게 당신의 영상을 유포하겠다.' 영상을 확인하고 나자 다시 문자가 도착했는데 송금이 지체될 때마다 9초에 1건씩 해당 영상을 유포하겠다는 내용이었다. 그리고 어눌한 발음으로 말을 하는 남성에게 협박 전화도 받았다. 사실 상대방이 보내준 파일은 해킹 프로그램이었던 것이다. 다행히 피해자는 몸캠피싱 사기단의 협박을 듣지 않고 경찰에 바로 신고했다.

이윤호 보통 '몸캠피싱' 같은 경우에는 신고가 어떻게 처리되는지 궁금하군요?

박경배 제가 현장에서 경험한 바로는 피해자에게는 세 가지 선택지밖에 없습니다. 첫 번째는 일단 경찰에 신고하는 것입니다. 메신저에 저장된 모든 사람에게 영상이 전송되는 창피를 감수해야겠지만요. 제가 봐서 이렇게 경찰에 신고하는 사람은 용기 있는 강한 사람입니다.

두 번째는 몸캠피싱 사기단의 요구대로 돈을 보내는 것입니다. 통계가 없을 뿐이지 생각보다 이 경우가 더 많다고 생각합니다. 문제는 몸캠피싱 사기단이 처음에는 100만 원 미만을 요구하지만 한번 돈을 보내주면 계속 협박하면서 현금을 요구한다는 사실입니다. 스마트폰 페이스톡으로 음란행위 한 번 하고, 2,500만 원까지 송금한 피해자도 봤습니다.

세 번째는 돈도 보내지 못하고, 경찰에 신고도 못하고, 혼자서 끙끙 앓다가 극단적인 상황에 몰리는 경우입니다. 이 경우는 돈이 없는 학생들이 많습니다. 세 번째가 매우 비극적이라고 할 수 있는데 얼마 전 미국에서도 고등학교 남학생이 몸캠피싱에 노출돼 협박을 받다가 자살한 뉴스가 있었습니다.

이윤호   피해자의 선택지가 너무 좁은 것 같은데 그래도 피해를 줄일 수 있는 예방책은 없을까요?

박경배   한 가지 있기는 하지만 그런 선택을 쉽게 할 수 있을지는 의문입니다. 제가 위에서 말한 사례는 그나마 신고자와 경찰이 손발이 잘 맞아서 큰 피해 없이 예방했던 신고입니다. 저는 당시 피해자에게 이렇게 조치하도록 했습니다. 일단 피해자에게 메신저에 저장돼 있는 모든 사람에게 빨리 문자를 보내도록 했습니다. 문자 내용은 '제가 몸캠피싱을 당했으니 제 이름으로 파일이 전송되면 확인하지 마시고 바로 삭제해주시기 바랍니다'라는 문구를 보내도록 했습니다. 몸캠피싱 사기단은 돈을 송금하지 않으면 해킹한 전화번호 목록을 보고 파일을 천천히 보냅니다.

저는 이를 사전에 예방하기 위해 피해자에게 문자를 보내도록 조치한 것입니다. 그럼에도 불구하고 신고자의 아버지와 엄마, 일부 직장 동료에게 해당 영상이 전송됐으며 피해를 접수하는 과정에서도 신고자의 엄마에게 "야! 너 지금 엄마한테 뭘 보낸 거야?"라는 전화가 왔을 정도입니다. 하지만 이렇게 하는 방법 이외에 다른 예방책은 없습니다. 석어도 제 경험상은 말입니다. 저도 가끔 이런 메시지를 받는 경우가 있는데 확인하지 않고 지웁니다.

정리하자면 몸캠피싱을 당했다면 경찰에 신고하는 게 먼저도 아니고, 중요한 일도 아닙니다. 가장 먼저 할 일은 이성을 차리고 메신저에 저장돼 있는 모든 사람에게 신속히, 그리고 솔직하게 자신의 피해 사실을 알리는 일입니다. 그러면 살 수 있습니다.

먼저 사기 사실을 알리고, 자신의 이름으로 전송된 파일을 보지 말고 삭제하도록 요청하면 몸캠피싱 사기단도 중간에 포기합니다. 돈도 들어오지 않는데 불필요한 데이터를 날릴 필요는 없을 테니까요. 이렇게만 하면, 한동안 찝찝하긴 하지만 어떻게든 위기를 넘길 수 있습니다. 설사 궁금증을 참지 못하고, 파일을 보는 사람도 있겠지만 입 밖으로 떠들고 다닐 수는 없기 때문입니다. 이렇게 먼저 피해자가 조치하고 그다음 경찰에 신고하는 게 순서라고 생각합니다. 보통은 음란행위 영상이 다 뿌려진 이후에 경찰에 신고하는 경우가 많은데 이러면 경찰이 도와줄 수 있는 일은 많지 않습니다.

이윤호 박 경위가 현장에서 직접 목격하고 처리하는 과정에서 나온 예방책이니만큼 신뢰는 가지만 협박을 받고 있는 그 상황에서 그런 이성적인 행동을 하는 것이 쉽지는 않겠군요.

박경배 그렇습니다. 몸캠피싱을 당하면 협박에 응하지 말고 경찰에 신고하도록 홍보하고 있는데 사실 이건 전혀 해결책이 될 수 없습니다. 그렇다고 제 경험에서 나온 예방책을 홍보하는 것도 현실이나 상식에 맞지 않다는 어려움이 있습니다.

교수님 의견은 어떤지 궁금합니다. 코로나-19 장기화로 인해 보이스피싱 피해도 끊임없이 증가하고 있는 이때, 이제는 '몸캠피싱'까지 기승을 부리며 외롭고 힘든 사람들을 괴롭히고 있습니다.

이윤호　제 생각에 몸캠피싱 피해는 두 가지로 나눠서 생각할 수 있을 것 같습니다. 첫 번째는, 몸캠피싱이 보이스피싱 범죄보다 피해가 더 심각할 수 있다는 사실입니다. 보이스피싱은 경제적인 피해만 생기지만, 몸캠피싱은 경제적인 손실보다 더한 심리적, 정신적 피해가 클 수 있기 때문입니다. 우리는 사회생활을 하면서 개인의 체면이라든가 명예가 손상되면 모든 것을 다 잃게 되는 일이 있습니다. 또한 몸캠피싱의 피해는 회복이 거의 불가능하다는 문제도 안고 있습니다. 디지털 정보를 완전히 삭제하는 것은 불가능하기 때문입니다.

범죄학자의 지적은 적절했다. 요즘은 평범한 65세 이상 노인들도 몸캠피싱 피해의 표적이 되는 경우가 많았다. 이건 정말 상상조차 하기 힘든 피해다. 어느 날 갑자기 자식, 며느리, 사위, 손자, 손녀에게 할아버지의 그런 모습이 전송된다고 생각하면….

이윤호　두 번째는 피해자의 역할 문제입니다. 보이스피싱의 경우에는 피해자의 절박한 상황으로 인해 사기범들에게 속아서 피해를 당하는 경우가 많습니다. 하지만 몸캠피싱의 경우에는 그렇게 사기를 당하는 것이 아니라 피해자의 동의 아래 자기 역할이 있습니다. 선택이 가능했다는 말입니다. 그런 면에서 몸캠피싱의 피해자는 '비난받는 피해자'가 될 수 있습니다.

박경배　피해자가 비난을 받을 수 있다는 말입니까?

이윤호　그렇습니다. 제가 늘 강조하는 말인데, 피해자라고 다 같은 피해자가 아닙니다. 한쪽 극단에는 100% 완벽한 피해자가 있습니다. 예를 들어 '묻지 마 범죄, 무동기 범죄'의 피해자가 100% 완벽한 피해자라고 할 수 있습니다. 하지만 다른 극단에는 자기가 피해자인데도 비난받는 일도 있습니다.

박경배　예를 들어서 설명하신다면 어떤 사례가 있을까요?

이윤호　박 경위도 잘 알겠지만, 강도짓을 하기 위해 칼을 들고 다른 사람의 집에 무단으로 침입했다가 그 집 주인에게 야구방망이로 맞아 죽었다고 한다면 결론은 강도짓을 하기 위해 침입한 사람이 피해자가 될 수도 있습니다. 하지만 결국 모든 책임은 강도짓을 하기 위해 침입한 사람이 질 수밖에 없습니다.

　이처럼 몸캠피싱의 피해자도 어디 가서 피해를 호소할 수도 없고, 사회적으로도 어떤 지지나 호응을 받기 어렵습니다. 오히려 피해를 당했지만 비난받을 소지가 더 클 수도 있기 때문입니다. 또한 몸캠피싱은 영상이 유포되면서 2차 피해까지 당할 수 있기 때문에 신고도 쉽지 않고, 그걸 노리고 악용하는 몸캠피싱 사기단에 돈, 육체, 정신 모두가 파괴될 수 있는 무서운 범죄 피해라고 할 수 있습니다.

범죄학자의 지적이 아니더라도 몸캠피싱의 피해는 보이스피싱 피해와는 비교가 되지 않았다. 문제는 보이스피싱의 경우는 그래도 피해자가 신고를 하는 데 반해, 몸캠피싱의 피해자는 신고도 하지 못하는 것 같았다. 전국에서 발생하고 있는 몸캠피싱의 피해는 생각보다 끔찍했다.

몸캠피싱을 당한 중학교 남학생은 불안과 공포에 떨다가 유서를 남기고 집을 가출했다는 사연도 있었고, 몸캠피싱을 당해 극도의 수치심을 느끼고 투신자살을 시도하다 구조된 젊은 남성의 사연도 있었다.

현금 5,000만 원을 보내지 않으면 몸캠 동영상을 유포하겠다는 협박을 받고 있던 20대 남성이 돈을 송금하기 직전에 경찰의 도움을 받았다는 사건도 있었고, 어떤 60대 남성은 몸캠피싱으로 4,000만 원가량 현금 피해를 당한 후, 추가로 대출을 받는 과정에서 은행의 신고로 추가 피해를 예방했다는 사건도 있었다. 한 가해자는 텔레그램으로 여성 행세를 하며 피해자 남성에게 알몸 사진을 교환하자고 속이는 방법으로 1,000만 원 이상을 갈취하다 검거된 사건도 있었다.

한국에 정착한 새터민이나 거주 중인 외국인도 몸캠피싱의 피해를 당하고 있었고, 청각장애인도 그 피해를 피해가지 못했다. 스마트폰을 해킹하는 앱은 첨단을 달리고 있었지만, 경찰의 예방은 한계가 분명해 보였다.

박경배 교수님 의견 잘 들었습니다. 여성이 성폭행의 피해를 본 경우에는 그래도 사후에 사회적으로 도움을 받을 수 있지만, 몸캠피싱은 피해 사실을 공개하는 순간 2차 피해를 당할 수 있기 때문에 더 조심해야 한다는 말이군요.

이윤호 물론입니다. 피해자가 그런 유혹에 응했다는 사실 자체가 문제 아니겠습니까? 어느 젊고 아름다운 여성이 아무런 이유 없이 처음 보는 남성 앞에서, 사랑하는 애인 앞에서도 하기 힘든 행동을 하겠습니까? 그런 상식에 어긋난 유혹에 응했다는 자체가 보이스피싱 범죄하고는 피해자의 역할에 있어, 비교되지 않는 것입니다.

박경배 그렇다면 이런 몸캠피싱의 피해를 예방하기 위해 학문적으로는 어떤 예방책이 있을 수 있을까요?

이윤호 제가 몇 번 강조했던 것 같은데 우리나라는 범죄 예방에 대한 공익 방송이나 안내, 홍보가 미국과 비교해 많이 부족한 편입니다. 과거에 있었던 끔찍한 범죄들에 대해서는 작은 디테일 하나까지 다 재연해서 방송하고 있지만 현재 보이스피싱이나 몸캠피싱 등 사회적으로 큰 문제가 되고 있는 범죄에 대한 관심은 부족한 것으로 보입니다. 반복되는 말이지만 해결책은 하나밖에 없습니다. 범죄 예방을 위한 교육과 홍보를 통해 범죄 피해 상황에 놓이지 않도록 우리 모두가 노력하는 길밖에는 다른 방법이 없다고 생각합니다.

박경배　　그렇군요, 교수님! 그동안 피싱 범죄와 관련하여 보이스피싱과 몸캠피싱을 다뤘는데 마지막으로 최근에 유행하고 있는 '로맨스 스캠romance scam' 범죄에 관해 이야기를 나눠보겠습니다. 먼저 사례를 몇 가지 말씀드리고 교수님 의견을 듣겠습니다.

이윤호　　좋습니다.

조심성 없는 피해자,
도와주고 싶어도 도와줄 수 없는 피해자

범죄는 사악한 자들의 눈에 미화된다.
|
이슬람 격언

CASE 3

수도권에 사는 50대 후반의 남성은 영국에 거주하는 미국인 여성을 사회관계망서비스를 통해 알게 되었다. 영국에 산다는 미국인 여성은 한국에 들어와 살기를 원한다면서 이삿짐을 보낼 비용 1억 원을 요구했다. 이에 피해자는 2,000만 원을 송금했다. 하지만 이를 의심한 은행 직원이 경찰에 신고하면서 8,000만 원의 피해를 막을 수 있었다. 하지만 그 남자는 마지막까지도 경찰이나 은행보다는 영국에 산다는 미국인 여성을 더 신뢰하는 모습이었다.

지방에 사는 60대 후반의 남성은 해외에 거주하고 있다는 외국인 여성이 '결혼하자!'라는 유혹의 문자에 속아 2,500만 원을 송금했다. 이후 외국인 여성이 공항 통관비 명목으로 추가적으로 돈을 요구하자, 카드론 대출 2,000만 원을 받아 이체하려던 것을 은행과 경찰의 도움으로 피해를 예방했다.

지방에 사는 70대 후반의 남성은 UN 본부 직원이라는 미군 군복을 입은 여성이 "자기야!"라고 부르며 유혹하자, 이에 속아서 200만 원 상당의 현금을 외화로 환전하여 송금하려고 했으나, 노령으로 외화 송금 절차가 복잡하여 송금을 진행하는 과정에서 '로맨스 스캠'으로 확인됐고, 은행과 경찰의 도움으로 피해를 예방했다.

수도권에 사는 60대 후반의 여성은 채팅 앱으로 만나 관계를 유지하던 필리핀 국적의 남성과 사회관계망서비스로 관계를 유지하고 있었다. 어느 날 필리핀에 사는 남성이 벌금을 내지 못해 붙잡혔는데 벌금액이 700만 원 정도 된다는 말을 듣고, 은행에 방문해 계좌이체를 요구하는 과정에서 로맨스 스캠 피해로 확인됐다. 하지만 피해자는 은행과 경찰의 말을 믿지 않았다. 무려 1시간을 설득하고 설명한 후에야 피해자는 송금을 포기하고 귀가했다.

광역시에 거주하는 70대 후반의 여성은 중동에 파병 근무 중이라는 미군 장교를 사칭하는 남성과 메신저로 문자 등을 주고받으며, 애인 관계를 유지하고 있었다. 미군 장교라는 사람은 피해자에게 세관 통관비 명목으로 800만 원 정도를 송금해달라고 부탁했다. 피해자는 은행에 방문하여 송금을 시도하던 중, 은행직원의 신고로 출동한 경찰에 의해 송금하지 못했다. 하지만 피해자는 은행과 경찰의 말을 끝까지 믿지 않았다.

베트남계 한국인 30대 여성은 현재 소말리아에서 의사로 활동한다는 불상의 남성을 사회관계망서비스에서 만나 동정과 연민의 정을 느끼고, 800만 원이 넘는 돈을 송금하려고 했으나 로맨스 스캠을 의심한 은행과 경찰의 공조로 피해를 예방할 수 있었다.

박경배 코로나-19가 우리 사회를 이토록 괴롭히고 있을 때, 보이스피싱과 몸캠피싱에 이어 이제는 '로맨스 스캠'까지 기승을 부리고 있습니다. 피해자는 주로 중년 이상의 남녀가 표적이 되고 있는 것 같습니다. 교수님 의견은 어떤지 듣고 싶습니다.

이윤호 박 경위의 사례를 듣고 보니 로맨스 스캠의 피해도 생각보다 심각하군요. 피해자학에서는 이런 로맨스 스캠 같은 피해자를 '조심성 없는 피해자'라고 합니다.

박경배　'조심성 없는 피해자'요? 너무 가볍게 들리는데 그런 용어가 있다는 말인가요?

이윤호　물론 있습니다. 뜻도 어렵지 않습니다. 말 그대로 피해자가 조금만 조심하면 피해를 예방할 수 있는데, 조심하지 않아서 피해를 당했기 때문에 '조심성 없는 피해자'라고 하는 것입니다. 누가 봐도 상식적인 일은 아니지 않겠습니까. 또한 로맨스 스캠 범죄는 말 그대로 피해자의 삶에 로맨스가 없기 때문에 범죄의 표적이 되는 것입니다. 배우보다 멋진 미군 장교의 사진을 보고, 사실이라고 믿고 빠져버리면 헤어나기는 쉽지 않아 보입니다. 그래서 이런 범죄는 피해를 예방하는 일이 더욱 어렵습니다.

　　범죄학자는 로맨스 스캠 피해자를 '조심성 없는 피해자'라는 학문적인 용어로 설명했지만, 나는 현장에서 마주친 보이스피싱, 몸캠피싱, 로맨스 스캠 등 피싱 피해자를 만나 이야기를 나누면서, 이 사람들은 경찰이 '도와주고 싶어도, 도와줄 수 없는 피해자'라는 생각이 들었다.

　　'피싱' 피해자들은 아무리 설명해도 경찰의 말을 믿지 않았다. 3시간을 설득해서 피싱 범죄를 예방했는데, 피해자는 다음

날 대출까지 받아서 더 많은 현금을 전달하거나 송금한 예도 많았다. 로맨스 스캠 범죄도 마찬가지다. 피해자들은 피해가 종료되기 전까지 경찰을 믿지 않았다. 그때 '아! 피싱 범죄의 피해자들은 경찰이 도와주고 싶어도 도와줄 수 없겠다'라는 안타까운 생각이 들었다.

박경배 교수님! 시간이 많이 지난 것 같습니다. 오늘은 카메라 촬영 이용범죄와 몸캠피싱, 로맨스 스캠 범죄까지, 스마트폰을 이용한 피싱 범죄에 관해 이야기를 나눴습니다. 정리해서 한 말씀 부탁드립니다.

이윤호 사실 오늘 다룬 문제는 아직 연구된 자료도 별로 없고, 우리 사회만의 매우 독특한 현상이라고 할 수도 있습니다. 또한 제가 박 경위와 인터뷰하면서 계속 강조하고 있는 피해자의 역할 문제에 관하여 많은 것을 생각할 기회였습니다.

1920년대부터 1960년대까지 미국 필라델피아에서 살인 범죄 등을 연구한 사람들이 있었습니다. 연구자들에 의하면 살인의 경우 약 30% 정도가 피해자의 촉진으로 발생했다는 연구도 있습니다. 이와 마찬가지로 사이버상에서 벌어지는 몸캠피싱이나 로맨스 스캠 범죄 같은 경우는, 피해자가 적극적인 선택과 참여(역할)를 한다는 게 문제입니다. 그래서 이런 피해자들을 '비행적 또는 일탈적 피해자'라고 하며, 그 결과로 '비난받는 피해자'가 되는

것입니다. 더 극단적으로 말하면 이런 피해자를 '촉진적 피해자'
라고 할 수 있습니다.

그렇다면 어떻게 해야 하는가? 이런 조심스럽지 못한 피해자
들이 범죄의 표적이 되지 않도록 어렸을 때부터 가르치고, 교육하
고, 훈련시켜서 그런 위험한 상황에 놓이지 않도록 도와줘야 합니
다. 저는 우리 사회나 국가, 경찰이 그런 역할을 해준다면 좀 더 안
전한 사회가 될 수 있을 것으로 생각합니다. 수고하셨습니다.

모텔 방에 도착했을 때, 방 안에서는 익숙한 냄새인데도 불
구하고, 불쾌한 냄새가 코를 찌르는 느낌이었다. 침대 옆 바닥
에는 소주와 맥주병이 너부러져 있었고, 그 주변으로 치킨과
피자와 과자봉지가 보였다. 담배도 엄청 피운 것으로 보였다.
살짝 훑어봤지만 술과 음식은 하나도 남아 있지 않았다. 그들
은 어제 오후 11시 무렵에 들어왔다고 했고, 지금 시간은 새벽
5시를 가리키고 있었다. 신고자인 앳된 모습의 여성은 이제 갓
스물이 넘은 나이였다.

그녀는 트위터 DM으로 한 남성을 만났고, 먹고 마시고 섹스
만 하기로 약속했는데 남자가 중간에 자꾸 사진을 찍었다고 한
다. 그래도 사진만 지우면 신고는 하지 않으려고 했는데 장난
만 치고 사진을 지우지 않아서 경찰에 남자를 신고했다고 한
다. 지금이라도 사진만 확실히게 삭제하면 법적인 처벌은 원하
지 않는다고 분명하게 말했다. 하지만 범죄 신고는 신고자가 생

각하는 것처럼 그렇게 간단하게 마무리되지 않는다.

남성은 자신의 범죄 사실을 순순히 시인했다. 문제는 함께 출동한 동료가 남성의 스마트폰을 제출받아 사진 앱을 확인했을 때, 거기에는 수많은 여성의 사진이 들어 있었다는 점이다. 어떤 사진은 여성 몰래 찍은 것이 분명해 보였고, 어떤 사진은 여성이 직접 자랑하듯이 찍어서 보내준 사진도 다수 있었다.

신고자인 젊은 여성은 사건 접수를 원하지 않는 듯 보였지만 (처음 만나서 술 먹고, 섹스만 했다는 남자를 싫어하는 모습도 보이지 않았다) 신고는 이제, 신고자가 어떻게 할 수 있는 상황이 아니었다.

코로나-19가 맹렬하게 우리 사회를 공격하고 있던 순간에도 이런 일은 끊임없이 발생했다. 오후 11시에 트위터 DM으로 처음 만난 남녀가 다음날 새벽 5시까지 소주와 맥주, 치킨과 피자, 과자 등을 먹으며 6시간 동안 즐기다가 그런 일이 생겼다. 그래서 경찰이 출동했고, 범죄 사건으로 처리됐다.

불법 촬영을 하는 사람도 당연히 나쁘지만 그것을 소비하는 사람들도 그들과 다를 게 없다. 범죄 예방은 보통 사람들이 범죄 피해 상황에 놓이지 않도록 노력하는 길밖에 없다.

〈무제〉 박진숙作

풍토병?

■ 어떤 지역의 특수한 기후나 토질로 인하여 발생하는 병

2022년 6월 28일 화요일 14:00_ 범죄학자 연구실
경찰과 범죄학자의 여덟 번째 만남

나였다면…,
입장을 바꿔보면 이해 못할 이유는 없겠지만

흑(黑)이 백(白)에게 말했다.
"만일 회색이었다면 나는 그대에게
너그러움을 보였을 것이다."

|
칼릴 지브란

CASE 1

과거 외국인 범죄 수사 업무를 담당할 때 있었던 일이다. 자정이 다 되어갈 무렵 지구대에서 여성 한 명을 체포해 데려왔다. 그녀는 미국 국적의 한국인이었다. 그녀를 인계하면서 지구대 동료는 이렇게 말했다. "정말 역대급이었습니다. 체포현장에서는 미친 듯이 날뛰었고, 순찰차와 지구대 안에서도 난리를 피웠습니다. 웬만하면 체포하지 않으려고 했는데 신분도 밝히지 않아서 어쩔 수 없었어요."
나는 동료가 하고 싶은 말이 무슨 뜻인지 충분히 알아들을 수 있었다. 미친 듯이 난리를 피웠다는 미국 국적의 한국인 여성은 사무실 안에서는 생각보다 조용, 아니 얌전한 모습을 보였다. 사건 현장에서 경찰관 4~5명으로도 통제가 안 되던 사람이 이렇게 경찰서에 도착해 담당 형사 앞에 앉으면 갑자기 순한 양으로 변했다. 나는 그녀의 체포 사유를 읽고, 그녀를 한번 쳐다봤다.
"can you speak korean?"
"그럼요!"

자신이 어떤 행동을 했는지 기억도 못하는 사람처럼 그녀는 천진난만한 표정으로 미소 지었다. 어렸을 때 미국으로 이민을 가서 그곳에서 대학교에 다니고 있지만, 한국어를 사용하는 데 문제는 없다고 말했다. 술이 깬 그녀는 그저 평범한 대학생일 뿐이었다. 순간 미국으로 이민 간 형님과 조카들의 모습이 떠올랐다. 나는 그녀에게 미국 여행 경험담과 가족 얘기를 하면서 자연스럽게 공감대를 형성했다. 그녀 또한 내 이야기를 듣고 표정이 밝아지는 느낌이었다. 그녀에게 농담처럼 물었다.

"근데 미국에서도 술 먹고 이래요?"

"오~ 노! 미국에서 이러면 큰일 나죠! 창피하긴 하지만 제가 뉴욕에서 술 먹고 이렇게 할 수 있겠어요? (경찰한테) 죽으려고."

"근데 한국에 와서는 왜 이러는 거예요? (그것도 경찰한테)"

순간 그녀는 '어!' 하는 표정이었다. 잠시 생각하는 모습을 보인 후, 이렇게 말했다.

"그게…, 그냥 그런 것 같아요. 한국에 있다가 미국에 가면 공항 출입국 심사대를 통과하는 순간부터 긴장하는 것 같아요! '여긴 미국이야! 법을 잘 지켜야 해! 특히 경찰의 지시와 명령에는 절대 복종해야 해!' 근데 미국에 있다가 방학에 한국으로 놀러와 인천공항 출입국 심사대를 통과하는 순간, 뭐랄까? 긴장이 풀어지는 느낌? 하여간 그런 게 있어요!"

그녀는 미국 공항의 출입국 심사대를 통과할 때와 한국 공항의 출입국 심사대를 통과할 때가 완전히 다르다고 말했다.

박경배 교수님 안녕하세요! 1월에 처음으로 교수님 연구실을 방문했는데, 벌써 6월 말이 됐습니다. 이제 처음 계획한 인터뷰도 얼마 남지 않은 것 같습니다. 남은 인터뷰도 잘 부탁드립니다.

이윤호 저보다는 박 경위가 고생이 더 많다고 생각합니다. 너무

무리하지 말고 천천히 하길 바랍니다.

범죄학자는 나를 배려해 인터뷰나 원고 작성에 너무 무리하지 말 것을 조언했지만 나는 그렇게 여유롭지 못했다. 일단 8월 말까지 1차 원고를 완성하겠다는 나 자신과의 약속을 꼭 지키고 싶었다.

박경배　고맙습니다. 그러면 오늘은 한국에 사는 외국인 범죄에 대해 잠시 살펴보는 시간을 가져보겠습니다.

이윤호　그렇게 하시죠.

박경배　교수님! 먼저 제가 신문 기사를 하나 출력해왔는데 보시기 바랍니다. 교수님은 이 기사에 나온 사진 3장을 보고 어떤 생각이 드시나요?

　(사진 속 외국인은 독방 안에서 헬멧을 쓰고, 수갑을 뒤로 찬 채, 양 발목은 포승줄로 묶여 있었고, 발목의 포승줄과 뒤로 찬 수갑을 연결하여 이른바 '새우 꺾기' 자세로 독방 안에서 뒹굴고 있는 모습이었다.)

이윤호　일단 사진과 기사 세목만으로는 외국인에 대한 인권침해가 심한 것으로 보입니다. 이유 여하를 막론하고 그래도 저 정도는 너무 가혹한 거 아닌가요? 박 경위도 이런 기사를 보면 나하고 똑같은 생각이 들어야 할 것 같은데, 질문하는 거 보니까 그렇지는 않은 것 같군요!

박경배 물론 저는 그렇지 않습니다. 저는 사진 속에 있는 외국인이 고통받는 모습보다는 외국인보호소 공무원들이 '오죽했으면 저렇게 했을까?'라는 생각이 먼저 들었습니다. '도대체 어느 정도로 통제가 되지 않으면 같은 인간에게 저렇게 할 수밖에 없었을까?'라는 생각이 들었습니다.

이윤호 박 경위가 그렇게 말하는 데는 이유가 있겠지만 제가 봤을 때는 이유 여하를 막론하고 저 정도는 지나친 조치라고 생각합니다. 예를 들어봅시다. 저 사람이 외국인이 아니고 한국인이었다면 어떻겠어요? 한국인 박경배에게도 저렇게 할 수 있었을까요?

박경배 하지만 교수님, 한국 사람은 저런 행동도 하지 않기 때문에 저런 조치를 할 필요가 없다고 생각하는데요!

이윤호 그게 바로 편견과 차별입니다. 만약 내국인이었다면 이런 일이 일어났을까? 그 얘기는 이미 내국인과 외국인에 대한 선입관을 박 경위도 이미 갖고 있다는 의미입니다. 요즘 미국에서 심각한 문제가 되고 있는 범죄도 인종차별로 인한 증오범죄입니다. 이런 증오범죄는 대부분이 편견에서 시작된다고 할 수 있습니다. 미국 경찰이 유색인종에게 갖고 있는 편견, 즉 '쟤는, 혹은 쟤들은 위험하다'라는 뿌리 깊은 생각이 때론 안타깝고, 끔찍한 결과로 나타나는 것을 우리는 자주 접하고 있다고 생각합니다.

　범죄학자의 지적에 마땅한 반론을 제기하긴 힘들었지만, 그렇다고 범죄학자의 말에 동의한 것은 아니었다. 내가 범죄학자에게 보여준 사진과 기사 내용을 정리하면 이랬다.
　모로코 국적의 남성이 난민 신청을 하기 위해 한국에 왔다. 하지만 난민 신청은 받아들여지지 않았고, 체류 기간을 연장하지 못해 지난 3월 강제퇴거명령을 받았다. 문제는 퇴거명령에 따르면 되는데 보호소 안에서 자해와 행패를 부렸다는 사실이다.
　외국인보호소장의 인터뷰 내용을 보면, 모로코 국적의 남성은 보호실 내에서 자주 난동을 부렸기 때문에 격리 외에는 방법이 없었으며, 또한 자해하는 외국인을 구해낸 것이라서 고문이라고 볼 순 없다고 말했다.

이윤호　박 경위가 생각하는 걸 제가 어느 정도 이해할지는 모르겠지만 그래도 박 경위는 현재 가장 최전선에서 법을 집행하는 경찰관입니다. 그런 박 경위가 (현장에서는 그러지 않겠지만) 편견이나 선입관을 가지고 외국인을 대하는 것은 좋지 않다고 생각합니다.

내가 범죄학자에게 기사와 사진을 보여준 이유는, 사실 '새우 꺾기' 학대를 당했다는 사람의 국적이 '모로코'였기 때문이다. 내가 한국인과 외국인을 불문하고 유일하게 편견과 선입관을 갖고 있는 사람들이 모로코 국적의 남성들이다. 그동안 사건 현장에서 만난 모로코 국적의 남성들은 대부분 준법정신이 부족해 범죄행위에 대한 두려움이 없고, 게으른 편이고, 경찰의 약점을 한국인보다 더 잘 이용하는 나쁜 사람들이었다.

그런 편견이 있었기 때문에 나는 '새우 꺾기'를 당한 외국인 국적이 모로코라는 것을 보고 그가 당한 피해보다는 외국인 보호소의 조치가 더 정당하다는 생각을 가졌던 것이다.

박경배 교수님! 저도 직업을 떠나서 사람(인종)에 대한 편견과 선입관은 좋지 않다고 생각합니다. 하지만 사람에게는 그가 겪은 경험도 무시할 수 없다고 생각합니다.

이윤호 저도 박 경위의 심정은 이해할 수 있습니다.

박경배 고맙습니다. 다음은 한국에 거주하는 외국인이 저지르는 범죄 사례를 통해 이야기를 나눠보겠습니다.

이윤호   알겠습니다.

코로나-19 바이러스가 우리 사회를 지독히도 괴롭히고 있을 때, 외국인이 저지른 범죄를 극히 일부만 정리해봤다.

외국인 범죄 예방은
다양한 정책이 필수다

법이, 왜 안 지켜지는지 아느냐?
법이 지켜지지 않는 이유는
위에서부터 법을 지키지 않기 때문이다.
|
상앙(중국 전국시대 진나라 개혁가)

CASE 2

① 모로코 국적의 남성은, 마트에서 물건을 가방 속에 넣는 방법으로 절취하다가 검거됐다. 하지만 모로코 남성은 CCTV 등 증거가 완벽히 있는데도, 자국어를 사용하며 "술에 취해 계산하는 것을 잊었다"라고 변명하며 경찰이 있는 현장에서 도주를 시도하다 체포됐다.

② 캄보디아 국적의 남성은, 캄보디아 국적의 아내가 이혼을 요구하자, "이혼하면 죽여버리겠다"라고 말하며 과도를 들고 아내를 위협했다. 신고를 받고 출동한 경찰은 현장에서 캄보디아 남성을 체포하고 아내를 안전하게 구조했다.

③ 우즈베키스탄 국적의 국적의 남성은, 카자흐스탄 국적의 아내가 술에 취해 소란을 피웠다는 이유로, 테이프와 끈으로 움직이지 못하게 묶은 후, 얼굴을 여러 차례 폭행했다. 경찰은 우즈베키스탄 남성을 가정 폭력으로 체포했다 체포현장에는 초등학교에 다니는 아이도 두 명 있었다.

④ 이집트 국적의 남성(불법체류자)은, 한국에 거주하며 보이스피

싱 대면 편취 수거책으로 활동하고 있었다. 그는 70대 후반의 할머니에게 현금 5,000만 원을 편취하려다 실패하고, 도주하는 과정에서 신고를 받고 출동한 경찰에 체포됐다.

⑤ 중국 국적의 남성은, 일본인 유학생 여성과 술을 마시다…, 피해자의 팬티를 벗기고 강간하려고 하였으나, 피해자가 거부하자 양손으로 피해자의 목을 조르는 등 강간 미수로 체포됐다.

⑥ 우즈베키스탄 국적의 국적의 남성(불법체류자)은, 화물트럭을 몰다가 앞서 달리는 오토바이를 추돌하여 60대 후반의 여성 운전자가 사망하는 사고를 냈다. 우즈베키스탄 남성은 현장에서 도주했으나, 휴대전화로 자수를 설득하여 8시간 만에 검거했다.

⑦ 캄보디아 국적의 20대 남성은, 식당에 있는 여자 화장실에서 스마트폰을 이용하여 피해자인 한국인 여성을 불법 촬영하다가 검거됐다. 하지만 캄보디아 남성은 "한국말 못해!"라고 말하며 혐의를 부인했으나, 스마트폰에 촬영된 사진이 확인되자 "죄송합니다. 찍었습니다"라고 말하며 범죄 사실을 인정했다.

⑧ 몽골 국적의 20대 후반 남성은, 지나가는 한국인 청소년 두 명에게 다가가 "섹스하자, 키스하자, 한 시간에 10만 원"이라는 말을 하며, 피해자들의 허벅지를 만지는 등 강제추행하고 현장에서 도주했으나, 신고를 받고 출동한 경찰이 몽골인 남성을 추적 검거했다.

⑨ 베트남 국적의 유학생들은, 노래방 안에서 마약류인 케타민, 엑스터시를 집단으로 투약하고 도주했으나, 경찰이 추적 수사하여 검거했다.

⑩ 예멘 국적의 남성 두 명은, 호텔 카운터에서 피해자 차량 열쇠를 몰래 가지고 나와 주차장에 있는 차량을 운전하여 도주했다. 예멘 남성들은 훔친 차량을 음주 상태로 운전하면서 교통사고까지 내고 도주했으나, 신고를 받고 출동한 경찰이 그들을 추격해 검거했다.

⑪ 모로코 국적의 남성은, 음주 만취한 상태에서 교통사고를 내고 현장에서 도주했다. 도주하던 모로코 남성은, 다시 가로수를 들이받는 2차 사고를 냈다. 신고를 받고 출동한 경찰은 현장에서 모로코 남성을 체포했다.

박경배 국내에 거주하는 외국인 범죄 사건을 간략하게 정리해 봤습니다. 교수님 의견은 어떤지 궁금합니다.

이윤호 사례를 보니 정말 다양한 범죄가 이뤄지고 있다는 생각이 드는군요. 일단 외국인이 저지른 범죄는, 외국인에 의한 범죄와 외국인에 대한 범죄로 나눌 수 있을 것 같습니다. 또한 국내 거주하는 외국인이 증가하는 만큼, 외국인에 의한 외국인에 대한 범죄는 증가할 수밖에 없다고 생각합니다. 숫자도 많아지고, 사건 내용도 다양해지고, 다방면에서 범죄가 발생할 것으로 보입니다.

사실 이것도 어느 나라나 비슷하긴 한데, 대인 범죄는 가해자와 피해자가 같은 시간과 장소에 있어야 발생합니다. 재산범죄도 비슷합니다. 외국인들도 처음에는 자기들끼리 모여서 먹고, 마시고, 놀고, 싸우고, 뺏고, 빼앗기고, 사기 치고, 사기당하는 범죄를 저지릅니다. 이때는 가시성이 없기 때문에 우리가(경찰이) 알아채기 힘듭니다. 그런데 이들의 활동 폭이 점점 넓어지면, 내국인은 물론 다른 외국인들에게까지 피해 범위가 확대될 수 있습니다. 그래서 가끔 뉴스에도 나오는 것 같은데, 한국에 사는 외국인들이 집단 패싸움을 했다는 기사도 나오고 있지 않습니까? 사실 이런 패싸움은 요즘 우리나라 조폭도 하지 않는 일입니다. 그런데 그런 일을 외국인들이 아무렇지 않게 한다는 거죠.

이건 제가 개인적으로 걱정하는 문제인데, 이제 우리는 더 이상 단일민족이라고 부르기 어렵다고 생각합니다. 우리도 이제는 다인종, 다문화, 다종교 사회라고 할 수 있습니다. 이렇게 되면 다른 종교 문화와의 충돌과 갈등은 피할 수 없다고 생각합니다. 여기에 외국인에 대한 차별과 증오는 점점 높아지지요. 또한 한국은 경쟁이 매우 심한 사회입니다. 이런 경쟁에서 소외되고 낙오된 외국인들이 증오범죄를 저지를 가능성도 크다고 생각합니다. 경쟁에서 낙오되고, 차별로 인해 소외된 외국인들이 마지막에는 범죄조직을 만들고, 이판사판으로 범죄를 저지를 수도 있다는 말입니다.

박경배 교수님 말씀을 듣고 보니 그럴 수 있겠다는 생각도 드는군요! 그렇다면 이에 대한 대책에는 어떤 것이 있을까요?

이윤호 첫 번째는 우리도 이제 장기적인 이민정책을 세워야 한다고 봅니다. 외국인에 대한 출입국부터 이민, 노동, 결혼정책까지 현실에 맞게 준비할 때가 왔다고 생각합니다. 하지만 이 문제는 실질적으로 법무부 소관이기 때문에 여기서 다룰 필요는 없을 것 같습니다.

두 번째가 경찰이 준비해야 할 일이라고 생각하는데, 이것도 제가 예전부터 강조하고 있는 내용입니다. 저는 앞으로 귀화 경찰관의 비율을 대폭 늘려야 된다고 생각합니다. 그런 귀화 경찰관들이 지역사회 경찰 활동을 통해 외국인 범죄 예방에 많은 역할을 할 수 있습니다. 현재 동남아 출신 귀화 여성들이 경찰에 특채되어 전국적으로 활동하고 있는 것으로 알고 있는데 더 늘려야 합니다.

미국도 뉴욕이나 LA 같은 도시에는 한국인 경찰관이 많습니다. 이유는 그만큼 한국인들이 많이 살고 있으며, 그들의 문제점을 같은 민족의 경찰이 현장에서 해결하는 게 더 효과가 좋기 때문입니다. 이제 우리도 외국인 밀집 지역에는 그 지역 민족의 사람을 경찰로 채용하여 경찰 업무에 적극적으로 활용해야 한다고 봅니다.

범죄학자는 한국 귀화 경찰관의 비율을 대폭 늘려야 된다고 말했다. 외사 정보업무와 외사 수사업무를 경험한 나조차도 범죄학자의 견해에는 순간 거부감이 들었지만, 조용히 생각해보니 틀린 말은 아니라는 생각이 들었다. 전국에서 활동하는 외국인 귀화 경찰관의 활약을 보면서, 그들이 동료라는 생각은 들지언정 외국인이라는 거부감은 들지 않았다.

박경배 교수님! 다음 사례는 제 경험상 좀 특이한 경우라서 한 번 말씀드려보겠습니다.

이윤호 알겠습니다.

내외국인을 구분하는 순간,
법 집행의 양상이 달라진다

평등의 결점은 우리가 그것을
손윗사람에게만 바란다는 점이다.
|
H.F. 베크

CASE 3

일요일 아침 일찍 신고가 접수됐다. '외국인이 친구들에게 폭행을 당했다'라는 신고였다. 신고자는 태국인이었다. 지구대에서 가까운 거리였기 때문에 순찰차를 이용할 필요도 없었다. 현장에는 남성 한 명이 우리를 기다리고 있었다. 그는 누가 봐도 누군가에게 폭행당한 모습이었다. 그는 어눌한 한국어를 사용해 자신의 피해 내용을 설명했다. 정리하면 이런 내용이었다.

자신은 태국 사람으로 합법적으로 체류 중(그는 이 부분을 강조했다)이며 한국에서 일하고 있다. 분식점 앞에서 태국인 남성 2명에게 아무런 이유 없이 폭행을 당했다. 자신을 폭행한 태국인은 불법체류자다(그는 이 부분도 강조했다). 그들이 자주 가는 장소는 태국인 전용 클럽으로, 자정에 문을 열고, 아침 일찍 문을 닫는다. 새벽에 태국인 전용 클럽에 가서 조사해보면 태국인 불법체류자를 많이 적발할 수 있을 것이라는 내용이었다.

나는 신고 내용을 청취하면서 순간 이해가 되지 않았다. 술을 먹다가 싸울 수도 있는 일이고, 아는 사람일 경우 다음에 만나 오해를 풀고 화해를 할 수도 있는데, 그는 끝까지 자신을 폭행한 태국인을 찾아서 처벌해달라고 요구했다. 더욱이 그는 자신이 폭행당해 기분이 나쁘다는 이유로, 자기 나라 사람들이 주말에 모여 정보도 공유하고, 술도 한잔하면서 스트레스 푸는 아지트를 경찰에 신고하면서 강력하게 단속하라고 요구하는 모습을 보였다.

박경배　교수님! 제가 한국에 거주하는 외국인들의 범죄행위를 분석해보면서 한 가지 공통점을 찾은 게 있습니다. 그것은 국적을 불문하고 그들이 저지르는 범죄행위가 한국인들이 저지르는 범죄행위와 매우 유사하다는 사실입니다. 하다못해 외국인들이 범죄를 저지르고, 아무렇지 않게 경찰에게 대들고 덤비면서 공권력을 우습게 알고 행동하는 모습까지 말입니다. 사실 저는 외국인들의 이런 모습이 가장 이해가 되지 않았습니다. 교수님은 어떻게 생각하십니까? 왜 외국인들이 한국에 들어오면 법을 지키지 않고, 경찰을 우습게 알고 행동하는지, 그 이유는 무엇이라고 생각하는지 교수님 의견을 듣고 싶습니다.

이윤호　그건 경찰의 법 집행과 관련이 있다고 생각합니다. 경찰이 법 집행을 엄격하게 하지 않으니까 외국인들도 준법정신이 없는 것입니다. 예를 들어 미국이나 싱가포르를 비교해서 생각해봅시다. 외국인들이 미국이나 싱가포르에 여행 가서 한국에서처럼 아무렇지 않게 법을 어기고, 경찰을 우습게 알고 행동했다는 이야기를 들어본 적 있습니까?

박경배   한 번도 없습니다.

이윤호   왜 없다고 생각하십니까? 미국이나 싱가포르는 아무리 사소한 범죄를 저질러도 그 범죄에 대한 경찰의 법 집행이 엄격하기 때문입니다. 또한 그 사실을 누구나 알고 있습니다. 외국인까지도 말입니다. 하지만 우리는 어떻습니까? 내외국인을 막론하고 술에 취한 사람이 자신을 도와주려는 경찰의 멱살을 잡고, 길거리에 토하고 오줌을 싸도 아무렇지 않게 넘어가는 사회입니다. 박 경위가 처음에 사례로 말한 미국 국적의 한국 여성도 마찬가지입니다. 그 여성이 미국 국적을 가졌다고 해도 미국에서는 메이저가 아니고 마이너로 생활할 수밖에 없습니다. 하지만 한국에 와서는 자신이 미국 국적의 한국인이라는 '주류'로 생각을 하는 것입니다(영어만 잘하는 것뿐인데). 즉, 심리적인 우월감을 가지고 있다는 말입니다. 한마디로 천박한 사고방식이라고밖에 생각할 수 없습니다.

박경배   그렇다면 교수님은 외국인 범죄와 관련해서도 경찰의 법 집행이 엄격해야 한다는 말인가요?

이윤호   또 같은 소리를 하는군요! 박 경위가 말하는 '외국인'이라는 표현 자체가 편견과 차별이라는 말입니다. 법 집행을 하면서 내외국인을 불문하고 원칙을 가지고 법을 엄격하게 집행하면 된다는 말입니다. 내국인과 외국인을 구분할 필요가 없다는 말입니다.

박경배 교수님! 그래도 솔직히 말하면 제가 현장에서 법 집행을 하면서 (똑같은 상황이라면) 외국인에 대해 공정하게 법 집행을 하기는 힘들 것 같습니다.

이때 사모님이 너무 심각한 거 아니냐며 음료와 간식을 가져다주셨다. 범죄학자와 나는 잠시 인터뷰를 멈추고 말없이 음료와 간식을 먹었다.

이윤호 요즘 기자들이 저에게 자주 질문해오는 게 '집시법(집회 및 시위에 관한 법률)' 관련 문제입니다. 제 생각에 우리나라 집시법은 큰 문제가 없다고 생각합니다. 그냥 있는 법을 잘 지키기만 하면 됩니다. 법은 지키지도 않으면서 문제만 생기면 집시법이 어떻다고 핑계를 대는데, 저는 그런 논란 자체가 소모적이고 의미없는 것이라고 생각합니다.

예를 한번 들어보겠습니다. 예전에 한국의 시위대가 미국 워싱턴에 가서 집회하는 장면이 TV에 나온 적이 있습니다. 한국에서 그렇게 경찰을 괴롭히고 불법을 저지르던 시위대가 미국에서는 법을 매우 잘 지키며 시위하는 모습을 보면서 저는 무척 놀랐습니다. 그렇다면 그 이유는 무엇이라고 생각하십니까? 미국에서는 한국에서처럼 집회나 시위를 했다간 큰일 난다는 사실을 알기 때문에, 법을 철저하게 준수하는 것입니다. 수많은 사람이 집회와 행진을 하는데도 관리하는 경찰은 몇 명 되지도 않습니다. 결론은 우리도 있는 법을 잘 지키고, 법을 위반한 사람에게는 엄격하게 법 집행을 하면 모든 문제는 자연스럽게 해결될 수 있다고 생각합니다.

박경배 하지만 교수님, 이건 좀 민감한 질문일 수도 있는데 우리나라는 원칙도 없는 고무줄 같은 인권정책이 오히려 갈등을 조장하는 때도 있는 것 같습니다.

이윤호 국가인권위원회를 말하는 것 같은데, 사실 우리나라 국가인권위원회처럼 막강한 권한을 가진 조직은 세계적으로도 흔치 않습니다. 문제는 가지고 있는 권한에 맞게 책임 있는 역할을 하고 있는지가 의문입니다.

저는 남의 권리를 침해한 개인의 권리가 있을 수 없다고 생각합니다. 내 권리 이상으로 남의 권리도 보호해줘야 한다고 봅니다. 인권이라는 것도 제삼자의 법익을 침해하지 않는 범위 내에서의 인권이어야 한다는 말입니다. 그런 면에서 경찰도 마찬가지입니다. 공공의 이익을 벗어나지 않는 범위 내에서 범죄자의 인권을 보호해야지, 공익이나 무고한 시민이 희생되면서까지 범죄자의 인권이 강조된다면 이건 형평성에도 맞지 않고, 공정하다고 말할 수도 없습니다. 인권을 위해 법과 정의가 무너져서는 안 된다고 생각합니다.

범죄학자는 인권도 중요하지만, 인권으로 인해 법과 정의가 흔들려서는 안 된다고 강조했다.

한국의 법 집행이
소극적이 될 수밖에 없는 이유

영원히 강한 나라도 영원히 약한 나라도 없다
(國無常强 無常弱).
법을 지키는 자들이 강하면 그 나라는 강해지고
(奉法者强 則國强),
법을 지키는 자들이 약하면 그 나라도 약해진다
(奉法者弱 則國弱).
|
한비자

CASE 4

폭우가 쏟아지던 어느 날 저녁 '손님 한 명이 우산이 바뀌었다고 말하며 찾아내라고 소란을 피우고 있다'라는 신고가 접수됐다. 신고 장소는 편의점이며, 신고자는 편의점 아르바이트생이었다. 경찰 2명이 출동했다. 신고 경위는 이랬다.
베트남 여성이 편의점에 들러 물건을 사고, 우산을 들고 나가려고 하는데 우산이 바뀐 것을 알게 됐다. 베트남 여성은 이때부터 갑자기 큰소리를 내면서 편의점 아르바이트생에게 자신의 우산을 찾아내라고 언성을 높였다. 편의점 아르바이트생은 남아 있는 우산이 베트남 여성이 가지고 들어온 우산이 맞는 것 같은데 그녀는 자신의 우산이 아니라고 말하며 나가지도 않고 행패를 부렸던 것이다. 사고 경위를 확인하기 위해 그녀에게 한국어로 물었지만, 그녀는 한국말을 할 줄 알면서도 전혀 협조하지 않았다. 편의점 안에 있는 CCTV를 확인한 결과, 편의점에 남아 있는 우산은 베트남 여성이 가지고 들어온 것으로 확인됐다. 베트남 여성은 다른 장소에서 다른 사람의 우산을 가지고 나온 후, 그것을 가지고 편의점에 들렀다가 소란이 벌어진 것이다. 하지만 베트남 여성은 CCTV를 확인한 이후에도 편의점 직원이나 경찰관에게 조금도 미안한 모습을 보이지 않았다. 다음 날 새벽 2시에 이 여성은 다시 112 신고를 했다. '편의점에서 다른 사람이 자신의 우산을 가져갔다'는 것이다. 베트남 여성은 CCTV 영상을 믿을 수 없어서 새벽 2시에 다시 편의점에 방문했고 112 신고를 한 것이다. 출동 나간 경찰관들은 신고자인 베트남 여성에게 다시 한 번 CCTV 영상을 확인시켜주고, 편의점에서 우산이 바뀐 사실이 없다는 것을 친절하게 설명해준 후 신고를 종결했다.

박경배 교수님은 어떻습니까? 어이가 없어서 가져온 사례이긴 하지만 외국인들의 이런 신고가 생각보다 많습니다. 이런 신고를 처리할 때마다 드는 생각인데. 신고한 여성이 자기 나라인 베트남의 수도 하노이 중심가에 있는 편의점에서도 베트남 경찰에게 (우산이 바뀌었다는 문제로) 한국에서 하는 것처럼 그런 행동을 할 수 있을지가 의문입니다.

이윤호 박 경위 얘기를 듣기만 했는데도 화가 나는군요! 전에도 한번 말한 것 같은데 한국 경찰은 세계에서 학력이 가장 높고, 또한 치안은 세계 어느 나라와 비교해도 뒤처지지 않을 정도의 안전한 나라입니다. 그 치안을 담당하는 것은 당연히 한국 경찰입니다.

제가 위에서도 말했지만 중요한 점은 내외국인을 불문하고 이제는 정말 엄격한 법 집행이 필요하다고 봅니다. 사실 외국인들이 한국에서 무질서하고 법을 지키지 않는 이유는 우리나라 사람이 법을 지키지 않기 때문입니다. 외국인들의 눈에 한국은 법을 어겨도 아무렇지 않은 나라로 보이니까, 한국 경찰이 외국인에게 (속된 말로) 호구 취급을 받는다고 할 수 있습니다. 하지만 이런 일은 결코 있어선 안 된다고 생각합니다.

박경배 교수님 말씀대로 경찰의 학력이나 능력이 세계 어느 나라와 비교해도 뒤떨어지지 않는데 왜 한국 경찰은 법 집행에 있어 소극적인 모습을 보인다고 생각하십니까?

이윤호 우리나라 경찰이 법 집행에 소극적인 이유는 그런 것 같습니다. 우리나라는 경찰이 법 집행을 하다가 문제가 발생하면 국가나 경찰 조직이 나서서 적극적으로 방어하거나 도와주지 않습니다. 오히려 법과 원칙을 지킨 경찰관이 비난과 책임을 지는 경우가 많습니다. 이런 일이 반복되면 경찰의 법 집행은 소극적으로 될 수밖에 없습니다. 그래서 전제돼야 할 것이, 경찰이 정당한 업무 중에 있었던 문제에 대해서는 정부나 경찰 조직에서 하나에서 열까지 완벽하게 보호해줘야 합니다. 그래야 경찰도 원칙대로 엄격하게 법을 집행할 수 있는 것입니다. 불안하면 아무것도 할 수 없습니다. 세계 10대 경제대국이라는 대한민국의 경찰이 다른 나라 사람에게까지 무시를 당한다면 이건 정말 있을 수 없는 일이라고 생각합니다.

범죄학자는 내국인과 외국인을 구분하는 문제에 대해 처음에는 민감하게 반응했지만, 그도 외국인이 한국 경찰을 무시하는 태도에 대해서는 분노하는 모습을 보였다. 나는 내가 경찰이기 때문에 누구보다 잘 알고 있다고 생각한다. 한국 경찰의 능력은 칭찬까진 모르겠지만 적어도 비난받을 정도는 아니라고…. 한국 경찰의 치안 서비스는 외국인에게도 공정하고 차별 없이 제공되고 있었다.

독일 국적 20대 후반의 여성은, 제주에서 김포로 이동하던 중, 불상의 장소에서 여권을 분실했다. 신고를 받은 경찰은 여권을 분실한 독일인 여성이 다음 날 출국해야 하는데 여권을 분실했다는 안타까운 사정을 듣고, 독일인 여성이 이용했다는 항공편을 확인했다. 경찰은 항공기가 휴항 중인 것을 확인하고, 항공사 분실물 관리팀과 비행기 정비사를 상대로 분실물 수색을 긴급히 요청했다. 이 과정에서 항공기 정비사로부터 항공기 안에서 독일 여성의 여권을 찾았다는 연락을 받고, 독일인 여성에게 안전하게 전달하여 자국으로 출국할 수 있도록 도움을 주었다.

한국에 사는 40대 초반의 베트남 여성은, 유엔 외교관을 사칭하는 불상의 남성과 오랫동안 메신저로 대화를 하던 중 유엔 외교관이라는 남성이 한국에 입국하기 위한 제반 비용을 보내 달라고 하자, 일용직을 하면서 모아누웠던 천 새신 1,000민 원을 송금하려고 했다. 하지만 은행과 경찰의 도움으로 피해를 예방할 수 있었다.

남아프리카공화국 국적의 16세 청소년이, 강원도에서 동생과 말다툼을 한 후 집을 나갔다. 가출인은 집을 나와 열차를 타고 서울 청량리로 이동했다. 다른 지역 공조 요청을 받은 서울의 관할 파출소에서는 열차에서 내리는 1,000여 명의 승객을 상대로 일일이 사진을 대조하여 가출인을 발견하고 가족에게 안전하게 인계했다.

호주 국적의 여성은, 인천공항 3층 면세점에서 쇼핑 중 캐리어를 분실했다. 호주인 여성은 출국 시간이 임박하여 캐리어를 찾지 못하고 출국했다. 신고를 받은 경찰은 호주인 여성이 쇼핑 중 캐리어를 다른 매장 앞에 놓아둔 것을 확인했다. 경찰은 다른 매장 앞에 있던 분실자의 캐리어를 찾아서 항공사의 협조를 받아 피해자가 출국한 나라로 안전하게 보내줬으며, 피해자가 자국 공항에서 찾을 수 있도록 조치했다.

러시아 국적의 초등학생이, 부모에게 꾸중을 듣고, 아파트 베란다 난간에 앉아 극단적 선택을 하려는 것을, 신고를 받은 경찰이 출동해 한국어를 전혀 하지 못하는 러시아인 아이에게 스마트폰 번역기를 이용해 대화를 시도…. 안전하게 구조하여 부모에게 인계했다.

이렇게 외국인에게까지 한국의 치안 서비스를 제공하는 경찰에게 우리 사회와 언론의 잣대는 너무 가혹하다는 생각을 지울 수 없었다.

이윤호   저는 우리나라 경찰이 과거 잘못된 법 집행으로 시민의 인권을 탄압한 부끄러운 역사를 아직 완전히 씻지는 못했다고 생각합니다. 하지만 지금 경찰에 들어오는 젊은 경찰관들은 그런 원죄가 없습니다. 그렇기 때문에 조금만 더 노력하면 시민의 신뢰와 사랑을 받는 경찰이 될 수 있다고 생각합니다. 저는 항상 경찰을 믿고 응원하고 있습니다.

박경배   고맙습니다. 이제 마지막 주제인데요. 한국에 거주하는 외국인 인구가 증가하면서 근래 마약 범죄가 급격히 증가하고 있습니다. 외국인에 의한 마약 범죄는 앞으로도 계속 증가할 것으로 보이는데 교수님 의견은 어떠신가요?

이윤호   마약 범죄도 두 가지로 나눠서 볼 수 있을 것 같습니다. 하나는 외국인에 의한, 외국인에 대한 마약 공급을 통해 이익을 얻는 측면이 있을 수 있습니다. 다른 하나는 외국인의 문화적 특성상 소비자로서 마약을 소비하는 범죄가 있을 수 있습니다. 한국과는 달리 외국인들은 마약에 대한 인식이 조금 다릅니다. 미국의 경우 성인의 80% 이상이 마리화나(대마초)를 피워본 경험이 있다는 통계도 있습니다. 요즘은 대마초는 합법화하고 있는 게 미국의 추세입니다.

문제는 외국인의 마약 소비가 자연스럽게 한국인에세노 마약이 퍼지는 계기가 될 수 있다는 점이지요. 우리는 지금까지도 마약은 말할 것도 없고, 마리화나(대마초)까지도 엄격히 금기시하는 정서가 있습니다. 하지만 이렇게 외국인 마약 조직이나 마약 사범들이 증가하면 소비 집단이 커질 수밖에 없습니다. 그렇게 되면 내국인에 대한 마약 소비도 자연스럽게 증가할 수 있습니다.

박경배   교수님, 미국이나 태국에서 대마초를 합법화하고 있다는 언론보도가 있었는데 합법화는 어떻게 한다는 말인가요?

이윤호   '합법화'는 정부에서 관리하겠다는 말입니다. 정부가 약물을 엄격히 관리하고, 필요할 때는 처방할 수 있다는 것이지요. 이와 비슷한 말로 '비범죄화'라는 말이 있는데 이 말은 담배나 술처럼 성인이 자기 맘대로 해도 정부에서 신경쓰지 않겠다는 게 비범죄화입니다.

박경배   그렇군요! 그렇다면 술이 나쁜가요? 담배가 나쁜가요? 대마초가 나쁜가요?

이윤호   이게 박 경위가 궁금해하는 '오늘의 질문'인가 보군요? 술이 가장 나쁩니다.

범죄학자는 고민할 필요도 없나는 듯 말했다.

이윤호   담배는 대표적인 피해자가 없는 범죄입니다. 자기가 자신에게 가해하고, 그 피해도 자신이 당합니다. 물론 주변 사람에게 간접흡연으로 피해를 줄 수는 있지만, 그런 문제는 차치하고 말입니다. 하지만 술은 다릅니다. 술로 인한 범죄는 음주운전으로 인한 사망사고와 충동 범죄, 성범죄까지…. 다른 사람에게 피해를 주는 일이 헤아릴 수 없이 많습니다. 또한 대마초(마리화나)보다는 담배가 더 나쁩니다. 대마초(마리화나)는 담배와 비교해 중독성이 거의 없습니다. 결론은 술이 가장 나쁘고, 담배나 대마초는 생각보다 그렇게 사회적인 해악이 크지 않습니다. 그래서 예전에 오바마 미국 대통령이 교도소에 있는 마약 사범들에 대해 풀어주라고 말한 적이 있습니다. 마약 사범은 대체로 폭력성이 거의 없는 사람들입니다. 이런 사람들은 치료해야지 교도소에 가둬봐야 교정 비용만 증가하고 효과가 전혀 없기 때문입니다.

박경배   그렇다면 교수님은 대마초 정도는 합법화해도 괜찮다고 생각하시는 건가요?

이윤호   대마초를 합법화하는 것도 나쁘지 않다고 생각합니다. 관리만 잘하면 되기 때문입니다. 제가 박 경위와 인터뷰하면서 자주 언급했던 것 같은데, 이 문제도 결국은 형사정책의 문제가 아니라 공중보건 즉 건강의 문제로 접근해야지 형사성책의 문세로 접근해서는 안 된다고 생각합니다. 그렇게 접근하면 해결책은 나오지 않습니다.

외국인 범죄와 관련해서는 정말 무겁지 않고, 가볍게 넘어가
려고 했는데 막상 인터뷰를 시작하니 계획대로 되지 않았다.
또한 범죄학자는 교수답게 작은 이슈도 간단하게 끝내지 않고,
이야기를 길게 이어가는 모습을 보였다.

박경배　　교수님! 오늘은 한국에 거주하는 외국인 범죄에 대해,
잠시가 아니라 길게 이야기를 나눴습니다. 정리해서 한 말씀 부탁
드립니다.

이윤호　　(범죄학자는 나를 보고 가볍게 웃으며) 우리나라 사람이
생각보다 매우 배타적입니다. 또한 국수주의적인 성격이 강한 편
입니다. 모두 알고 있는 사실이지만 지구상에서 합법적인 차이나
타운이 유일하게 정착하지 못한 나라가 우리나라입니다. 그 정도
로 외국과 외국인에 대해서 우리가 배타적이라는 말입니다. 그러
면서도 외국인에 대한 지나친 친절함도 가지고 있습니다. 특히 우
리나라가 경제적으로 부강해지면서 동남아 출신을 비롯해 많은
외국인 근로자가 입국해 산업 현장에서 일하고 있습니다.
　저는 가끔 두렵고 무서운 생각이 들 때가 있습니다. 우리도 앞
으로 미국처럼 인종차별이 심각한 사회문세로 발전할 수 있습니
다. 이때 우리 사회와 경찰이 어떻게 이 문제를 해결해 나갈지는

매우 중요한 과제라고 생각합니다.

　제가 미국에서 범죄학과 관련해 오랫동안 공부를 해서 그런지 모르겠지만, 저는 미국 경찰과 우리나라 경찰의 중간이 가장 이상적인 경찰상이라는 생각을 하고 있습니다. 현재 미국의 경우는 경찰권의 남용이 문제이고, 우리나라의 경우는 경찰권의 포기가 문제인데 여기서 합리적인 절충점을 찾는다면 우리나라가 새로운 경찰상을 만들 수도 있다는 희망을 품어보고자 합니다. 오늘도 수고 많았습니다.

　2022년 5월 말에 있었던 일이다. 이 사건은 언론에서도 많은 보도가 있었지만, 그 뒷이야기까지 알고 있는 사람은 많지 않다.

　싱가포르 국적 쇼트트랙 국가대표 선수와 아버지는 한국에서 전지 훈련을 받기 위해 인천공항을 통해 입국했고, 부산으로 이동했다. 그들은 생필품을 구입하고 숙소로 이동하던 중이었다. 한국인 40대 남성은 피해자들이 자신을 '기분 나쁘게 쳐다봤다는 이유로' 평소 소지하고 다니던 쇠 파이프를 사용해 싱가포르 국적의 아버지와 그의 딸에게 무차별적인 폭력을 행사했다.

　40대 아버지는 두개골이 골절됐을 정도로 중상을 입었고, 그의 딸인 10대 쇼트트랙 선수는 머리가 찢어지고, 코뼈가 골절되는 등 중상을 입었다. 이들의 안타까운 사정을 알게 된 부산 경찰은, 범죄 피해자 구조제도를 통해 치료비 긴급 지원을 요청하여 2,500만 원 상당의 치료비를 즉시 내줬다.

또한 피해자들이 한국에서 병원 치료를 받는 데 어려움이 없도록 도와주고, 심리통역 서비스를 지원하는 등 피해자들이 한국에서 입은 안타까운 피해를 최대한 회복해서 귀국할 수 있도록, 출국하는 날까지 최선을 다해 도와줬다. 한국 경찰의 도움과 친절에 감동한 피해자들은 담당 경찰관에게 싱가포르에 방문하게 되면 꼭 연락을 달라는 감사의 메시지를 보내왔다.

신고 현장에서 만난 이라크인에게 물었다.

"한국 어때요? 살기 좋아요?"

그가 말했다.

"정말 좋아요! '돈'만 많으면…."

잘못된 만남과
헤어짐의 범죄,
스토킹

2022년 7월 26일 화요일 14:00_ 범죄학자 연구실
경찰과 범죄학자의 아홉 번째 만남

인연이 다했다면,
그것으로 끝이기를

한 번 엎질러진 물은
다시 담을 수 없다(覆水不返盆).
|
강태공

CASE 1

① 피의자는 피해자와 전 연인 사이며, 스토킹 범죄의 처벌 등에 관한 법률 관련 잠정조치(100m 이내 접근금지)를 여러 차례 위반한 자다. 그는 피해자가 일하는 음식점 맞은편 공원에 위험한 물건인 야구 방망이를 소지하고 앉아 있던 것을, 신고를 받고 출동한 경찰이 스토킹 처벌법(잠정조치 위반)으로 체포했다.

② 피의자는 헤어진 여자친구에게 계속해서 만남을 요구하며 문자를 전송하는 등 스토킹 범죄를 일삼았으며, 겁에 질린 피해자가 새 남자친구와 함께 약속 장소에 도착하자 칼을 들어 피해자의 머리와 목을 향해 내려찍는 행위(살인미수) 후 도주했지만 신고를 받고 출동한 경찰이 추적 체포했다.

③ 피의자와 피해자는 약 4년간 교제하다 헤어졌다. 피의자는 피해자가 만나기를 거부하고 여러 차례 거절 의사를 했음에도, 피해자의 의사에 반하여 피해자 주거지에 찾아가 초인종 벨을 누르고, 현관문을 두드리는 등 피해자를 괴롭힌 행위로 체포됐다.

④ 피의자와 피해자는 동거하던 관계였으나 결별했다. 피의자는 스토킹 행위로 잠정조치 처분(잠정조치 1호 서면경고, 잠정조치 2호 피해자로부터 100m 접근금지, 잠정조치 3호 전기통신 접근금지)을 받았으나 피해자를 찾아가 고소 취하 및 관계 회복 목적으로, 피해자를 자신의 차량에 강제로 태워 내리지 못하게 감금하다가 출동한 경찰에 의해 현장에서 체포됐다.

⑤ 피해자는 전 동거남의 스토킹 행위 등으로 스마트 워치를 받은 자로서, 전 동거남이 피해자가 거주하는 창문 방충망을 뜯어내고, 주거지에 침입한 것을 경찰이 신속 출동해 도주하는 피의자를 추적 체포했다.

박경배 교수님 안녕하세요! 저번 주제는 한국에 사는 외국인 범죄에 관한 것이었는데 좀더 이야기하고 넘어가야 할 것 같습니다.

이윤호 그렇게 하시죠! 그런데 무슨 특별한 일이 있었나요? 목소리가 조금 흥분돼 보이는데.

박경배 교수님 의견을 '꼭' 듣고 싶은 사건이 하나 생겼습니다. 우선 사건 개요를 간단히 말씀드리겠습니다.

이윤호 알겠습니다.

박경배 2022년 5월 25일 경남 김해의 한 모텔에서 경찰은 태국 국적의 마약 총책과 공범 등 3명을 검거했습니다. 현상에서는 필로폰 113g, 야바 1,156정(우리 국민 약 4,000명이 투약이나 흡입

할 수 있는 양)을 압수하고, 출입국관리법 위반(불법체류자), 마약류 소지 및 투약 혐의로 태국 국적의 남성 3명을 현행범인으로 체포했습니다. 문제는 체포현장에서 대한민국 경찰에게 폭력을 사용하며 증거(마약)를 인멸하려고 했던 태국 국적의 남성 3명을 대한민국 검찰은 모두 구속 취소 및 석방했다는 사실입니다. 증거불충분으로 불기소 처분을 한 것이지요.

이윤호 믿기 힘든 일이군요! 그게 정말 사실이라는 말입니까?

박경배 사실입니다. 문제는 여기서 끝나지 않습니다. 대한민국 검찰은 목숨을 걸고 태국 국적의 마약 총책과 그 공범을 검거한 대한민국 형사 5명 전원을 독직폭행과 불법체포로 기소했습니다. 검찰은 형사 5명이 태국 국적의 마약 총책과 공범 2명을 검거하면서 외국인 마약사범의 인권을 침해하는 방법으로 체포했다는 이유를 들어, 태국인 마약 총책과 공범을 풀어주고, 오히려 목숨을 걸고 외국인 마약사범을 추적 검거한 대한민국 형사 5명을 기소한 것입니다. 검사는 대한민국의 수많은 사람들을 마약중독자로 만들 수도 있었던 태국 국적 마약 조직원의 인권이 대한민국 국민의 생명과 재산을 지키기 위해 목숨을 걸고 직무를 수행한 경찰관의 법 집행보다 더 중요하다고 판단했다는 사실입니다.
　교수님도 아시겠지만, 독직폭행은 벌금형도 없습니다. 유죄가 확정되면 형사 5명은 경찰 제복을 벗고 실업자에 범죄자 신세가 된다는 말입니다. 일단 사실만 정리해서 말씀드렸는데 교수님 의견을 듣고 싶습니다.

이윤호　일단 좀 특이한 사례라고 할 수 있을 것 같군요! 보통 이런 경우 외국인이 인권을 침해당했을 때, 외국인인권보호단체에서 문제를 제기하는 경우가 많은데 검찰에서 직접적으로 개입했다는 게 조금은 이해가 가지 않는 부분인 것 같습니다.

박경배　이 문제와 관련해서는 언론에서도 이렇게 문제를 제기했습니다. 기사 제목은 이렇습니다. '이상한 검찰… 경찰이 체포한 마약사범 풀어주라더니 직접 구속.'

　　나는 범죄학자에게 언론에 보도된 기사를 보여주며 계속 질문했다.

박경배　문제는 여기서 끝나지 않습니다. 검찰은 경찰이 체포한 태국 국적의 마약 조직원 2명을 출입국관리법 위반으로 강제 출국하도록 했으며, 자신들이 풀어준 태국 국적의 마약 총책은, (검찰로서도 도저히 그냥 출국시킬 수 없다고 생각했는지) 경찰이 수사한 내용으로 재수사하여, 다시 체포 구속했다는 사실입니다. 검찰은 경찰이 수사한 내용과는 다른 혐의로 수사해 구속했다고 밝혔지만 이건 정말 치사한 변명에 불과합니다.

이때 나는 조금 흥분했으며, 목소리는 떨렸다.

이윤호　오늘은 평소와 달리 박 경위가 많이 흥분된 모습을 보이는군요!

박경배　그렇습니다. 하지만 교수님! 이건 대한민국 경찰, 특히 불철주야 목숨을 걸고 마약사범을 검거하기 위해 노력하는 전국의 모든 형사의 사기를 죽이는 처분이며, 이런 식이라면 대한민국 형사들이 어떻게 일을 할 수 있단 말입니까? 사실 일을 안 해도 (범죄자를 잡지 않아도), 월급은 나옵니다. 그런데도 사복형사들이 목숨을 걸고 일을 하는 이유는 국민의 생명과 재산을 지키겠다는 사명감으로 일을 하는 것입니다.

　그는 내 얘기를 들으면서 언론 기사를 꼼꼼히 읽고, 내 흥분이 가라앉길 기다렸다.

이윤호　일단 박 경위가 보여준 언론 기사 내용을 보니 '경찰이 태국인 마약 조직원들을 체포하는 과정에서 머리와 몸통을 여러 차례 짓밟는 등 폭행한 사실이 확인됐으며, 검찰이 이를 반인권적 범죄로 판단해서 적법절차 위반으로 구속을 취소하고, 불기소했다는' 내용인 것 같군요. 그렇다곤 하시만 형사늘을 기소했다는 것은 좀….

여기서 범죄학자는 잠시 난처한 표정을 지으며 어떻게 얘기
해야 할지 고민하는 모습을 보였다.

이윤호　일단 체포 과정에서 경찰이 폭행을 행사했다고 하면 그
부분은 변명의 여지가 없다고 생각합니다. 우리나라 법은 내외국
인을 불문하고 공정하고 평등하게 적용합니다. 물론 체포현장에
서 부득이하게 사용하는 물리력은 어쩔 수 없겠지만 검찰이 현장
에 있던 형사들을 기소했다는 것은, 기소 내용을 증명할 수 있는
자료나 증거가 있었기 때문이라고 생각합니다. 문제는 설사 그렇
다 해도 현장에 있던 형사 5명 모두가 폭력을 행사하지는 않았을
것으로 보이는데….
　현장에 있던 형사 5명 모두를 기소한 것은 문제가 있어 보이는
군요. 사실 그런 급박한 현장에서는 누구나 흥분하기 마련이고,
한 사람이 흥분해서 지나친 물리력을 행사하면, 분명 그것을 말리
는 동료도 있었을 것입니다. 그런데 현장에 있던 형사 5명 전체를
기소했다는 것은, 조금 지나친 것으로 보입니다. 예를 들어 다섯
명 중에 한두 명이 지나친 물리력을 행사했다면 그 사람들에 대해
서만 기소를 해야지 다섯 명 모두를 기소한다는 건….

범죄학자는 중립적인 견해를 유지하기 위해 노력하는 모습
을 보였다. 나로서는 범죄학자가 나의 수상과 성질의 입장을 옹
호해주길 바랐지만, 범죄학자는 평소와 달리 신중하고 조심스

럽게 말했다.

박경배 교수님! 제가 교수님에게 보이스피싱 범죄와 관련해 이야기를 나눌 때도 말씀드렸지만, 저는 보이스피싱 범죄를 예방하기 위해 때로는 피해자가 은행에서 돈을 찾지 못하도록 강제로 막고, 은행 직원에게는 돈을 인출해주지 않도록 강제한 적도 있습니다. 이는 명백한 위법행위입니다. 하지만 경찰인 제가 위법을 저지르지 않고서는 혼이 빠진 선량한 시민의 (목숨보다 소중한) 재산(돈)을 지켜줄 수 없는 상황이 매일같이 발생하고 있습니다.

검찰의 논리대로라면 전국에 있는 지구대 파출소 경찰관들은 매일같이 위법행위를 하고 있고, 이들을 모두 기소해서 옷을 벗긴다면 국민의 생명과 재산은 누가 지킬 수 있을지 의문입니다. 또한 이런 논리라면 검찰청에 들어갔다가 조사받고 나와서 극단적 선택으로 삶을 마감한 사례는 이루 헤아릴 수 없이 많습니다. 그들이 검찰에서 적법절차에 따라 인권과 인격을 존중받고, '무죄추정의 원리'에 따라 조사를 받았다면 누가 검찰청 조사를 받고 나오자마자 극단적 선택을 하겠습니까?

이때 범죄학자는 짧은 한숨을 쉬었다.

이윤호 제가 자주 말했던 것 같은데 우리나라 경찰 조직은 거대하다고 할 수 있지만, 경찰권은 그렇게 강하다고 할 수 없습니다. 사실 미국이나 다른 외국에서는 마약 범죄의 경우 전쟁하다시피 단속을 하고 있습니다. 영화를 봐도 그렇고, 현실도 그렇습니다. 문제는 박 경위가 말한 사건의 경우처럼 목숨 걸고 외국인 마약 조직원을 검거했는데, 검찰에서는 풀어주고 오히려 검거한 경찰을 기소한다면 대한민국 경찰 중에 앞으로 누가 적극적인 단속과 검거를 하겠습니까? 저는 이것이 더 큰 문제라고 생각합니다. 우리 사회는 앞으로 더욱 많은 외국인이 유입되고 마약 범죄는 앞으로 더욱 증가할 것입니다.

사실 지금도 마약 소비는 급격히 증가하고 있습니다. 그런데 최전선에서 마약 범죄를 단속하는 형사들에게, 체포현장에서 불가피하게 이뤄지는 물리력까지 엄격한 법의 잣대를 적용한다면 결국 단속이나 검거를 하지 말라는 메시지와 같다고 할 수 있습니다. 중요한 것은 그런 일이 쌓이면 자칫 치안 부재 상황이 올 수도 있고, 그로 인한 피해는 우리 국민이 받게 되는데….

또한 이런 일이 발생하면 경찰 조직 차원에서 기소당한 형사들을 적극적으로 보호해줘야 합니다. 박 경위 말을 들어보면 소송 비용 문제로 형사들이 어려움을 겪고 있다고 하는데 이건 말도 안 되는 소리라고 생각합니다. 어떻게 경찰이 법 집행 과정에서 발생한 문제를 개인이 부담한단 말입니까. 박 경위도 답답한 마음에 제게 말한 것 같은데 기소가 됐나고 모두 유죄가 되는 것은 아니니까, 법원의 현명한 판단을 기다리는 것밖에는 현재는 어쩔 도리가 없어 보입니다.

이쯤하고 다음 주제로 들어가는 것도 괜찮을 것 같습니다.

　　범죄학자는 내 이야기에 공감해주는 느낌이었지만 경찰과 검찰의 대립 문제에 대해서는 신중한 모습을 보였다. 나 또한 잠시 흥분했지만 본 주제로 돌아와야겠다는 생각이 들었다.

　　코로나 팬데믹이 이어지는 기간에도 천만 관객을 돌파한 영화 「범죄도시 2」에서 마동석과 손석구가 버스 안에서 격투를 벌이는 멋진 장면이 나온다. 영화를 보는 사람들은 그 장면을 보면서 카타르시스를 느낄 수도 있었겠지만, 현실에서 그와 똑같은 상황이 연출된다면 주인공 마동석은 다음날 구속감이다. 죄명은 '독직폭행, 불법체포'다. 충분히 힘으로 안전하게 체포할 수 있었는데 불법적이고 불필요한 폭력을 행사했고, 미란다 원칙도 즉시 알려주지 않았기 때문이다.

박경배　　교수님, 2주 전에 있었던 사건인데 한번 톺아보고 넘어가고 싶습니다.

이윤호　　그렇게 하시죠.

박경배　　인천의 어느 섬에서 근무하는 공무원이 저녁 모임에서 함께 술을 마신 선배가 자신의 아내를 성폭행한 것으로 오해하고 살해한 사건이 있었는데요. 안타까운 점은 성폭행은 없었다는 사실입니다. 살인을 저지른 사람은 "술김에 오해했다. 왜 그랬는지 모르겠다"라고 진술한 것으로 알려졌습니다. 사소한 오해가 부른 너무나 안타깝고 끔찍한 사건으로 생각됐는데 이런 사건이 요즘 너무 많이 발생하고 있는 것 같습니다. 교수님은 어떻게 바라보는지 의견을 듣고 싶습니다.

이윤호 　저도 그 기사는 봤습니다. 우리는 살인사건에 대해 매우 잘못된 통념을 몇 가지 가지고 있습니다. 예를 들어 '살인범은 아주 잔인한 사람일 것이다. 강력한 살인의 동기가 있었을 것이다'라는 통념을 가지고 있는데 대다수의 살인은 아주 작은 것에서 시작된다고 할 수 있습니다. 사소한 말다툼, 작은 오해, 예측하지 못한 상황 변화 등으로 살인과 같은 범죄를 저지르곤 하는데 이런 것을 '격정과 충동 혹은 상황적 범죄'라고 합니다. 작은 오해를 불러일으킬 수 있는 상황이 발생했고, 그 과정에서 격정과 충동을 억제하지 못하고 살인을 저지른다는 말입니다. 물론 확실한 동기나 원인이 있는 살인도 있지만, 대다수의 살인은 박 경위가 사례로 말한 사건처럼 작은 오해로 인해 격정과 충동이 일어나고, 그 상황이 끔찍한 살인으로 이어지는 것입니다. 또한 술이 끔찍한 행동을 실행할 수 있는 기폭제로 작용한 것으로도 보입니다. 정말 안타까운 사건입니다.

박경배 교수님, 앞에서도 한번 다뤘던 것 같긴 하지만 우리 사회는 유독 술로 인한 범죄가 자주 발생하는 것 같습니다. 술로 시작해서, 처음에는 웃고 떠들다가 마지막에는 치고받고 싸우고, 때론 극단적이고 안타까운 사건이 다른 나라에 비해선 많이 발생하는 것 같습니다.

이윤호 그렇습니다. 우리는 술을 마시면 과음을 하고, 또 자주 먹기 때문에 술의 영향을 많이 받을 수밖에 없는 현실입니다. 미국에서 교도소에 있는 재소자를 상대로 조사한 결과에 의하면 재소자의 60% 정도가 범죄 직전이나 범죄 실행 순간 술과 약물의 영향을 받았다는 통계가 있습니다. 물론 미국의 경우 술보다는 마약이나 약물의 영향이 더 컸겠지만, 술도 범죄와 어느 정도 관계가 있다는 의미입니다. 사실 우리 사회가 술에 대해서는 지나치게 관대한 문화가 있다는 게, 가장 큰 문제입니다. 술로 인한 문제가 발생하면 "술이 잘못이지, 술을 마신 사람의 잘못은 아니다"라는 말도 안 되는 논리를 가지고 있다는 것입니다. 우스갯소리지만 가정 폭력 현장에서 아내들이 자주 하는 말 중에 "저 인간은 다 좋은데 술만 마시면 망나니가 된다"라는 말을 하지 않습니까? 그 말속에는 술을 마신 남편보다 술이 더 나쁘다는 의미가 들어 있다고 할 수 있는데 사실 이것도 말은 안 되는 소립니다. 술 또한 성인이 자신의 자유의지를 가지고 자유롭게 마시는 것이라고 할 수 있습니다. 그렇다면 술을 마시고 한 행동에 대한 책임도 술을 마신 사람이 져야 합니다. 술에 책임을 떠넘길 수는 없지 않겠어요? 결론은, 이제 우리도 무절제한 음주 문화를 바꿔야 할 때가 왔다고 생각합니다.

범죄학자의 이야기를 들으면서 순간 중국의 역사학자 사마천이 술에 대해 기록한 내용이 생각났다.

'주극생란(酒極生亂)
낙극생비(樂極生悲).
술이 극에 달하면 몸과 마음은 난리가 나고,
즐거움이 극에 이르면 마음은 슬프고 외로워진다.'

박경배　사실 이외에도 끔찍하고 안타까운 사건과 사고가 끊이지 않았지만 여기서 마무리하고 이번 주제인 스토킹 범죄에 관해 이야기 나눠보겠습니다.

이윤호　그렇게 하시죠!

박경배　교수님께서는 데이트 폭력, 이별 범죄, 스토킹 범죄 등을 '교제 폭력'이라고 말씀하시는데 먼저 교제 폭력에 대한 정의를 내리고 이야기를 진행했으면 좋겠습니다.

이윤호　저는 이렇게 생각합니다. 데이트와 교제는 용어상으로도 의미가 다르다고 할 수 있습니다. 데이트는 두 사람이 동의한 낭만적인 의미라고 할 수 있고, 교제는 현 상황을 얘기하는 관계적인 의미라고 할 수 있습니다. 예를 들어 "교제를 끊다"라고 말할 수 있지만, "데이트를 끊다"라는 말을 할 수 없지 않겠습니까? 그래서 저는 데이트와 폭력은 함께 사용하기 어렵다고 생각하기 때문에 '교제 폭력'이라는 말을 주로 사용하고 있습니다. 앞에서도 언급했지만 또한 이런 범죄를 '관계의 범죄' 또는 '관계 폭력 relational crime'이라고 하는데 스토킹도 관계의 범죄 중 하나라고 할 수 있을 것 같습니다.

박경배　교수님! 2021년 10월 21일부터 스토킹 범죄의 처벌 등에 관한 법률이 시행됐습니다. 스토킹 행위란 상대방 의사에 반하여 정당한 이유 없이(반복적으로) 접근하거나 따라다니는 행위, 주거 등 부근에서 기다리거나 지켜보는 행위, 우편, 전화, 정보통신망으로 글과 영상을 보내는 행위, 주거 등 그 부근에 물건을 두거나 훼손하는 행위로, 불안감과 공포심을 일으키는 것으로 되어 있습니다. 사실 이외에도 굉장히 광범위하게 범죄를 정의하고 있는데요! 이런 법률이 만들어질 수밖에 없는 사회현상을 어떻게 봐야 할까요?

이윤호　일단 스토킹은 타인의 의사에 반하여 오랜 시간을 두고 반복적으로 진행되는 위협이나 불안을 주는 행위라고 할 수 있습니다. 미국의 경우 이미 1990년부터 캘리포니아 주를 시작으로 모든 주가 스토킹법을 제정한 것으로 알고 있습니다. 사실 우리나라도 1999년 스토킹 처벌법이 처음으로 발의됐지만 국회를 통과하지 못했고, 그동안은 경범죄 처벌법 '지속적 괴롭힘'으로 10만 원 이하 벌금이나 구류, 과료로 처벌했습니다.

그 후로 유명 연예인들이 오랫동안 스토킹에 시달렸다는 사실이 밝혀지고 사회적인 이슈가 되면서 사람들도 스토킹 범죄에 관심을 두게 되었고, 관련 사건과 사고가 계속해서 발생했습니다. 최근에는 스토킹 그 자체도 문제지만, 우리 사회가 스토킹 범죄를 예방하지 못해서 끔찍한 살인사건이 발생하는 등 스토킹으로 인한 범죄 피해가 증가하다 보니 결국 스토킹 처벌법도 제정되고, 이와 함께 신변 보호에 관한 대책들이 나오고 있는 것 같습니다.

2021년 10월 21일 '경찰의 날'에 스토킹 범죄의 처벌 등에 관한 법률이 시행됐다. 법률이 시행된 첫날부터 지금까지 스토킹 관련 범죄는 매일같이 발생하고 있었다. 2022년 6월 경찰청이 발간한 「사회적 약자 보호 치안 백서」에 따르면 스토킹 처벌법이 시행된 2021년 10월 21일 이후, 올해 3월 31일까지 약 5개월 만에 스토킹 범죄 발생 건수는 5,707건, 검거 건수는 5,248건이다. 특히 신고 건수는 시행 전과 비교해 월평균 4배 이상 증가한 것으로 보고됐다.

폭력이 사랑의 허울에 가려서는 안 된다,
폭력은 그저 폭력일 뿐이다

사랑은 존재하거나 존재하지 않는다.
가벼운 사랑은 아예 사랑이 아니다.
ㅣ
토니 모리슨

CASE 2

① 연인이 서로 말다툼 중, 남자친구가 여자친구의 차량을 가로막자 홧김에 남자친구를 차에 매달고 약 500m를 질주하는 것을, 순찰 중에 발견하고 신속히 제지했다. 여성 운전자와 차에 매달린 남성은 불륜관계로 며칠 전 남성이 다른 여성을 만난 것이 발각되어 여성이 남성에게 이별을 통보했으나 남성이 계속 찾아와 다시 한 번 만나달라고 요구하자, 홧김에 남성을 차량으로 밀어붙여 차량에 매달고 질주했다.

② 대상자들은 약 1개월 전 사회관계망서비스에서 만난 연인 사이로, 모텔에서 피해자가 전화 통화하는 것을 다른 남자와 통화하는 것으로 오해하여 피해자의 머리채를 잡고 벽으로 밀친 후, 침대 모서리에 여러 차례 내려치고 주먹으로 얼굴 등을 폭행했다.

③ '맞아 죽을 것 같다'라는 112 신고를 접수한 후 경찰이 현장으로 출동했지만 신고자는 전화를 받지 않고, 주소지가 확인되지 않아 GPS 위치 주변으로 오차 범위를 선정하고, 다세대 빌라 및 원룸, 오

피스텔 거주지를 수색하던 중 녹취 음성과 비슷한 흐느끼는 외국인 여성의 목소리를 듣고 주거지에 진입하여 피해자를 확인하고 구조했다.

④ '남자친구가 칼로 죽이려 한다'라는 외국인 신고를 접수한 후 경찰이 현장으로 출동했다. 한국인 남성은 우즈베키스탄 여성인 피해자가 헤어지자는 말에 화가 나 가위를 들고 위협한 것으로 피해자 구조 및 가해 남성을 체포했다.

박경배 어떻습니까? 교수님! 전국에서 발생하고 있는 교제 폭력(데이트 폭력) 사례를 몇 가지 예로 들었는데요. 이런 교제 폭력과 이별 범죄는 한국에 거주하는 외국인 남성(여성)들도 똑같이 저지르고 있었습니다. 교수님 의견은 어떤지 궁금합니다.

이윤호 연인관계는 정말 복잡한 것 같습니다. 서로 사랑할 때는 목숨을 바쳐도 아깝지 않을 정도로 뜨겁게 사랑하다가 헤어질 때는 죽이고 싶을 정도로 서로를 증오하고, 혐오하는 것을 보면 그 관계와 감정을 어떻게 생각해야 할지. 저도 이만큼 살아왔지만 아직도 잘 모르겠습니다. 범죄학자로서 저의 생각은 이렇습니다.

우리나라는 그동안 가정 폭력이나 교제 폭력에 대해 매우 관대했습니다. 사적인 문제로 취급했고, 공적으로 국가가 개입하지 않았습니다. 그런데 그로 인해 많은 문제가 나타나기 시작했습니다. 아동학대도 지금은 큰 범죄로 취급되지만, 예전에는 부모나 선생이 자녀와 학생을 대상으로 하는 폭력을 '사랑의 매'라는 말도 안 되는 말로 정당화시켰습니다.

하지만 지금은 그런 폭력이 용납되지도, 용인되지도 않은 세상입니다. 이제는 언어적 폭력이나 심리적 폭력까지도 경찰이 개입합니다. 왜냐? 그런 작은 폭력 행위가 쌓이면 나중에 극단적인 피해로 이어질 수 있기 때문입니다. 그래서 사전에 경찰이 개입하는 것입니다. 그대로 방치하고 방관했을 때, 앞으로 어떤 극단적인 상황이 발생할지 모르니까 경찰이 사전에 예방하겠다는 것입니다. 그것이 지금 시행되고 있는 스토킹 처벌에 관한 법률이고, 저는 이런 법률의 경우 당연히 제정되고 시행되는 것이 옳다고 생각합니다.

박경배 그러면 교수님! 교제 폭력도 스토킹 범죄와 비슷하다고 할 수 있을까요?

이윤호 물론입니다. 이젠 폭력에 대한 우리의 인식을 바꿀 때가 온 것입니다. 연인 사이에 발생하는 교제 폭력도 이제 경찰이 적극적으로 개입해야 한다고 저는 생각합니다. 물론 그렇게 되면 신고는 당연히 증가할 것이고, 경찰의 업무도 배가될 것입니다. 하지만 이런 현상은 처음에만 잠시 일어날 뿐입니다. 앞으로 우리 사회가 그런 변화된 인식을 누구나 교육받고, 자연스럽게 받아들인다면 교제 폭력이나 스토킹 범죄도 감소할 것으로 생각됩니다. 제가 알기론 미국도 그런 과정을 거쳤고, 지금은 스토킹 신고가 많지 않은 것으로 알고 있습니다.

박경배 그러면 교수님은 앞으로도 한동안 교제 폭력이나 스토킹 범죄 신고가 계속 증가할 것으로 보신다는 말씀이신가요?

이윤호 물론입니다. 얼마 전 신문보도에서 교제 폭력(데이트 폭력) 신고와 상담 건수가 4년 사이 3배가 늘었다는 기사도 본 적이 있습니다. 또한 스토킹 범죄 신고도 박 경위가 통계로 말했듯이 계속 증가할 것입니다. 이유는 지금 우리 사회가 여성 인권의 신장을 넘어서 여성 주도의 세상으로 바뀌고 있습니다. 하지만 아직 남성은 그걸 받아들이지 못하는 것으로 보입니다. 이런 상황에서 남성이 여성을 이길 수 있는 유일한 방법은 힘(폭력)밖에 없습니다. 그래서 가정 폭력이나 교제 폭력이 더 증가하는 것입니다. 하지만 이런 사회현상을 남성들이 자연스럽게 받아들이는 순간이 당연히 올 것이고, 그때는 교제 폭력이나 스토킹이 낯설고, 조금은 이상한 단어로 느껴지는 세상이 올 것이라고, 저는 생각합니다.

범죄학자는 스토킹 처벌법은 필요한 법률이며, 교제 폭력(데이트 폭력)에도 경찰이 적극적으로 개입해야 한다고 말했다. 하지만 현장에서 법 집행을 하는 경찰관으로서는 어디에서부터 어디까지 개입하는 게 옳은지 혼란스러울 때가 많은 게 현실이었다. 범죄학자의 예측이 맞기를 바랄 뿐이다.

박경배 　교수님! 잠시 화제를 바꿔보겠습니다. 요즘 경찰에서는 스토킹 피해자나 교제 폭력 피해자의 신변 보호를 위해, 스마트 워치를 지급해 활용하고 있습니다. 교수님은 어떻게 생각하시나요? 스마트 워치가 피해자 신변 보호에 도움이 된다고 생각하십니까? 아니면 큰 효과가 없다고 생각하십니까?

이윤호 　저는 큰 효과가 없다고 생각합니다. 사실 얼마 전에도 스마트 워치를 착용했던 여성이 스토킹하던 남성에게 흉기에 찔려 살해된 사건이 있었던 것으로 알고 있습니다. 피해자는 스마트 워치를 작동하지도 않았고요….

박경배 　그렇다면 교수님은 어떤 이유로 '스마트 워치'가 효과가 없다고 생각하는지 이유를 듣고 싶습니다.

이윤호 　저는 이렇게 생각합니다. 스마트 워치는 피해자가 아니라 가해자에게 채워야 한다고 봅니다. 박 경위가 저보다 현장을 훨씬 더 잘 알고 있겠지만, 스마트 워치가 정말 효과가 있습니까? 가해자가 숨어 있다가 갑자기 나타나서 피해자를 공격하면 언제 스마트 워치를 작동한단 말입니까? 설사 작동했다고 하더라도 박 경위가 현장에 도착했을 때, 폭력을 제지할 수 있습니까? (이미 상황은 끝났는데….) 차라리 피해자와 가해자 모두에게 스마트 워치를 채워서, 가해자가 피해자 주변에 접근하면 자동으로 경보가 울린다든지 경찰에 위치 정보가 자동으로 전송되는 방식으로 운용한다면 범죄 예방에 훨씬 더 효과가 있을 것으로 보입니다. 그렇지 않은가요?

범죄학자는 (의외로) 스마트 워치의 단점을 정확히 알고 있었다. 신변 보호 대상자에게 스마트 워치를 지급하고 작동법을 설명하면서도 항상 들었던 의문이다. 실제 테스트도 해봤다. 피해자가 스마트 워치를 작동시키고 내가 순찰차로 현장에 도착했을 때, 아무리 빨라도 5분 이상 소요됐다. 스마트 워치를 사용하는 피해자들도 비슷한 생각을 한 것으로 보였다. 경찰과 핫라인으로 연결할 수 있다는 심리적인 위안은 얻었지만, 효과에 대해서는 신변 보호 대상자도 의문을 감추지 못했다.

코로나-19가 본격적으로 우리 사회를 혼란에 빠뜨리기 시작한 2020년 신변 보호 건수는 1만 4,825건이었지만, 2021년에는 2만 4,901건으로 1년 만에 약 69%가 증가했다. 이 통계는, 그것이 어떤 범죄든 범죄의 위협을 받는 사람이 그만큼 많아지고 있다는 사실이다.

박경배 교수님, 그럼 말이 나온 김에 '전자발찌'를 채우는 것이 범죄 예방에 효과가 있는지도 의견을 듣고 싶습니다.

이윤호 안 하는 것보다는 낫습니다. 범죄자에 대한 심리적인 억제를 줄 수는 있으니까요. 하지만 그 효과에 대해서는 회의적인 생각입니다.

박경배   그래도 안 하는 것보다는 하는 것이 좋다고 말씀하시면서 효과에 대해서 회의적이라는 말은 앞뒤가 맞지 않다는 생각이 드는데요?

이윤호   그럴 수도 있겠군요! 이유를 설명하자면 이렇습니다. 미국에서 전자발찌가 나온 이유는 미결 수용자를 가택에 가두기 위한 목적으로 만든 것입니다. 미결 수용자를 교도소에 가두고 재판을 하다 보니까 문제점이 많이 발생했습니다. 직장을 잃고, 교도소에서 범죄를 학습하고, 과밀 수용으로 인한 문제 등 여러 가지 문제가 발생했습니다. 그러니까 미결 수용자가 증거를 인멸하지 못하게 하고, 재판에도 출석할 수 있게, 한마디로 집에서 벗어나지 못하도록 하기 위해 만든 것이 전자발찌입니다. 하지만 우리는 어떻습니까?

전자발찌는 위치 정보를 파악해서 감시하는 것이 목적인데, 우리는 범죄자의 행동 감시 목적으로 사용하고 있습니다. 하지만 전자발찌에 눈이 있고, 귀가 있는 것이 아니지 않습니까? 전자발찌를 끊고 범죄를 저지르면 경찰의 추적을 받고 검거될 수 있지만, 똑똑한 놈은 전자발찌를 차고 범죄를 저지릅니다. 그런 범죄는 시금도 계속 일어나고 있습니다. 그럼에도 전자발찌 모니터링 센터에는 아무런 신호도 잡히지 않습니다. 그게 지금 우리가 운용하는 전자발찌 시스템인데 효과가 있다고 할 수 있을까요?

얼마 전 언론에서도 보도된 것 같은데, 전자발찌를 차고 성폭행과 살인을 저지른 사건에 대해서 대법원에서 국가의 책임을 인정하는 판결이 나왔습니다. 제가 지적한 대로 피의자는 전자발찌를 착용한 상태에서 범죄를 저질렀고, 교정 당국과 경찰은 아무런 예방 조치도 하지 못했습니다.

박경배 하지만 교수님! 전자발찌 운용기관인 법무부에서는 재범률이 낮아졌다고 말하며 효과가 좋은 것으로 홍보하고 있는 것 같고, 일반 시민 여론도 부정적인 것보다는 긍정적인 여론이 더 많은 것으로 보이는데요.

이윤호 제가 법무부에서 잠시 근무한 적이 있는데 이런 말을 해야 할지 조금 부담되는군요. 박 경위가 정확히 알아야 할 점이 하나 있습니다. 그것은 효과와 효율의 구분입니다.

효과는, 투입(돈)이 얼마가 들었든 간에 단 하나의 결과라도 있으면 효과가 있다고 말합니다. 예를 들어 국가가 100억 원을 투입했는데 100원의 결과만 나와도 효과가 있다고 표현합니다. 하지만 100억 원을 투입해서 100원의 효과를 얻었다면 그것이 합리적인, 또는 효율적이라고 할 수 있을까요?

박경배　그렇지는 않겠군요! 그러면 효율적이라는 것은 어떻게 받아들이면 될까요?

이윤호　효율은 인풋input 대비 아웃풋output입니다. 들인 노력과 결과의 비율이라고 할 수 있습니다. 예를 들어 10억 원을 투입해서 1만 원의 효과를 얻는 것과 100억 원을 투입해서 1만 원의 효과를 얻었다고 하면 결과(효과)는 같지만, 어느 것이 더 효율적일까요?

박경배　당연히 10억 원을 투입하는 것이 더 효율적입니다.

이윤호　제가 말하고 싶은 것이 그것입니다. 전자발찌를 운용해서 재범률을 낮추는 작은 효과는 얻었을 수 있습니다. 하지만 그것을 효율적이라고 말하기는 어렵다고 생각합니다. 전자발찌를 운용하기 위한 인력과 예산이 어느 정도 들어갔을까요? 그렇게 투입된 예산과 인력으로 어느 정도 효과를 얻었는지는 심각하게 고민해볼 필요가 있다고 봅니다. 그 인력과 예산을 좀더 효율적으로 운용한다면 더 큰 효과도 얻을 수 있다는 게 제 생각입니다.

　　결국 스마트 워치도 피해자가 미래에 당할 수 있는 범죄 피해를 미리 예방하기 위해 사용하는 장비이고, 선사말씨 또한 범죄자가 다시는 같은 범죄를 저지르지 못하도록 사전에 예방하겠다는 목적으로 채우는 것인데, 범죄가 그렇게 간단하게 예방되는 것이라면, 지금 우리 사회가 이렇게 끔찍하게 변해가지는 않았을 것이라는, 매우 회의적인 생각이 들었다.

범죄학자는 그동안 범죄와 관련한 여러 가지 문제에 대해, 그래도 미래는 희망적일 것이라고 항상 말해왔는데, 범죄를 예방하기 위해 운용하는 장비에 대해서는 부정적인 의견을 솔직하게 드러내는 듯 보였다.

스마트폰 화면이 자동으로 켜지면서 녹음 시간이 벌써 두 시간을 훌쩍 넘긴 것으로 표시됐다. 나와 범죄학자는 동시에 스마트폰 화면을 응시했다.

박경배 교수님! 오늘은 스토킹 범죄와 교제 폭력(데이트 폭력), 신변 보호 장비에 대한 여러 가지 이야기를 나눴습니다. 마지막으로 정리해서 한 말씀 부탁드립니다.

이윤호 제가 범죄학 교수로서 반복해서 하는 말이지만, 우리 사회의 여러 문제를 해결하는 데 있어 교육 이외에 다른 대안은 없다고 생각합니다. 가정과 학교, 사회에서 교육을 통한 인식의 개선 없이는 근본적인 문제를 해결하기 어려울 것으로 보입니다. 문제는 그런 시스템이 정상적으로 작동하지 못하니까 경찰이 개입하는 것인데 문제의 원인이 경찰은 아니라는 것입니다.

예를 들어, 요즘은 많이 변하고 있는 것으로 보이지만 법원이나 판사는 성범죄 특히 강간 사건을 재판할 때, 피해자가 어느 정도 저항했는가를 가지고 강간이냐 아니냐를 판단해왔습니다. 하지만 미국에서는 적극적인 예스yes를 기준으로 판단합니다. 그러니까 여성이 적극적으로 '예스yes' 하지 않은 성관계는 다 강간으로 판단한다는 의미입니다. 기준의 차이가 있는 것입니다. 그래서 우리도 앞으로 성교육을 실시할 때, (특히 남성들에게 그런 교육을 해야 한다고 보는데) 여성이 적극적으로 동의하지 않은 성관계는 나중에 성폭력이 될 수 있다는 인식을 남성들이 가져야 한다고 봅니다. 이제는 변화하는 시대에 남성이 맞출 수밖에 없습니다. 그런 변화에 적응하지 못하면 그 피해는 남성들 자신에게 돌아갈 수밖에 없습니다.

교제 폭력(데이트 폭력)이나 스토킹 범죄도 마찬가지입니다. 이제는 적어도 여성(남성)과 낭만적인 데이트를 하고 싶다면, 모든 것을 (서로에게) 평등한 입장에서 맞출 수밖에 없습니다. 그게 싫다면 그런 관계를 처음부터 만들지 말고, 시작하지 않으면 된다고 생각합니다. 그게, 가능하다면 말입니다. 오늘도 수고 많았습니다.

아주 옛날 중국에서 있었던 일이다. 중국의 어느 마을에 살고 있던 미생이라는 남성은, 같은 마을에 사는 아름다운 여성과 교제하고 있었다. 어느 날 두 사람은 동네 어귀에 있는 다리 밑에서 만나기로 약속했다. 하지만 무슨 이유에선지 미생의 연인은 약속 장소에 나오지 못했다. 날은 저물었으며, 갑자기 폭우가 내려 상류에서 물이 흘러 내려왔다. 물은 쏟아지는 빗물만큼 점점 더 많이 흘러 내려왔다.

미생의 다리에서 차오르기 시작한 물은 다리에서 허리로, 허리에서 가슴으로, 가슴에서 목으로… 올라왔다. 순간 미생은 다리를 받치고 있던 기둥을 끌어안았다. 이제 물은 미생의 머리 위까지 차올랐고…, 미생은 그렇게 죽었다.

이 이야기는 사마천의 『사기』에 나오는 미생지신尾生之信의 고사다. 이는 미생이 지킨 신의를 뜻하는 이야기로, 한편으로는 융통성이 없고 매우 미련함을 뜻하기도 한다. 가끔 혼자 생각해봤다. 그때 미생은 무슨 생각을 했을까? 그때 미생은 왜 그런 선택을 했을까? 미생의 연인은 왜 약속 장소에 나오지 못했을까? 미생이 오랫동안 연인을 기다리지 않았다면 폭우에 빠져 죽는 일은 일어나지 않았을 것이다.

인식의 개선 없이는 문제를 해결할 수 없다. 많이 늦었지만 이제라도 달라져야 할 때다.

이웃이 사(死)촌

2022년 8월 18일 목요일 14:00_ 범죄학자 연구실
경찰과 범죄학자의 열 번째 만남

경찰의 개입이 더 큰 충돌을 만든다면,
우선 시민의 의식을 높여야 한다

비판을 받지 아니하려거든 비판하지 말라.
너희가 비판하는 그 비판으로 너희가 비판을 받을 것이요.
너희가 헤아리는 그 헤아림으로 너희가 헤아림을 받을 것이니라.
어찌하여 형제의 눈 속에 있는 티는 보고,
네 눈 속에 있는 들보는 깨닫지 못하느냐.

『마태복음』 7장 1~5절

CASE 1

지난 4월 28일 서울 노원구의 한 아파트에서 60대 남성이 이웃을 흉기로 위협해 다치게 한 사건이 발생했다. A(68) 씨는 아파트 1층 승강기 앞에서 이웃 B 씨를 칼로 위협한 혐의로 경찰에 체포됐다. A 씨는 B 씨와 평소 층간소음 등 문제로 잦은 갈등을 빚던 중 범행을 저지른 것으로 알려졌다. 아파트 등 공동주택에서 층간소음은 수십 년간 지속돼온 문제지만 갈등이 잔혹범죄로 이어지는 사례가 최근 반복적으로 발생하고 있어 우려가 제기된다.

6일 법조계에 따르면 서울북부지법 형사14단독 정혜원 판사는 오는 22일 특수상해 혐의로 구속기소된 A 씨의 선고공판을 진행할 예정이다. A씨 외에도 층간소음이 강력 범죄로 번진 사례가 잇따르고 있다. 지난 4일에도 경기 고양시 일산서구 한 아파트에서 층간소음으로 갈등을 빚던 윗집 80대 노인을 흉기로 살해한 20대 남성이 구속됐다.

지난해 12월 서울 송파구에서는 20대 남성이 층간소음을 이유로 도

끼를 들고 윗집을 찾아가 현관문을 여러 차례 파손한 혐의로 붙잡혔다. 이 남성은 범행 전 윗집 현관문에 '발소리 쿵쾅거리지 말아라' 등 욕설이 담긴 협박성 메시지가 적힌 메모를 붙인 것으로 전해졌다.

경찰의 부실 대응 논란이 벌어진 인천 흉기난동 사건도 층간소음이 원인이었다. B 씨는 지난해 11월15일 인천 남동구 한 빌라에서 아래층 주민과 층간소음 문제로 갈등을 빚자 일가족 3명에게 흉기를 휘둘러 살해하려 한 혐의로 재판에 넘겨졌고, 지난 5월 1심에서 징역 22년을 선고받았다.

층간소음 민원은 해를 거듭할수록 증가하다가 코로나 이후 급증한 것으로 나타났다. 경제정의실천시민연합(경실련)이 환경부 산하 층간소음이웃사이센터의 민원 접수를 분석한 결과 코로나 이전인 지난 2019년 2만 6,257건이었던 민원 건수는 지난해 4만 6,596건으로 2배 가까이 증가했다. 전년도인 2020년 4만 2,250건보다는 소폭 상승했다. 경실련은 "층간소음 민원은 2016년 1만 9,495건, 2017년 2만 2,849건, 2018년 2만 8,231건으로 매해 증가하는 추세였지만 코로나-19로 재택근무, 원격수업 등 실내 활동이 늘어남에 따라 민원이 급증했다"고 밝혔다.

코로나 확산 이후 실내에 머무르는 시간이 늘어나면서 층간소음 갈등도 늘어난 것으로 분석된다. 소음에 노출되는 물리적 시간이 늘다 보니 예민해진 상태에서 갈등이 증폭돼 결국 범죄로까지 이어지는 모양새다.

민원 건수가 꾸준히 증가하는데다 갈등 양상이 다양해지면서 근본적인 대책 마련이 필요하다는 목소리가 커지는 가운데 전문가들은 의사 소통에 주목해야 한다고 조언한다.

출처 「뉴시스」 2022년 7월 6일자 기사 중에서

오늘은 범죄학자와 마지막으로 인터뷰하는 날이나. 사보님 또한 전시회가 있으신지 그림 정리에 바쁜 모습이었다. 범죄학자는 무덤덤한 모습이었다. 처음 만났을 때와 크게 다르지 않았다. 마지막 인터뷰가 아쉽다거나 귀찮은 일 하나가 끝났다거나 하는 그런 모습이 아니었다. 처음 만났을 때 그 모습 그대로 나를 맞아주었다. 내게는 그 모습이 더 편하고 좋았다.

박경배　　교수님! 오늘은 마지막 주제로 층간소음과 노인 범죄 관련 주제를 다뤄보겠습니다.

이윤호　　그렇게 하시죠.

박경배　　교수님! 단도직입적으로 질문해보겠습니다. 층간소음은 범죄입니까? 아닙니까?

내 질문에 범죄학자는 여유 있는 미소를 지었다.

이윤호　　오늘은 '그 질문'이 처음에 바로 나오는 느낌이군요! 범죄가 될 수도 있고, 안 될 수도 있다고 생각합니다.

박경배　　오늘도 명확한 견해를 밝히지 않으시는군요.

이윤호　　이제는 박 경위도 이해할 때가 되지 않았나요? 박 경위가 무슨 의도로 질문을 하는지 잘 알고 있습니다. 요즘 층간소음 문제로 끔찍한 범죄가 많이 발생하고 있다는 사실을, 저도 잘 알고 있습니다. 문제는 층간소음 문제가 범죄라면 경찰이 적극 개입해야 하고, 범죄가 아니라면 개입할 수 없다는…, 경찰에게는 딜레마에 빠지는 신고 중의 하나라고 생각합니다. 사실 미국 같은 경우에도 층간소음이나 이웃간(집에서 파티하면서 발생하는) 소음에는 경찰이 신고를 받고 출동합니다. 그런 장면은 할리우드 영화에서도 자주 볼 수 있지요. 우리와 다른 점은 미국 같은 경우 보통 그렇게 경찰이 한 번 출동하면 문제가 원만히 해결된다는 사실입니다. 하지만 우리는 미국과 주거 시설이 다르고, 경찰이 개입해서 해결하기 어려운 점이 있는 것 같습니다. 그렇다 보니 경찰이 신고를 받고 출동해도 현장에서 층간소음 문제를 해결하기는 어렵고, 그런 신고로 더 큰 갈등이 발생하고, 그로 인해 범죄가 발생하면 그때는 경찰이 개입할 수밖에 없는 구조입니다. 그렇게 보면 층간소음으로 인한 신고는 경찰에게는 정말 개입할 수도, 안 할 수도 없는 어려운 문제라고 생각합니다.

범죄학자의 설명을 들으면서 순간 미국에서 발생한 층간소음 살인사건 뉴스가 생각났다. 위층의 파티 소음으로 스트레스를 받은 남성이 위층 부부와 층간소음으로 말다툼했다. 아래층 남성은 분노를 참지 못하고, 총을 가지고 위층으로 올라가 말다툼한 부부를 총으로 쏜 사건이었다. 미국은 층간소음 분쟁이 경찰의 개입으로 원만히 해결된다는 범죄학자의 설명을 들는 동안, 뜬금없이 미국에서 일어난 층간소음으로 인한 끔찍한 범죄 사건이 떠올랐지만, 나는 생각만 하고 말하진 않았다.

박경배　교수님, 답변이 너무 두리뭉실한 것 같습니다. 그래서 경찰이 개입해야 한단 말인가요? 하지 말아야 한단 말인가요?

그는 또 미소를 지었다.

이윤호　박 경위가 단답형으로 확실하게 대답을 요구한다면 저는 개입하는 게 맞는다고 생각합니다.

박경배　층간소음이 범죄가 아닌데도 경찰이 개입해야 한다는 말입니까?

이윤호　박 경위는 경찰이 '꼭' 범죄나 범죄 신고에만 개입해야 한다는 생각을 하는 것 같은데 그래선 안 된다고 생각합니다. 경찰이 범죄나 범죄 신고에만 개입하라는 법은 없습니다. 층간소음 문제만 해도 그렇습니다. 아파트에서 아이들을 키우면서 또는 평범한 가정에서 살아가다 보면 어쩔 수 없는 생활 소음은 발생할 수 있습니다. 이런 생활 소음 문제로 신고가 들어와 그런 일까지 경찰이 개입하는 것은 저도 안 된다고 생각합니다. (범죄도 아니고, 사생활 침해가 심할 수 있기 때문에) 하지만 공동체 생활을 하면서 정말 다른 사람을 배려하지 않는 이기적인 사람은 어디나 있습니다. 때론 고의로 소음을 발생시켜 다른 사람을 지속적으로 괴롭히는 사람도 있는 것 같습니다. 그런 갈등을 유발하고 조장하는 층간소음에 대해서는 경찰이 출동해서 어느 정도 제재하고 경고해서 더는 갈등이 발생하지 않도록 예방하는 활동이 필요하다고 생각합니다. 그렇지 않은가요?

평생 범죄학을 연구한 교수답게 신중하게 고민한 뒤 의견을 표출했다. 현장에서 동료들과 느꼈던 딜레마가 이 문제였다. 층간소음이 범죄도 아닌데 왜 경찰이 신고를 받고 출동해야 한단 말인가? 그렇게 출동해서 개인의 사생활에 개입해도 법적으로 제재를 가할 수 있는 수단은 많지 않았다. 물론 경범죄처벌법 제3조 제1항 제21호에는 인근 소란 등의 항목이 있다. 그 내용은 악기·라디오·텔레비전·전축·종·확성기 등의 소리를 지나치게 크게 내거나 큰 소리로 떠들거나 노래를 불러 이웃을 시끄럽게 한 사람은 3만 원의 범칙금을 부과하게 돼 있다. 하지만 층간소음으로 지금까지 이 법을 적용한 사례는 단 한 번도 없었고, 적용했다는 말도 들어보지 못했다.

박경배 교수님 말씀은 충분히 이해했습니다. 하지만 현장에서 신고를 받고 출동해 업무를 처리하는 저로서는 정말 어려운 점이 많습니다. 경찰인 제가 이웃간 층간소음 문제에 개입해서 문제가 원만하게 해결된다면 저도 적극적으로 개입하고 싶습니다. 하지만 출동 현장에서 느끼는 거지만, 경찰인 제가 개입해서 좋은 쪽으로 해결되는 일은 거의 없었습니다.

신고한 당사자는 자신의 민원을 경찰이 해결해주지 않았다고 원망하고, 신고를 당한 사람은, "경찰이 그렇게 할 일이 없어서 아파트에서 불가피하게 발생하는 생활 소음 문제에도 출동하느냐? 나는 신고를 하지 못해서 안 하는 줄 아느냐? 나도 그냥 참고 살뿐이다. 그런데 경찰이 이렇게 출동해서 자신을 범죄자 취급하는 게 말이 되느냐? 이런 식이라면 나도 앞으로 가만있지 않겠다"라는 말로 출동한 경찰들을 힘들게 합니다. 애초에 경찰이 개입할 수 없는 일에 개입하다 보니 결과론적으로 신고자와 신고를 당한 사람이 더욱 극단적인 상황으로 치달을 수 있도록 촉매제 역할을 하는 건 아닌가 하는 회의적인 생각이 들 때도 있습니다. 이런 신고도 강원도에서 제주도까지 매일(코로나-19가 우리 사회를 괴롭히고 있을 때도) 일어나고 있었고, 과거보다 더 증가하고 있습니다. 그렇다면 경찰은 현장에서 어떻게 해야 이런 문제를 해결할 수 있단 말입니까?

이윤호 경찰은 정말 힘들고 어려운 직업 중 하나라고 생각합니다. 앞에서도 말했지만, 우리 사회는 사회적 갈등이나 문제를 조정할 수 있는 사회 시스템이 아직은 부족한 것 같습니다. 박 경위 말대로 층간소음이 발생했을 때, 경찰이 바로 출동하는 것은 문제 해결에 도움이 되지 않습니다. 하지만 그 작은 갈등을 자칫 간과했을 때, 너무나 끔찍한 범죄로 이어지는 일이 많다 보니까 경찰이 개입하고, 경찰이 개입함으로써 문제가 해결되는 것이 아니라 더욱 큰 갈등으로 이어지는 악순환이 반복되고 있는 것 같습니다. 사실 이런 문제도 형사사법적 시각으로 해결하기는 어려운 문제입니다. 애를 낳아 키우다 보면 울기도 하고, 시끄럽게 할 수도 있는데 그때마다 경찰이 출동해서 "애가 울지 못하게 해라! 뛰지 못하게 하고 조용히 키워라! 윗집에서 혹은 아랫집에서 시끄럽다고 신고했다"라고 말하며 개입한다는 게 상식에 맞는다고 할 수는 없기 때문입니다.

제가 요즘 자주 생각하는 문제인데 우리는 이웃을 이웃이 아니라 적으로 생각하며 살아가는 것 같습니다. '저 사람이, 저 집이 나한테 도움이 되는 건 아무것도 없는데 나에게 (작은) 불편함을 끼쳐. 나는 참을 수 없어. 그런데 내가 직접 나서기는 귀찮아! 그러니까 (경찰에 신고해서) 당신들이 나서서 내 불편을 해결해!' 이런 식인데 이 정도면 이건 시민의식의 문제라고 할 수 있습니다. 하지만 어떻습니까? 우리는 학교 다닐 때 친구를 친구가 아니라 경쟁자로 생각합니다. 대학을 졸업하고 취업을 할 때도 다른 사람을 이기고 쓰러뜨려야 내가 성공할 수 있다는(취직한 이후에는 승진의 문제로) 식으로 모든 관계가 경쟁과 갈등으로 흘러가면 앞으로 상황은 더 나빠질 수밖에 없다고 생각합니다.

범죄가 아닌 일에 경찰의 개입이 과연 정당한 일인가에 대한 고찰

> 싸움을 말리는 자가
> 그 싸움의 근본적인 해결책까지 마련해줄 수는 없다.
> |
> 노자

CASE 2

① A 씨는 평소 층간소음 문제로 피해자 B 씨와 감정이 좋지 않았다. A 씨는 층간소음으로 B 씨의 집으로 찾아가 말다툼을 하던 중, 피해자의 집에 있던 흉기를 사용해 B 씨를 살해했다.

② C 씨는 빌라 층간소음으로 피해자 D 씨와 갈등을 빚던 중, 피해자를 살해할 목적으로 '만나서 사과하겠다'라고 유인 후, 미리 준비한 과도를 이용해 피해자 신체를 공격 살해했다. 현장에 출동한 경찰이 추적 체포했다.

③ E 씨는 피해자 F 씨가 층간소음에 대해 "조용히 해달라"고 말했다는 이유로 피해자 F 씨에게 앙심을 품고, 술에 취한 상태에서 흉기(식칼과 가위)로 "죽여버리겠다"라고 협박하다가 출동한 경찰에 체포됐다.

④ G 씨는 아파트 위층에 사는 피해자 H 씨가 시끄럽게 한다는 이유로, 현관문에 '죽여버리고 싶은 충동이 생긴다'라는 벽보를 붙이고, 피해자 H 씨의 집에 식칼을 들고 찾아가는 등 특수협박 행위로 경찰

에 체포됐다.

⑤ I 씨는 층간소음 문제로 피해자 J 씨가 자신에게 "조용히 해달라!" 고 말하고 경찰에 신고했다는 이유로 과도를 들고 피해자 J 씨를 찾아가 피해자 집 현관문 번호키를 누르는 등 특수협박 행위로 경찰에 체포됐다.

⑥ K 씨는 층간소음으로 피해자 L 씨가 경찰에 자신을 신고했다는 이유로 앙심을 품고 "내가 죽든지 너희를 죽이든지 하겠다"라고 협박했다. 피의자 K 씨는 출동한 경찰관 앞에서도 피해자를 죽이겠다고 협박하다가 현장에서 체포됐다.

⑦ M 씨는 평소 피해자 N 씨와 층간소음 문제로 관계가 좋지 않던 중, N 씨의 집에 찾아가 말다툼을 하며 몸싸움을 벌였다. M 씨는 이에 분이 풀리지 않자 집에 있던 사시미 칼을 들고 피해자를 찾아가 협박하다가 출동한 경찰에게 특수협박 행위로 체포됐다.

　　층간소음 신고 현장에서 가해자들은 거의 똑같은 대본을 보고 읽듯이 공통으로 하는 말이 있었다. 그들은 모든 잘못을 상대방에게 돌리면서 "증오와 혐오, 협박과 복수, 식칼과 살인, 앞으로 일어날 끔찍한 결과에 대해서는 경찰 너희들이 책임져라!"라는 말이었다.

박경배　　어떻습니까? 교수님. 이웃간 사소한(층간소음) 문제가 생각보다 끔찍한 결과로 나타나는 일이 많은 것 같습니다. 최초에 출동한 경찰이 미래에 이런 일들이 일어날 수 있다는 사실을 예견할 수 있다면 범죄를 예방할 수 있겠지만, 그것은 현실적으로도 불가능한 일입니다. 또한 층간소음의 경우 보통 '협박이나 특수협박'으로 체포됐다고 해도 보통은 두세 시간 조사받고 나면 석방돼 귀가합니다. 이건 전혀 해결책이 될 수 없습니다. 경찰서에서 조사받고 나온 대상자(가해자)가 과연 무슨 생각을 하겠습니까? '아~ 앞으로 층간소음으로 다른 사람에게 피해를 주지 않도록 조심해야겠다'라는 생각을 하겠습니까? 아니면 '당신이 나를 신고해서 내가 벌금을 내고 전과자가 되게 만들어?'라며 증오와 원망의 마음을 갖겠습니까?

이윤호 정말 안타깝고 끔찍한 결과라고 생각합니다. 이웃간 작은 소음 문제로 저런 끔찍한 결과가 발생한다는 게….

박경배 실례지만 교수님은 층간소음으로 인한 갈등을 겪어보신 경험이 있으신가요?

이윤호 (…) 저도 아파트에 살고 있지만 다행히 아직은 없었던 것 같습니다.

박경배 사실 경찰인 제가 가장 안타까운 점은 층간소음으로 인해 끔찍한 범죄를 저질렀거나 저지르려고 하는 사람이, 그 이유를 피해자가 자신을 경찰에 신고했다는 이유로 그런 행동을 결심했다고 말한다는 사실입니다. 피해자는 자신이 직접 나서는 것보다 경찰의 도움을 받는 것이 더 낫다고 생각해 신고합니다. 하지만 신고를 당한 사람은 자신이 범죄를 저지르지도 않았는데 경찰에 신고가 되어 출동한 경찰에게 주의나 경고를 받았다는 사실에 분노하는 경향이 많았습니다.

경찰로서는 신고를 받고 출동해서 층간소음 문제를 해결하는 게 아니라, 더 큰 범죄가 발생하는 촉매제 역할을 하고 있다는 암울한 생각까지 들 때가 있습니다. 저희는 이런 상황을 어떻게 대처해야 할지 모르겠습니다.

이윤호 다시 말하지만, 형사사법이 개인의 사생활에 관여하거나 간섭해서 해결할 수 없는 문제(범죄)는 매우 많습니다. 이런 층간소음도 처음부터 경찰이 개입하는 것은 문제 해결에 도움이 되지 않을 것 같습니다. 문제는 현재 층간소음으로 인한 갈등을 원만히 해결해줄 수 있는 사회적인 시스템이 없다는 것입니다. 하지만 112(경찰)에 신고하면 그 신고가 경찰이 개입할 수 없는 문제라고 해도 출동을 하는 것으로 알고 있습니다. 이렇다 보니 신고를 하는 사람은 가장 편하고 쉽게 선택할 수 있는 수단이 112(경찰)밖에 없는 것입니다.

박경배 교수님! 이야기가 다시 원점으로 돌아가는 것 같은데 그렇다면 이런 '층간소음' 문제를 어떻게 해결해야 할까요?

이윤호 이쯤하고 정리를 할 필요가 있을 것 같습니다. 개인적인 생각을 말하자면 층간소음 문제에 경찰이 개입하는 것은 문제 해결에 도움이 되지 않을 것으로 판단됩니다. 다만 이웃간의 그런 갈등이 지속되면서 범죄가 이뤄지는 일이 요즘 많이 발생하는데 그렇다면 어떻게 할 것인가? 제 생각은, 지금 시행되고 있는 스토킹 처벌 금지법을 층간소음에도 적용하는 것이 경찰로서는 최선인 것 같습니다. 층간소음 문제로 지속적, 반복적으로 다른 사람을 괴롭힌다면 이는 스토킹 처벌법으로 경고나 제재를 가할 수 있다고 생각합니다. 경찰이 층간소음 문제에 개입해서 해결은 되지 않고, 갈등이 더욱 커지는 이유는 신고하는 사람도 신고당하는 사람도, 경찰의 법 집행에 대한 절차적 정당성을 인정하지 않기 때문에 발생한다고 봅니다. '층간소음'이 범죄도 아닌데 왜 경찰이 개입하는가? 이건 절차적 정당성이 없어서 발생하는 문제입니다. 하지만 스토킹 행위는 범죄입니다. 범죄에 대해서는 경찰이 합법적으로 개입할 수 있고, 절차적 정당성도 확보됩니다. 이런 절차적 정당성을 가지고 층간소음 신고를 하는 사람과 신고를 당하는 사람에게 명확하게 법적 근거로 주의, 경고, 제재를 가한다면 문제 해결에 조금은 도움이 되지 않을까 생각해봅니다. 이쯤하고 마무리를 하는 것도 괜찮을 것 같습니다. 이 경우는 박 경위와 제가 어떤 해결책을 도출할 수 있는 문제는 아닌 것 같습니다.

범죄학자는 반복되는 질문에 피로감을 느끼는 듯 보였다. '층간소음'이 발생하는 현장에서 조금도 상대방을 배려하지 않고, 양보하지 않는 당사자들을 보면서 이런 생각이 들었다. 그럼 이 아파트에 아무도 살지 않고, 혼자만 살 수 있다면 그들은 행복할까? 엘리베이터도 혼자 사용하고, 아래층이나 위층에도 아무도 살지 않는다. 거대한 아파트에 불이 켜진 집은 자기 집 한 채뿐이다. 공동주택인 아파트에 이웃도 없고, 타인은 존재하지 않는다. 그런 거대한 아파트 단지 안에서 TV에 나오는 자연인처럼 혼자서만 살아간다면…. 타인은 지옥이지만 그렇다고 혼자 살아갈 수도 없는 이 부조리한 현실에서 답은 쉽게 찾아지지 않았다.

박경배 알겠습니다. 그럼 다음 주제로 들어가보겠습니다. 교수님! 지금 피로하신가요?

이윤호 (…)진행하시죠!

박경배 알겠습니다. 교수님! 현장에서도 그렇고, 언론의 사건사고 보도 내용을 봐도 요즘 노인 범죄가 급격히 증가하는 것 같습니다. 교수님 의견은 어떤지 궁금합니다.

이 질문을 하면서 나는, 범죄학자가 지금 노인인지 아닌지 하는 의문이 들면서 조심스러웠다. 결론은 범죄학자가 노인이라고는 할 수 없는 나이라는 사실이다.

이윤호 일단 용어 정리를 정확히 할 필요가 있다고 봅니다. '노인 범죄'라고 하면 노인을 범죄자 측면에서 바라보게 된다고 생각합니다. 하지만 노인은 범죄자가 될 수도 있고, 피해자가 될 수도 있습니다. 그런 면에서 '노인과 범죄' 즉 가해자로서의 노인과 피해자로서의 노인으로 나눠서 생각해봐야 할 것 같습니다.

박경배 그렇겠군요. 좀더 풀어서 설명 부탁드립니다.

이윤호 지금 우리 사회는 '고령사회'에서 '초고령사회'로 진입하고 있는 현실입니다. 한마디로 노인 인구가 급격히 증가하고 있다는 말입니다. 이렇게 되면 범죄 피해의 표적이 되는 피해자로서의 노인 문제가 발생할 수 있습니다. 한편 이런 상황이라면 우리 사회 안에서 범죄자로서의 노인도 증가할 수밖에 없습니다. 사실 이는 당연한 결과입니다. 우리가 말하는 초고령사회는 고령인구 비율이 20% 이상이면 초고령사회로 분류하고 있는데 우리가 곧 초고령사회로 진입합니다. 그렇게 되면 '노인과 범죄'는 당연히 증가할 수밖에 없다고 봅니다.

박경배 그럼 먼저 피해자로서의 노인 문제를 톺아보고 싶습니다.

이윤호 박 경위도 잘 알겠지만 가정 내에서 학대를 당하는 노인 피해가 가장 큰 문제라고 생각합니다. 앞에서도 지적했지만 가정 폭력이나 노인 학대는 가정 내에서 은밀하게 발생하기 때문에 가시성이 없습니다. 신고가 되지 않으면 알 수가 없는데 문제는 신고되기가 쉽지 않다는 게 문제입니다. 또한 노인을 학대하는 사람은 누군가? 제가 알기로 노인 학대의 가해자는 90% 이상이 배우자와 자녀입니다. 우리 사회가 아동학대에 관해서는 관심을 기울이지만 노인이 가정 안에서 배우자와 자녀에게 당하는 끔찍한 학대 문제에는 그렇게 큰 관심을 두지 않는 것으로 보입니다.

범죄학자의 지적은 정확했다. '노인과 범죄' 문제와 관련하여 자료를 준비하면서 확인한 내용이지만 노인 학대의 96%가 가정 내에서 발생했으며 가해자는 배우자와 자녀였다.

박경배　　그건 저도 알고 있습니다. 자주 들어오는 신고는 아니지만, 학대를 당했다고 신고하는 노인의 집에 방문하게 되면 가해자는 배우자 아니면 자녀였습니다. 어떨 때는 배우자와 자녀가 합동으로 학대를 가하는 일도 있었습니다. 그렇다면 이렇게 학대를 당하는 노인이 증가하고 있는 이유는 무엇일까요?

이윤호　　그런 것 같습니다. 첫 번째 이유는 경제적 독립을 이루지 못한 상태에서 배우자와 자녀에게 어느 날 갑자기 봉양을 받지 못하면 살아가기 힘든 순간이 찾아옵니다. 문제는 이 상황에서 그 노인이 과거에 배우자나 자녀에게 사랑과 희생으로 가장의 역할을 충실히 해왔다면 그에 대한 최소한의 보상을 받을 수 있겠지만 그렇지 못한 경우도 있습니다. 예를 들어 젊었을 때 가장의 역할을 제대로 하지 않은 채, 배우자에게는 폭력, 자녀에게는 학대를 가한 사실이 있었다면 어떤 노후가 기다릴지는 굳이 설명할 필요가 없다고 생각합니다.

범죄학자의 설명이 아니라고 하더라도 노인 학대 자체는 범죄이지만, 그가 학대를 당하는 이유는 (물론 그 이유가 범죄를 정당화시킬 수는 없겠지만) 어느 정도 당사자의 책임도 있어 보였다. 이건 내 주관적인 생각이 아니라 학대를 당한 노인들이 공통으로 하는 말이었다.

"누구를 원망하겠습니까? 내가 배우자에게 잘못하고, 자식을 올바로 키우지 못한 내 죄인데….

박경배 교수님, 이유야 어떻든 그렇다고 학대를 당하는 노인을 보고만 있을 수는 없을 것 같은데 청소년이나 여성과 달리 노인에 대한 보호 대책은 생각보다 그렇게 잘되어 있지는 않은 것 같습니다.

이윤호 그건 당연하다고 생각합니다. 국가라는 게 한정된 세금을 가지고 효율적으로 사용해야 하는데, 그러면 우선순위가 생길 수밖에 없습니다. 그런 점에서 노인 문제가 우선시되기는 힘들지 않겠어요? 문제는 가정 폭력으로 아동과 여성이 폭행을 입었을 때 보호시설을 통해 도움을 받을 수 있는 제도가 어느 정도 갖춰져 있는데, 노인이 가정 내에서 학대를 당했을 때, 보호받을 수 있는 쉼터 등 제도적인 장치는 미미한 것으로 보입니다. 그렇다 보니 가정 내에서 노인에 대한 학대가 계속 이어질 수밖에 없는 안타까운 현실인 것 같습니다.

박경배 교수님! 노인 학대 범죄가 증가하자 이와 관련해서 경찰 쪽에선 예방, 수사, 사후관리 전 과정에 직접 개입해 노인 학대를 예방하겠다고 말하고 있는데요! 이게 가능한 일이라고 생각하시나요?

이윤호 불가능합니다. 사회적 약자이고 가정 내에서 발생하는 노인 학대 범죄에 대해서는 당연히 경찰이 개입하는 게 옳다고 생각합니다. 하지만 이렇게 접근하는 방식은 형사사법의 시각으로 접근하는 것인데 이는 해결책이 될 수 없습니다. 노인 범죄에 대해서는 형사사법의 시각으로 접근해 범죄와 피해를 예방해야겠지만 노인 학대 문제에 있어서는 형사사법의 시각으로 접근해서 해결하기는 어려울 것 같습니다.

박경배 그렇다면 노인 학대의 문제는 어떻게 접근해야 할까요?

이윤호　이제는 박 경위도 이해할 것으로 생각하는데 노인 학대 문제는 보건복지의 문제로 접근해야 합니다. 학대받은 노인에 대해 안전한 쉼터를 제공하고 충분한 상담을 통해 상처받은 마음을 치료해야 하는데, 이는 경찰이 할 수 있는 일이 아닙니다. 하지만 지금 경찰은 무슨 일만 생기면 끼어들어서 예방, 수사, 사후관리 모두를 완벽하게 처리하겠다고 말하고 있습니다. 하지만 경찰이 그렇게 개입해서 의미 있는 결과가 나온 게 있습니까? 가정 폭력, 학교 폭력, 교제 폭력(데이트 폭력), 스토킹 범죄 등 수많은 범죄 가운데 일부만 예를 들어봐도, 이런 모든 문제에 경찰은 깊숙이 개입하고 관여하고 있습니다. 그렇다면 그에 대한 효과가 있다는 결과를 보여줘야 하는데 오히려 이런 범죄가 더욱 증가하고 있습니다. 이건 시작부터 잘못됐다는 방증이나 마찬가지라고 생각합니다.

　　노인 학대 문제도 층간소음과 비슷하다는 생각이 들었다. 늙고 병든 부모나 배우자를 학대하고 폭행하는 것은 범죄다. (우리는 우리를 동방예의지국이라고 부르지 않는가?) 하지만 그 학대 현장에 경찰이 적극 개입하는 순간 학대를 당하는 노인은 더욱 힘든 상황에 몰리고 만다. 노인 학대 신고 현장에서 학대를 당한 노인은 내게 "만약 나를 학대한 배우자(혹은 자녀)를 내가 신고하지도 않고, 처벌을 원하지도 않는데 경찰이 마음대로 사건 처리를 한다면 내가 이 자리에서 죽어버리겠다"라고 협박 아닌 협박을 하는 경우도 있었다. 경찰인 내가 그 학대 현장을 모른 척하고 나오는 것도 문제이지만, 적극 개입하는 것도 학대나 폭행을 당하는 노인에게는 아무런 도움이 되지 않았다.

신고 현장에서 보고, 듣고, 마주한 노인들의 처지는 세 가지 정도로 분류할 수 있었다. 첫째, 노인이 가장 두려워하고 무서워하는 것은 죽음이 아니었다. 그들이 가장 두려워하는 것은 '치매'였다. 사실 노인과 관련해 가장 많은 신고를 차지하는 것은 길을 잃고 헤매는 치매 노인 신고였다. 어느 날 길을 잃고 헤매는 치매 노인을 찾았을 때, 그는 내 손을 잡고 이렇게 말한 적이 있다. "이봐요! 경찰 아저씨! 내가 치매가 온 것 같은데, 이제 저는 어떡하죠? 죽어야 할 것 같은데, 죽지도 못하고 이제 저는 어떡해요?"

눈물을 글썽이며 공포에 떨고 있는 그 노인의 마음을 이해하기는 힘들었지만, 어쨌든 그들이 가장 두려워하는 것은 죽음이 아니라 치매로 보였다.

두 번째는 고립과 외로움이다. 배우자에게 버림받고, 자식에게도 버림받은 노인은 도저히 사람이 거주할 수 없는 집에서 혼자 살아야 한다. 그들은 어느 날 집에서 쓸쓸하게 혼자 죽음을 맞이할 것이고, 죽고 나면 고독사로 처리될 것이디.

그런 면에서 보면 노인 학대는 학대를 받지만, 배우자나 자녀가 밥을 먹이면서 학대한다는 사실이다. 미운 정도 정이니만큼 죽지 않을 정도로 폭력을 행사하며 학대하지만 그래도 밥은 먹인다. 학대당하는 노인들이 경찰에 배우자나 가족을 신고하지 않고, 우연히 신고가 접수돼도 사건 접수나 처리를 극도로 꺼리는 이유가 그 점이다. 그들은 치매에 걸리지 않았고, 학대를 당하지만 함께 살면서 밥을 얻어먹고 잠도 잘 수 있다는 그 이유가, 고독과 외로움보다는 더 낫다고 생각하는 듯했다. 학대당하는 노인들의 그런 선택이 씁쓸하지만 어쩔 수 없는 듯 보였다.

누구나 늙는다는 사실은 공평하지만 그래도 늙는다는 것은 외롭고, 슬프고, 괴로운 일이다. 더구나 아무런 준비 없이 늙는 일은 더욱 외롭고, 슬프고, 괴로울 것이라는 생각이 들었다.

박경배 교수님! 그럼 다음으로 노인이 저지르는 범죄와 관련해 잠시 톺아보겠습니다.

이윤호 그렇게 하시죠!

박경배 우리 사회가 학대를 당하는 노인에 대해서는 그래도 관심을 보이는 것 같은데 노인이 저지르는 범죄에 대해서는 왠지 말하는 걸 꺼리는 경향이 있는 것 같습니다.

이윤호 사실 중요한 문제인데도 우리가 공론화시키기는 어려운 점이 있는 것 같습니다. 우리 사회 안에서 범죄의 피해자로서 노인 문제를 해결하거나 예방할 수 있는 대책을 세우지도 못하고 있는 현실에서, 노인이 저지르는 범죄를 우리가 어떻게 바라봐야 할지, 아직 준비되지 않은 것으로 보입니다.

저는 앞으로 초고령사회로 들어서면 노인 범죄는 증가할 것으로 예상해봅니다. 노인 범죄도 두 가지로 나눠서 생각해볼 수 있는데 하나는 경제적 자립을 이루지 못한 노인들의 '생계형 범죄'를 들 수 있습니다. 사실 이런 생계형 범죄는 과거에도 계속 있었습니다. 문제는 노인 인구는 옛날보다 더 급격히 증가하고 있는데 노인에 대한 사회복지가 아직은 부족한 게 우리 현실입니다. 그렇다 보니 노인들이 저지르는 생계형 범죄(절도 범죄 등)는 앞으로 더욱 증가할 것입니다.

다른 하나는, (이게 좀 말하기가 거북한데) 노인들이 저지르는 성범죄를 들 수 있을 것 같습니다. 나이를 먹는다고 남성이 가지고 있는 성적 욕구가 사라지는 것은 아닌 것 같습니다. 그렇다 보니 이런 성적 욕구를 충족시키기 위해 성범죄를 저지르는 노인도 증가할 수밖에 없습니다. 문제는 이런 성범죄를 저지르는 노인이 주로 자기보다 더 약자인 어린아이나 (지적)장애 여성을 범행 대상으로 삼는다는 사실입니다. 이 또한 주로 가정 안에서 은밀히 일어나기 때문에 가시성이 없고, 신고가 되지 않으면 경찰이 알 수가 없기 때문에 예방하는 데도 어려움이 있어 보입니다.

어느 휴일, 집 주변에 있는 산에 올라갔을 때 일이다. 정상에

있는 팔각정에는 노인 남성 한 명이 앉아 있었다. 그는 다른 사람이 정상에 도착한 것을 전혀 알아차리지 못했다. (의도적으로 본 것은 아니지만) 우연히 그 노인이 넋을 놓고 보고 있는 스마트폰 화면이 눈에 들어왔다. 스마트폰 화면에는 일본 성인 동영상이 적나라하게 재생되고 있었다. 막걸리 한 통을 옆에 놓아두고, 스마트폰으로 성인물을 보고 있는 백발의 노인은, 내가 자리를 뜰 때까지 스마트폰에서 눈을 떼지 않았다.

박경배   그렇다면 이런 노인들의 범죄는 어떻게 예방해야 할까요?

이윤호   쉽지는 않을 것 같습니다. 일단 경제적으로 궁핍한 상태에서 저지르는 생계형 범죄에 대해서는 국가가 그런 범죄를 저지르지 않도록 사회보장이나 복지정책을 통해 안정적인 지원을 해야 할 것으로 보입니다. 사각지대가 발생하지 않도록 말입니다.
　우리 사회가 성에 있어서는 매우 보수적인 면이 있다고 할 수 있는데, 노인들의 성 문제를 쉽게 이야기하기는 어려운 것이 현실입니다. 하지만 이제는 노인들의 그런 성 문제도 쉬쉬하거나 덮어둘 것이 아니라 청소년에게 성교육을 하듯이 자연스럽게 교육하고, 받아들이는 것이 중요할 것으로 보입니다.
　정리해서 말하면, 앞으로 노인과 범죄를 이야기할 때, 피해자(노인 학대와 보이스피싱이나 사기 등 범죄의 표적으로)로서의 노인 문제는 증가할 것입니다. 하지만 범죄자로서의 노인 문제는 그렇게 심각할 정도로 증가하진 않을 것으로 생각됩니다. 물론 생계형 절도 범죄나 성범죄를 저지르는 노인이 없지는 않겠지만, 그것이 심각한 사회문제로까지 대두되지는 않을 것 같고, 초고령사회로 들어서는 순간 우리 사회도 그에 맞는 효율적인 정책이 시행되리라는 희망을 품어보는 것이 더 좋지 않을까 생각됩니다.

박경배 교수님! 노인과 범죄에 관련해 피해자로서의 노인이 증가할 것이라는 말은 이해됐습니다. 하지만 범죄자로서의 노인 범죄가 심각할 정도로 증가하지 않는 것인지 아니면 그렇게 걱정할 정도는 아니라는 것인지 잘 이해되지 않습니다.

이윤호 제가 좀 애매하게 말했나 보군요. 미래는 알 수 없겠지만 제 생각은 범죄자로서의 노인 문제가 그렇게 걱정할 정도는 아닐 것 같습니다. 물론 노인 인구가 증가하면 어느 정도 노인 범죄도 증가하겠지만, 70대 이상을 노인으로 봤을 때, 그 노인들이 얼마나 큰 범죄를 저지르겠습니까? 일부 범죄적 일탈을 하는 노인이 없지는 않겠지만, 우리 사회나 경찰에게 부담을 줄 수 있는 정도까지 발생하지는 않을 것으로 생각합니다.

범죄학자는 노인이 아니었지만, 노인과 범죄와 관련해서 집요하게 질문하는 내가 조금 부담이 되지 않을까 걱정스러웠다. 마치 나는 아저씨라고 생각하고 살지 않지만, 누군가 내게 "아저씨!"라고 말했을 때, 마음속에서 미묘한 감정이 일어나는 것처럼.

박경배 교수님! 이제 교수님과 제가 함께한, 긴 시간이라면 긴 시간이라고 할 수 있었던 8개월의 인터뷰를 마무리할 때가 온 것 같습니다. 끝으로 정리해서 한 말씀 부탁드립니다.

이윤호 앞에서 충분히 말했기 때문에 특별히 더 할 말이 떠오르지는 않습니다.

박경배 그래도 "더 할 말이 떠오르지 않습니다"라고 끝내기는 조금 아쉬운 것 같은데요.

그는 잠시 웃었다.

이윤호 그럴 수도 있겠군요!

여기서 범죄학자는 잠시, 어떤 말로 마무리를 지어야 할지 고민하는 모습을 보였다.

이윤호 저는 범죄학자로서 범죄의 두려움으로부터 자유로운 사회가 가장 행복한 사회라고 생각하고 있습니다. 그렇다면 범죄의 두려움을 느끼지 않게 해줄 수 있는 사람이 누군가? 경찰입니다. 저는 경찰권은 국가권력의 상징이라고 생각합니다. 국가권력의 상징이라고 할 수 있는 경찰권이 땅에 떨어지면 국가권력이 땅에 떨어지는 것과 같습니다. 국가의 권위 자체가 없어지는 것과 같다는 말입니다. 그런 면에서 범죄의 최전선에 있는 경찰권은 반드시 바로 서야 한다고 봅니다.

세계에서 가장 우수한(학력으로만 봐도) 경찰관이 세계에서 가장 안전한 치안을 확보하고 있는 나라가 우리나라입니다. 그런데 그 치안을 담당하는 경찰관이 술 취한 사람에게 폭행과 모욕을 일상적으로 당하고, 불법 시위대에 끌려다니며 조롱의 대상이 되고, 이제는 한국에 거주하는 외국인들까지도 경찰을 (속된 말로) 호구로 취급하는 현실이, 만약 지금도 벌어지고 있다면, 평생을 범죄학을 연구해온 저로서는 경악을 금할 수 없습니다.

저는 앞으로 경찰권이 확립되기 위해서는, 경찰도 절차적 정당성과 결과적 정당성이 담보되는 경찰권을 행사해야 한다고 봅니다. 사실 경찰이 비난을 받는 이유는 경찰권이 행사돼야 할 때는 행사되지 않고, 경찰권이 행사돼선 안 되는 상황에서 (너무) 강하게 행사되는, 소위 말해서 차별적 법 집행, 선택적 법 집행을 해왔다는 사실입니다. 이런 법 집행이 지속되면 시민에게 신뢰를 받기는 어렵습니다. 결론은, 경찰권은 확립돼야 하지만 절차적 정당성과 결과적 정당성이 담보되는 경찰권을 확립하는 게, 경찰의 과제라고 생각합니다.

또한, 우리의 형사정책은 (현재) 지나치게 가해자 중심으로 펼쳐지고 있습니다. 하지만 앞으로의 형사정책은 피해자 중심으로 바뀌어야 한다고 생각합니다. 우리가 관심을 두고 도와줘야 할 사람은 피해자입니다. 그런 범죄의 피해자가 그저 '잊혀진 존재'로 남는 사회는 정의로운 사회라고 할 수 없습니다. 형사사법이 아니라, 피해자 사법 중심으로 형사정책이 바뀌어야 한다고 봅니다.

마지막으로, 우리가 그 동안 부부, 부모, 청소년 범죄, 음주운전, 극단적 선택(자살), 보이스피싱(몸캠, 로맨스 스캠), 외국인 범죄와 스토킹 범죄, 층간소음과 노인 범죄까지 지금 우리 사회 안에서 발생하는 많은 문제에 관해 이야기를 나눴습니다. 그렇다면 이런 끔찍한 범죄가 발생하는 원인을 생각해볼 필요가 있습니다. 물론 여러 가지 이유가 있을 수 있겠지만 저의 생각은 이렇습니다.

한 사람이 살아가는 데 필요한 가치나 규범, 도덕을 학습하고, 그것을 내 것으로 만드는(내재화) 과정을 우리는 '사회화'라고 합니다. 그렇다면 인간은 어떻게 사회화되는가? 1차 사회화 장소는 가정이고, 2차 사회화 기관은 학교, 3차가 우리가 살아가는 사회입니다. 그렇다면 사회화 과정에서 가장 중요한 곳은 어느 곳인가? 두말할 필요 없이 가정입니다. 가정 안에서 올바른 사회화 과정을 배우고, 경험하게 되면 학교와 사회에서도 (세속적인 성공을 떠나서) 평범한 일원으로 살아갈 수 있습니다.

그래서 제가 계속 강조하는 말이지만 문제 가정에 문제 아동이 있다는 겁니다. 부모가 될 자격도, 준비도 되지 않은 사람이 부모가 돼서 아무런 책임감도 없이 자식을 자신의 소유물로 취급합니다. 그런 가정에서 성장한 아이들은 올바른 사회화 과정을 겪을 수 없습니다. 이런 말이 있습니다. "학교에서 무엇을 배우고 학교 생활을 얼마나 잘하는지는, 그 아이가 가정에서 어떤 가치관을 가지고 학교에 오는가로 결정된다"는 것이지요. 이 말은 가정과 부모의 역할이 얼마나 중요한지를 말해주고 있습니다. 이야기가 다시 원점으로 돌아온 것 같은 느낌이지만, 저는 그렇게 생각합니다. 긴 시간 수고 많았습니다.

1982년 4월 26~27일 경상남도 의령군에서는 현직 경찰관인 순경 우범곤이 술을 마시고 마을 주민 62명을 살해한 사건이 발생했다. 이 연속살인 사건은 단일 사건으로는 세계 최초이며 최대였다. 거기에 범인이 현직 경찰이었다는 사실이 더욱 큰 충격을 준 것은 말할 것도 없다.

그로부터 29년 후인 2011년 노르웨이 우퇴위아섬에서는 아네르스 베링 브레이비크Anders Behring Breivik라는 남성이 총 77명을 연속살인하는 사건이 발생했다. 그는 (지금 지구상에서 내가 알고 있고, 살아 있는 사람 중) 가장 잔인하고 끔찍한 범죄자다. 그는 지금 노르웨이 교도소에서 21년형을 선고받고 복역 중이다.

나는 이 사건을 다룬 영화도 봤고, 베링 브레이비크를 변호한 예이르 리페스타드가 쓴 『나는 왜 테러리스트를 변호했나』라는 책도 읽었다. 내가 베링 브레이비크 사건에 관심을 두게 된 이유는 그가 대한민국 경찰이 세운 62명 연속살인을 갱신해서도 아니고, 그 사람에게 특별한 점이 있어서도 아니다. 나는 베링 브레이비크가 북유럽에서 가장 살기 좋은 나라 중 하나인 노르웨이에서 그런 끔찍한 범죄를 저질렀을 때, 노르웨이 정치 지도자와 시민이 보인 반응이 놀라웠기 때문에 지금도 관심을 두고 있다. 베링 브레이비크는 사회에 대한 혐오와 분노, 증오를 테러와 살인으로 표출했지만 77명의 희생자에 대한 추도식에서 노르웨이 총리는 이렇게 말했다.

"네가 우리 사회에 가진 혐오와 분노, 복수와 증오의 감정을 우리는 더 완벽한 민주주의 사회를 만들고, 더 많은 개방성과 인간애로 너에게 보여주겠다(너의 증오와 혐오가 잘못됐다는 사실을)."

이게 노르웨이 시민과 정치 지도자가 77명을 연속으로 살인한 테러범에 대한(복수?) 선택이었다.

지금 이 사회에서 절실하게 필요한 것은 무엇인가? 기본권이 보장되어 있는 삶과 범죄로부터의 두려움을 버리는 것이다. 안전하고 정의로운 사회로 가는 길목을 밝히려는 범죄학자와 경찰의 희망이 실현되기 바란다.

좀더 희망을 가지고,
경찰과 시민이 함께 안전한 사회를 만들길 꿈꾼다

범죄학자와 인터뷰를 진행하던 8개월(2022년 1월~8월) 동안에
도 범죄는 계속해서 발생하고 있었고, 단계적 일상회복With Corona
에 접어들면서 각종 범죄는 더욱 증가하는 모습을 보였다.

보건복지부에서 발표한 「2021년 아동학대 연차보고서」에 의
하면 코로나-19 팬데믹 기간이었던 2021년 아동학대 신고 접수
는 5만 3,932건(2020년 대비 27.6% 상승)으로 전담공무원 등의
조사를 거쳐 아동학대로 판단된 사례는 3만 7,605건(2020년 대
비 21.7% 상승)으로 조사됐다. 또한 학대 행위자는 부모가 3만
1,486건으로 전체 아동학대 사례 중 83.7%를 차지했으며, 이 통
계도 2020년보다 높아진 것으로 나타났다. 코로나-19가 지독하
게 우리 사회를 공격하고 있던 순간에도 가정 안에서 발생하는 부
모에 의한 아동학대는 증가만 하고 있었다.

2022년 7월에는 14세가 되지 아니한 어느 촉법소년이 술에 만
취해 지구대 문을 발로 차고, 기다란 막대기를 들고 경찰 순찰차

에 올라가 난동을 부리는 사건이 있었다. 이런 청소년들이 저지르는 범죄는 코로나 팬데믹 기간에도 급증했으며, 이제는 성인이 저지르는 범죄보다 더 잔인하고 끔찍한 양상을 보이고 있었다. 하지만 우리 사회는 촉법소년 범죄와 관련해 오로지 나이를 14세에서 12세로 낮추는 데만 공론화가 진행되었고, 가정과 학교 밖에서 방황하는 청소년들이 범죄의 가해자나 피해자가 될 수밖에 없는 문제에는 관심을 기울이지 않았다.

가정과 함께 가장 중요한 사회화 기관인 학교(교실)에서는 이런 일도 있었다. 수업을 마치고 수거했던 스마트폰을 학생들에게 나눠주던 선생님과 학생이 서로에게 주먹을 휘두르며 폭력을 행사했다. 선생님과 학생이 싸운 이유는 '선생님이 자신에게 스마트폰을 줄 때 던지듯이 기분 나쁘게 줬다'라는 이유였다. 더욱이 선생님과 학생은 조금도 양보하지 않고, 상대방에게 책임을 떠넘기며 법적 처벌을 요구했다. 복도에서 선생님과 부딪힌 문제로 화가 나서 선생님에게 주먹을 휘두른 학생도 있었고, 제자들이 사용하는 화장실에 몰래카메라를 설치한 선생님도 있었다.

음주운전으로 인한 사건과 사고는 단 하루도 끊이지 않고 발생했다. 2021년 한 해 음주운전 교통사고 현황은 총 1만 4,894건이 발생했으며, 206명이 사망했고, 2만 3,653명이 부상을 당했다.

보이스피싱 현장에서는, 보이스피싱이 분명한데도 피해자는 출동한 경찰을 믿지 않았다. 순찰차를 타고 현장에 도착했지만 피해자는 "당신들이 진짜 경찰인지 아닌지, 그것을 내가 어떻게 믿을 수 있냐?"라고 말하며 경찰의 도움을 끝내 거부하면서 결국 보이스피싱 조직에 가진 돈 전부를 전달하는 사람도 있었다. 피해자는 당시에 출동한 경찰이 진짜 경찰인지 믿을 수 없었다고 말하며 자신의 선택을 후회했지만 피해를 돌이킬 수 있는 수단이나 방법은 없었다.

2021년 시민의 생명과 재산을 지켜야 하는 경찰관이 소지한 권총으로 자살했는데 올해도 그와 같은 사건이 발생했다. 일반 시민의 자살은 말할 것도 없었다. 자살을 시도하다가 구조된 사람들은 공통으로 이렇게 말했다. "살고는 싶은데 너무 외롭고 힘들어서 도저히 살아갈 수가 없다"라고. 그런 안타까운 현장을 마주하면서 나는 극단적 선택(자살)을 시도하는 사람이 정말 죽고 싶어서가 아니라 살고 싶다는 간절한 호소를 하고 있다는 느낌을 받았다.

로맨스가 없는 사람들이 로맨스를 찾기 위해 스마트폰에 접속해 국내도 아닌 외국에서 자신의 로맨스 상대를 찾았지만 그것은 로맨스가 아니라 사기였고, 스마트폰을 이용한 피싱 범죄는 진화를 거듭했다.

한국에 거주하는 외국인이 대낮에 야구방망이를 들고 주차된 차량 10여 대를 무차별로 파손하다가 검거된 사건도 있었고, 모로코 국적의 불법체류 남성은 출입국관리소 안에서 대한민국 정부 소유 고가의 기물을 때려 부수고 자해하며 난동을 피웠지만, 정부에서는 난동을 피운 외국인의 인권이 공무원과 시민의 안전, 재산보다 더 중요하다고 말하고 있었다.

스토킹 처벌법이 시행되면서 관계의 범죄는 급격히 증가하고 있었으며, 이제는 남녀가 헤어지는 장소에도 경찰이 출동해 이별을 확인해줘야 했다. 끔찍한 사건은 계속 발생했지만 그런 사건을 예방하기 위해 지급한 스마트 워치와 신변 보호 조치는 제 기능을 하지 못했다.

동거하던 남성의 폭력으로 접근금지를 신청했던 어떤 여성은, 동거남이 집으로 들어오지 않는다며 오히려 동거남을 스토킹했고, 이에 접근금지 명령을 받은 남성은 자신은 접근금지 명령을 받았고, 접근하고 싶은 마음도 없는데 동거녀가 자신을 스토킹한다며 경찰에 신고하는 웃지 못할 일도 있었다.

이웃은 더 이상 가까운 사촌이 아니었다. 단순 층간소음은 범죄도 아니고 경찰이 개입할 일도 아니었지만, 사소한 오해로 시작한 다툼은 결국 끔찍하고 안타까운 범죄로 이어졌다.

노인 인구가 증가하면서 '노인과 범죄' 사건도 매일같이 발생했다. 배우자와 자녀에게 학대를 당하는 노인도 있었고, 배가 고파서 음식물을 훔치는 노인도 있었다. 등굣길 초등학생을 유인해 성폭행한 혐의로 80대 남성에게 징역 20년을 구형했다는 사건도 있었고, 친손녀를 오랫동안 성폭행했다는 사건도 있었다.

코로나 팬데믹 상황에서도 쉬지 않고 끊임없이 발생하는 사건사고

코로나-19는 쉬지도 않고 변이를 일으키며 우리 사회를 공격하고 있었고, 그 과정에서 범죄와 사건도 진화를 거듭하고 있다는 느낌을 받았다. 경찰인 나는 우리 사회가 타인에 대한 분노와 증오, 미움, 혐오와 복수가 판을 치는 갈등 사회라는 생각을 지울 수 없었다. 나는 현장에서 매일같이 보고, 듣고, 묻고, 몸과 마음으로 느끼고 생각했다. 우리나라 사법체계와 비슷한 일본과 비교해도 우리 사회가 얼마나 타인에 대한 혐오와 증오, 복수와 갈등이 심한지는 수치로 확인할 수 있었다.

우리나라보다 인구가 2.5배 이상 더 많은 일본과 비교했을 때, 2018년 기준으로 우리나라는 고소율이 일본의 217배였다. 2배도 아니고, 20배도 아니고, 200배가 넘는다는 사실은 지금 우리 사회의 갈등지수가 어떤지 단적으로 보여주는 수치라는 생각이 들었다. 경찰인 나는 이런 범죄 현장의 모습을 보면서 '이 정도면 우리 사회가 지옥이 아닌가?'라는 생각도 들었다. 중요한 점은 이 지옥이 매우 다이나믹하고 재밌다는 사실이었다.

조금은 희망을 품고 살아가야 하는 대한민국의 범죄 사각지대

그런 나의 고민과 생각을 범죄학자에게 질문했을 때, 평생 범죄학한 분야를 연구해온 범죄학자는 그런 내 생각에 동의하지 않았다. 그는 내게 이렇게 말했다.

"박 경위가 하고 싶은 말이 무슨 말인지…, 그 마음을 이해할 수 있습니다. 하지만 지금 우리 사회에서 매일같이 발생하는 범죄 사건을 근시안적으로 바라봐서는 안 됩니다. 진정한 민주주의 정부를 어느 관점에서 보느냐의 문제는 차치하고, 우리 사회가 이룩한 경제, 사회, 문화, 교육 등은 유럽이나 미국과 비교하면 기적과 같은 성과입니다. 이건 제 말이 아니라 세계에서 인정하고 있는 '사실'입니다. 그런 압축 성장의 부작용이 범죄와 관련해서도 많은 문제를 일으키고 있는 것은 사실이며, 그건 당연한 결과입니다. 어떻게 수십 년의 짧은 시간 안에 모든 것을 다 완벽히 해결할 수 있단 말입니까? 저는 박 경위와 제가 대화를 나눴던 범죄와 관련한 여러 문제도 지금은 비록 매우 심각한 사회문제이긴 하지만, 우리는 그것을 합리적으로 해결하고 극복할 수 있는 힘이 있다고 생각합니다. 저는 그런 희망을 품고 있습니다.

우리에게 그런 저력이 없었다면 어떻게 5,000년 역사를 유지하며 지금까지 버텨왔겠습니까? 범죄학적인 측면에서 봤을 때도 우리 사회는 과도기에 있다고 할 수 있으며, 아직은 시간이 필요하다고 생각합니다. 세계에서 가장 우수한 경찰관들이 세계에서 가장 안전한 치안을 유지하고 있는 나라가 우리나라인데 그렇게 비관적으로 바라볼 필요는 없다고 생각합니다."

범죄학자가 그래도 미래는 희망적일 것이라는 견해를 보이는 모습이 내겐 조금 어색해 보였다. 하지만 그의 견해는 개인적인 의견이 아니라 그가 평생 범죄학을 연구해오면서 내린 결론이었기에 무심코 지나치기는 어렵다는 생각이 들었다.

형사사법이 개인의 사생활에 개입해서 좋을 건 없다. 더구나 경찰이 개인의 사생활에 개입해서 좋을 건 더더욱 없다. 하지만 우리 사회 112 신고 현장은 그렇지 않았다. 신고하는 시민은, 이미 발생한 범죄 사건에 대해 경찰이 미래에 일어날 수 있는 범죄를 사전에 예방하지 못했다고 원망하지만, 안타깝게도 경찰은 마블의 히어로가 아니다. 그저 한 인간일 뿐이다.

경찰인 내가 현장에서 가장 어려웠던 순간은 성숙하지 못한 경찰이 성숙하지 못한 시민을 단속하고, 지도하고, 제재하는 과정에서 발생했다. 경찰인 나의 희망은 경찰이 미숙할 수 있음을 인정하고 좀더 성숙한 시민이 경찰을 이해하고, 배려해주면서 좀더 안전한 사회로 만들어가는 것이다. 이것이 나의 작은 소망이다.

이 책의 중심을 잘 잡아준
범죄학자에게 감사를 전하며

당연한 말이지만 당신 자신의 집필과 연구, 강의에도 시간이 부족한 것으로 보였던 범죄학자 이윤호 교수님에게 무한 감사의 마음을 지면을 통해서라도 전하고 싶다. 답답한 마음을 주체하지 못하는 내게 학문적인 이론과 외국 사례를 비교하며 나의 답답함을 논리적으로 설명해준 범죄학자가 없었다면 이 책은 나오지 못했을 것이다.

범죄학자가 추천했다는 이유만으로, 원고의 출판을 결정해준 ㈜퍼시픽 도도 최명희 대표님에게도 고마움을 전하고 싶다. 또한 추석 연휴에도 졸필의 원고를 이렇게 기대 이상의 책으로 편집해 준 홍진희 차장님과 출판사 디자인 팀에게도 고마움을 전한다.

마지막으로 경찰과 범죄학자가 마주 앉아 우리 사회에서 발생하는 끔찍한 범죄 현장과 그 이면의 이야기를 두세 시간에 걸쳐 이야기하는 동안 때론 따듯한 커피를, 때론 시원한 음료수와 간식을 주시면서 잠시 휴식의 시간을 가질 수 있도록, 언제나 한결같이 배려해주신 범죄학자의 아내이며, 그림으로 자신의 작품 세계를 구축하고 있는 박진숙 작가님에게도 진심으로 감사의 마음을 전한다.

범죄 없는 세상은 있을 수 없겠지만 그래도 범죄학자와 경찰이 대화를 나눈 이 책이 우리 사회 범죄의 어두운 그늘을 돌아보는 계기가 되고, 그로 인해 단 1건의 보이스피싱 범죄라도 예방할 수 있었으면 더는 바랄 것이 없겠다.

2022년 9월 영종도 하나개 해수욕장
어느 카페에서 원고를 마치며
박경배

335

코로나 팬데믹
30개월의
범죄 기록

초판 1쇄 인쇄 2022년 10월 6일
초판 1쇄 발행 2022년 10월 21일

—

글 이윤호, 박경배

—

발행인 최명희
발행처 (주)퍼시픽 도도

—

회장 이웅현
기획 · 편집 홍진희
디자인 김진희
홍보 · 마케팅 강보람
제작 퍼시픽북스

—

출판등록 제 2014-000040호
주소 서울 중구 충무로 29 아시아미디어타워 503호
전자우편 dodo7788@hanmail.net
내용 및 판매 문의 02-739-7656~7

—

ISBN 979-11-91455-70-0(03330)
정가 22,000원